파워브랜드를 만드는 광고전략

나남출판

김원규

명지대학교 아랍어학과 졸업
연세대학교 행정대학원 언론홍보학과 졸업(석사)

대홍기획 카피라이터, LG애드 크리에이티브 디렉터
홍익대, 성균관대, 국민대, 숭실대 크리에이티브 강의
(현) Communications 'Of Course' 대표
(현) 세종대 산업디자인학과 강의

뉴욕 페스티벌 파이널리스트, 조일광고 본상, 대한민국광고대상 우수상
제 1 회 우수기업좋은광고대상, 한국광고대상, 조일광고 최우수상
문화관광부장관상 수상(유공 광고인)

저서 《카피, 카피라이팅, 카피라이터》

나남신서 · 1142

파워브랜드를 만드는 광고전략

2006년 6월 10일 발행
2006년 6월 10일 1쇄

저자 .. 김원규
발행자 .. 趙相浩
편집 · 디자인 .. 2윈스(02-3142-5632)
교열 .. 방순영 · 홍효은
발행처 .. (주) 나남출판
주소 .. 413-756 경기도 파주시 교하읍
출판도시 518-4
전화 .. 031) 955 - 4600 (代)
FAX .. 031) 955 - 4555
등록 .. 제 1-71호 (79. 5. 12)
홈페이지 .. www.nanam.net
전자우편 .. post@nanam.net

ISBN 89-300-8142-8
ISBN 89-300-8001-4 (세트)

책값은 뒤표지에 있습니다.

나남신서 · 1142

파워브랜드를 만드는 광고전략

김원규 지음

NANAM
나남출판

추천사

욕심 많고 고집스러운 한 광고쟁이의 크리에이티브 지침서

이 책의 저자와 오랜 기간 한 회사에서 한솥밥을 먹으며 동고동락했다. 그는 항상 광고주 유치를 위한 경쟁 프리젠테이션에서 남보다 나은 크리에이티브를 선보이기 위해 불철주야 노력했다. 그리고 강단에 서서 후배를 양성하고, 광고 크리에이티브를 향상하기 위한 성찰을 게을리하지 않았다. 그만큼 그는 광고와 관련해 누구보다 욕심쟁이다. 또 고집스럽기도 하다. 그러나 이 모든 것은 광고를 위한 그의 열정인 동시에 제대로 된 광고를 만들고자 하는 의지의 표현이기도 하다. 그래서 사람들은 그를 '타고난 광고쟁이' 라고 평가하는지도 모르겠다. 그러던 그가 자신만의 크리에이티브를 선보이기 위해 홀연 독립을 선언하면서 아쉬움은 더욱 컸다. 불광불급(不狂不及). 광고에 미치지 않고는 광고를 할 수 없는 곳, 우리는 이 공간에서 만나 연(緣)을 맺었기 때문이다.

헤어짐이 오래 지나지 않은 얼마 후 그가 책을 하나 들고 찾아왔다. 자기 일터를 꾸려나가기도 벅찬 시간이었을 텐데, 그는 그 소중한 시간을 쪼개 만든 자신의 분신을 들고 나타났다. 언제나 그랬듯 이번에도 그는 자신을 위해서가 아니라 광고를 업(業)으로 삼고자 하는 후배들과 동료들을 위해 욕심을 부린 것이다.

그 마음을 헤아려 책장을 하나씩 넘길 때마다 그동안 광고효과에 반신반의하던 광고주나 우리 것에 대한 이해가 부족한 외국의 광고전문가 앞에서 당당하게 자신의 크리에이티브를 설명하던 그의 자신감이 어디에서 기인했는지 새삼 느끼게 됐다. 정성을 기울여 모은 시간만큼이나 방대한 자료 중에서 고르기를 반복하며 다시 자신만의 시각으로 재해석하고 정리한 사례 하나하나가 광고가 무엇을 위해 존재하고, 어떤 역할을 하는지 일목요연하면서도 명쾌하게 설명하기 때문이다.

또한 광고의 단편적인 내용이 아니라 그 기업이 생산하는 제품과 서비스가 어떤 사회경제적 배경으로부터 시작해 어떻게 소비자들과 하나가 되었는지를 단계별로 차례차례 풀어냈다. 세계적인 브랜드로 자리매김한 파워브랜드의 제일 조건은 역시 소비자를 향한 제대로 된 메시지가 있어야 한다는 점과 그 일을 일관되고 지속적으로 해야 하는 사람이 바로 광고주와 광고인이라는 아주 명료한 명제를 확인하면서 말이다. 그는 이렇게, 자신만의 소중한 소비자를 향한 구애의 비서(秘書)를 만천하에 공개하는, 쉽지 않은 작업을 했지만 결코 아쉬워하지 않고 오히려 새로운 희망을 싹틔웠다.

국내 기업들의 활발한 해외진출에 발맞추어 우리 광고계도 더욱 노력해서 우리에게도 전 세계인에게 사랑받는 글로벌 브랜드가 각 분야에 속속 등장할 것을 희망하며, 이 책이 미래의 우리 브랜드를 책임질 수많은 광고인을 자극하고 활력을 주는 밑거름이 되기를 바란다. 그리고 그의 바람처럼 이 책을 통해 우리의 광고 크리에이티브가 한층 더 발전하고 성숙하는 계기가 되리라 기대해 본다.

2006년 4월
(주)LG애드 대표이사 사장
이 승 헌

돌이켜 보면 광고를 처음 시작한 1984년부터 지금까지 '차별화' 란 단어를 숙명처럼 안고 살았다. 똑같은 광고화법으로는 치열한 경쟁 속에서 브랜드를 살릴 수 없다는 신앙 같은 믿음이 있었기 때문이다. 그러나 햇병아리 카피라이터인 나에게 크리에이티브의 방향을 가르쳐주는 나침반은 많지 않았다. 그 시절에는 지금과 달라 광고관련 서적도 적었고, 케이스에 대한 연구도 많지 않았다. 그래서 기웃거리기 시작한 것이 외국잡지에 실린 '선진광고' 였다.

우리와 다른 어프로치, 우리와 차원이 다른 레이아웃, 우리와 다른 스케일, 무엇보다 캠페인으로 집행되는 광고들을 보면서 처음엔 입만 벌리고 부러워만 했다. 좋은 광고를 스크랩하는 즐거움에 구독하던 외국잡지의 수는 한 권, 두 권 늘고, 시간의 흐름에 따라 스크랩한 광고의 수도 불었다. 파일 한 권이 두 권이 되고 작은 책장이 모자라 큰 책장으로 자리를 옮기면서 '이 자료를 어떻게 활용할 것인가' 하는 즐거운 고민에 빠지기도 했다.

1992년부터 홍익대, 성균관대, 국민대, 숭실대, 세종대 등에서 강의를 하면서 그동안 스크랩했던 자료들은 좋은 교육자료가 되었음은 물론, 치열한 현장에서도 내 둔한 크리에이티브 감각을 일깨우는 소중한 재산이 되었다. 이렇게 교육자료로 활용하던 것을 큰마음 먹고 정리하자고 결심하면서, LG애드 사보에 2001년 9월부터 각 브랜드의 광고사례를 분석한 글을 기고했다.

업무에 쫓기거나 게으름 때문에 광고를 부실하게 분석한 것도 있고, 오래 전부터 너무나 좋아했던 브랜드는 과욕을 내 브랜드의 역사부터 광고전략까지 두루 조사해서 쓰기도 했다. 아무튼 현재까지 기고하면서 나는 우리나라 광고의 치명적 약점 중 하나인 장기캠페인에 대한 필요성을 절실히 느꼈다. 그리고 브랜드가 태어난 후 성장하면서 광고가 얼마나 많은 영향을 미치고, 소비자에게 다가갈 수 있는 강력한 무기가 되는지를 새삼 깨달았다. 이렇게 쌓인 분석자료를 그냥 세월의 흔적 속에 묻어두기가 아까워 다시 다듬고 정리해서 책으로 낼 결심을 했다.

사실 연재하는 3년 동안 많은 광고인으로부터 분에 넘치는 격려와 사랑을 받았기에 책을 출판할 용기를 낼 수 있었다. 다만 이 책에서 분석한 각 브랜드의 광고철학은 이론적으로 깊이 있게 검증되었다고 할 수는 없다. 크리에이티브 현장에서 광고를 만들며 깨지고 밤새 고민한 필자의 광고에 대한 사랑의 흔적이라고 넓은 마음으로 포용하길 바란다. 광고현장에서 20년 넘게 몸으로 부딪친 크리에이티브 디렉터로서 아직도 부러움의 대상인 명 브랜드들의 광고전략과 그들의 성공캠페인은 우리에게 가르침이 될 수 있다고 생각한다.

마지막으로 책이 나오기까지 수고해주신 2윈스 박현주 사장님, 나남출판 조상호 사장님과 관계자 여러분, 그리고 LG애드 이승헌 사장님과 PR팀 멤버들에게 감사의 말씀을 올린다.

또 멀리 캐나다에서 열심히 공부하고 있는 사랑하는 다은이와 진솔이, 그리고 아내에게 고마운 마음을 전한다.

2006년 4월

김 원 규

| CONTENTS |

1장 | Accessories

1-01 TIFFANY & Co.

1-02 De Beers

1-03 CONCORD

1-04 Patek Philippe

1-05 Mont Blanc

©T&CO. 1998
PROMISE ME SO
TIFFANY & CO.
DIAMOND ENGAGEMENT RINGS FROM $850 TO $850,000. FOR TIFFANY STORE LOCATIONS CALL 800-526-0649.

TIFFANY & Co.

사랑과 행복의 정점, 블루 박스의 티파니와 함께

Breakfast at Tiffany's

오드리 헵번이 부른 달콤한 노래 〈Moon River〉의 선율이 흐르는 맨해튼 5번 애비뉴의 새벽. 옐로캡 한 대가 미끄러지듯 달려와 '티파니' 점포 앞에 멈춰 선다.

이른 새벽임에도 불구하고 주인공은 마치 성대한 이브닝 파티에 참석이라도 하듯 진주 목걸이에 블랙 드레스와 선글라스로 완벽하게 스타일링하고 택시에서 내린다.

그리고 부호들 상대의 파티걸이 아닌 현실 속의 신데렐라를 꿈꾸며 티파니 진열장의 보석들을 쳐다본다. 지방시(Givenchy)가 디자인한 리틀 블랙 드레스(Little Black Dress, 이 스타일은 이후 유행의 현재진행형이 되었다)를 입고, 이미 온기를 잃어버린 샌드위치와 커피를 홀짝거리며….

영화 〈티파니에서 아침을(Breakfast at Tiffany's)〉 포스터

그녀, 오드리 헵번! 이미 전설이 되어 버린 여자! 그녀는 이미 1993년 1월 20일 결장(結腸)암으로 세상을 떠났지만 지금도 우리 가슴속의 연인으로 남아 있다.

〈로마의 휴일〉의 호기심 가득한 공주, 매력적인 사브리나로 뇌리에 각인된 오드리 헵번이 우리에게 다시 한 번 다가온 것은 아마도 지난 1988년으로 기억된다. 유니세프(UNICEF) 친선대사로 수단과 에티오피아, 소말리아, 베트남 등을 방문하여 죽어가는 아이들을 가슴에 안고, 등에 업은 모습은 그녀를 배우 이상의 여자로 만들었던 것이다.

"우리가 정말 아름다운 오드리 헵번을 만난 것은 〈로마의 휴일〉에서가 아니라 아프리카에서였습니다" 라는 어느 광고의 카피처럼.

170cm의 키에 몸무게 50kg, 몸매 32-20-35, 배우로서는 그렇게 좋지 않은 몸매의 소유자였지만 1950~1960년대를 풍미한 다른 배우들과는 차원이 다르게 전 세계인의 가슴속에 영원히 연인으로 기억되는 행운을 갖게 된 것도 그러한 사랑을 가진 덕이었으리라.

Manhattan 727 5th Ave. – TIFFANY & Co.

티파니는 원래 지금의 위치가 아닌 브로드웨이에서 1837년 오픈했다. 그리고 패션의 중심지와 고급 상가의 이동에 따라 다섯 차례나 북상하다가 1940년 지금의 자리에 안착했다.

최고급 상가가 즐비한 맨해튼 5번 애비뉴와 57번 스트리트의 교차점에 자리 잡은 티파니. 티파니의 설립자는 찰스 루이스 티파니(Charles Lewis Tiffany)와 그의 친구 존 영(John B. Young)이다. 두 사람이 티파니를 설립할 당시 미국에서는 온통 빅토리아시대의 유럽 귀족풍 디자인과 보석이 인기를 끌고 있었다.

하지만 티파니는 유럽 귀족풍의 형식주의를 배격하고 독특한 아메리칸 스타일의 보석류를 선보여 미국 중산층의 폭발적 인기를 얻었다. 특히 티파니는 보석과 실버, 자기와 크리스털 부문에서 최고급 품질과 뛰어난 디자인으로 세계적으로 명성을 얻었다. 이를 기념하듯 미국의 역사와 문화를 한눈에 볼 수 있는 메트로폴리탄 박물관에 '티파니 룸' 이 있을 정도로 티파니에 대한 미국인의 자부심과 사랑은 각별하다.

하긴 티파니의 다이아몬드는 세계적 권위의 수석 디자이너를 둘 뿐만 아니라 커팅에서 광택에 이르기까지 각 과정마다 세계에서 가장 숙련된 감정사들이 엄격하고 철저하게 검사하기로 정평이 난 것을 봐도 그러한 자부심이 헛된 것만은 아닌 듯싶다.

여자의 심장을 멎게 하는 블루 박스와 크림색 리본

여자라면 누구나 한 번쯤 티파니 선물을 받고 싶어할 것이다. 블루 박스와 눈이 부시도록 하얀 크림색 리본으로 포장된 티파니는, 특히 결혼을 앞둔 신부에게는 더욱 그러하다.

티파니 패키지는 내용물에 앞서 여자들에게 최고의 존경심과 애정의 표현으로 받아들여진다. 젊은 연인들에게는 사랑과 행복의 또 다른 기호로 자리잡았다고 해도 과언이 아닐 듯하다.

여자라면 누구나 한 번쯤 티파니 선물을 받고 싶어할 것이다. 블루 박스와 눈이 부시도록 하얀 크림색 리본으로 포장된 티파니는, 특히 결혼을 앞둔 신부에게는 더욱 그러하다.

전 세계 연인들에게 사랑과 꿈과 미래에 대한 확신을 심어 주어 티파니를 선물한다는 것, 또는 받는다는 것이 서로의 인생에 동반자가 되겠다는 약속임을 나타내고, 티파니를 선물 받은 여자가 '내가 저 사람에게 무한한 사랑을 받고 있다' 라고 확신하게 만드는 곳. 그래서 티파니 매장은 사랑을 확인하려는 커플들로 항상 북적댄다. 물론 우리나라나 일본 등의 관광객도 한몫하고 있지만….

이렇듯 티파니에 대한 맹신에 가까운 열망은 맨해튼을 찾는 많은 여성 관광객의 기념사진 배경으로도 확인된다. 그 앞에서 사진을 한 장 찍으면서 누구나 〈티파니에서 아침을〉의 헤로인 홀리 골라이틀리(오드리 헵번 분)를 꿈꾸니까 말이다.

사랑하는 사람들의 어젠다가 되다

독일의 안드레아스 부흐홀츠(A. Buchholz)와 볼프람 뵈르데만(W. Wordemann)이 함께 쓴 《다섯 가지 성장 코드》라는 책이 얼마 전에 세인들의 관심을 끈 바 있다.
세계 유명 브랜드 1만 개를 대상으로 그 브랜드들이 어떻게 성공하고, 어떤 연유로 사람들에게 사랑을 받고 있는지에 대해서 체계적으로 분석한 책이다. 여기서 저자들은 세상의 모든 브랜드는 성장 잠재력을 보유하고 있으며, 이것은 시장 상황에 관계없이 적용될 수 있다고 주장한다.
이 책에서 분석한 다섯 가지 성장 코드는 다음과 같다.
첫 번째, 유용성과 장점을 발견하라.
두 번째, 규범과 가치를 존중하라.
세 번째, 인지와 프로그래밍을 연구하라.
네 번째, 자기 동일성의 인식과 자기 연출을 구성하라.
다섯 번째, 감정과 사랑에 호소하라.

안드레아스 부흐홀츠와 볼프람 뵈르데만 공저
《다섯 가지 성장 코드》의 한글판 및 원본 표지

티파니 광고는 이 다섯 가지 코드 가운데 첫 번째 코드를 이용한 사례라고 할 수 있는데, 첫 번째 코드에 나오는 전략 중의 하나가 바로 '어젠다(agenda) 원리' 이다. 이는 브랜드가 성공하려면 그 브랜드를 소비자가 삶 속에서 최고의 우선권을 부여하는 자리에 포지셔닝해야 한다는 것이다. 즉, 소비자의 인생 비망록(중대관심사, agenda)에 첫 번째로 자리매김 하면 성공한다는 주장이다.

브랜드가 성공하려면 그 브랜드를 소비자가 삶 속에서 최고의 우선권을 부여하는 자리에 포지셔닝해야 한다는 것이다. 즉 소비자들의 인생 비망록[중대관심사 agenda]에 첫 번째로 자리매김된다면 성공한다는 주장이다.

다시 말해 거창한 것만이 유효한 것이 아니다. 일상에서 일어나는 작은 것에도 적용된다는 의미로, 인간의 일상 속에서 매일 일어나는 사소한 것에서도 이 어젠다 원리가 적용된다고 할 수 있다. 예를 들면 출근 버스에서 평소 점찍었던 여자와 나란히 앉거나, 우연히 들어간 식당의 된장찌개가 기가 막히게 맛있다든가, 아니면 자기가 응원하는 축구팀이 종료 1분 전에 역전골을 넣었다든가, 이런 작은 것들도 사람들에게는 강렬한 인상으로 기억된다는 것이다. 그리고 이런 짜릿한 순간들은 평생 잊혀지지 않은 채 살아가게 마련이므로 결국 사람들은 자신을 행복하게 해준 것에 대해서 자기 인생 비망록에 첫 번째 순번으로 포지셔닝한다는 이야기이다.
이제, 티파니의 많은 광고 중 소비자들에게 어젠다 원리를 이용해 브랜드를 기억시키고 구매로까지 연결한 시리즈를 소개할까 한다.

레오 버넷 가라사대, "Inherent Drama를 찾아라"

광고계의 영원한 스승 레오 버넷(Leo Burnett, 1892~1971)은 "모든 제품에는 '내재된 드라마(Inherent Drama)' 가 존재하며 그것을 찾아내는 것이 크리에이터의 임무"라고 했다. 위에서 언급한 어젠다 원리라는 것도 따지고 보면 내재된 드라마인지도 모르겠다.

〈광고 1〉은 이 어젠다 원리를 잘 이용하고 있다. 이런 상황을 겪어본 사람이라면 이 순간의 떨림과 설렘을 평생 잊지 못할 것이다. 맨해튼의 마천루가 보이는 것으로 미루어 아마도 센트럴파크의 한 벤치로 연상된다. 벤치에 앉아 한 여자를 초조하게 기다리고 있는 한 남자의 모습이 보인다. 예의 블루 박스를 쥔 손에 땀이 흐를 만큼 긴장된 모습으로 그녀가 나타나기를 바란다. 여자가 나타날 뒤쪽에 시선을 고정시키고 아마도 마음속으로 카운트다운을 하고 있을 것이다. 보는 사람으로 하여금 함께 흥분하고, 함께 설레게 하는 광고다.

〈광고 2〉는 어느 성공한 남자의 설렘을 느끼게 하는 광고다. 나비 넥타이와 드레스셔츠의 품격, 그리고 왼쪽 가슴에 살짝 보이는 티파니로 보건대 사랑하는 여자에게 선물하기 위해 기다리고 있음을 알 수 있다. 긴장감 넘치는 사진 트리밍과 상하 2분법으로 면 분할한 레이아웃이 강렬한 인상을 준다.
"FROM THE HEART"라는 카피가 단순히 티파니를 선물하는 차원을 넘어 남자의 진실성마저 느끼게 한다. 특히 이 반지는 티파니 역사상 가장 위대한 디자이너 중 한 명인 파리 출신의 장 슐럼버거(Jean Schlumberger)가 디

〈광고 1〉

〈광고 2〉

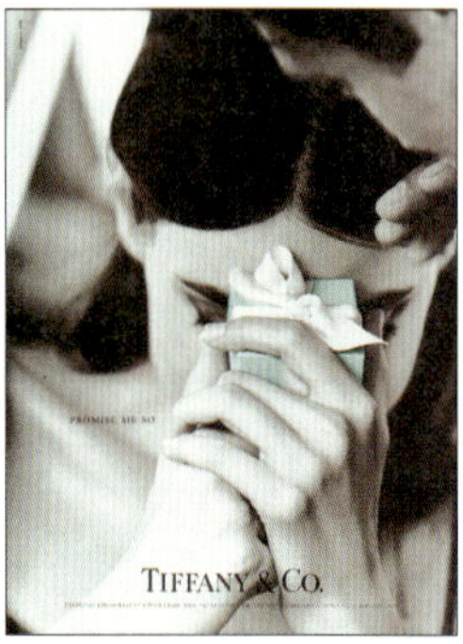

〈광고 3〉

〈광고 4〉

〈광고 5〉

〈광고 6〉

자인한 것으로 더욱 유명한데, 그의 컬렉션은 세계적 스타나 유럽의 왕실 그리고 대부호들이 소장하고 있으며 맨해튼의 특별전시장에 진열될 정도로 대단한 사랑을 받고 있다.

〈광고 3〉에서는 비주얼이 주는 메시지가 극명하게 드러난다. 한 여성이 티파니 선물을 받고 주체할 수 없는 감동에 눈물을 흘릴 것 같은 분위기가 연출되었다. 또 티파니와 함께하는 "PROMISE ME SO"라는 카피가 이 여자가 맛본 감동과 행복의 원천이 무언지를 알 수 있게 해준다.

〈광고 4〉는 선물의 당사자들이 직접 나오는, 조금은 노멀한 느낌을 주는 광고다. 여자의 아파트를 방문한 듯한 남자가 만남의 기쁨을 표현하면서 등 뒤에 티파니 박스를 감추고 있다. 아마도 깜짝쇼를 하려는 모양이다. 이 남자는 오늘 작심하고 여자의 아파트를 방문한 것이다. 세상에서 가장 폼 나는 선물로 청혼하려는 것은 아닐까?

〈광고 5〉에는 선물에 감격해 말을 잊은 여자의 모습이 아주 리얼하게 표현되었다. 5,300달러라는 가격이 문제가 아니라 티파니를 받을 만큼 사랑 받고 있다는 사실이 그녀를 더 흥분시켰을 것이다. 티파니 박스를 가슴에 소중하게 품고 있는 모습과 감정을 주체할 수 없어 하는 얼굴 표정이 보는 사람의 시선을 자극한다. "SAY NO MORE"라는 카피가 왠지 진부하게 느껴질 정도다. 비주얼이 모든 것을 다 말해주고 있지 않은가?

레오 버넷(Leo Burnett, 1892~1971)은 "모든 제품에는 '내재된 드라마(Inherent Drama)'가 존재하며 그것을 찾아내는 것이 크리에이터의 임무"라고 했다.

〈광고 6〉도 다른 설명이 필요 없는 광고다. 막 이브닝 파티에라도 갈 듯한 차림의 남녀가 있다. 남자는 사랑을 고백하며 영원히 함께하기를 반지로 맹세한다. 그리고 여자를 뒤에서 꼬옥 안은 채 여자의 "예스(Yes)!"를 기다린다. 티파니가 이런 효능(?)을 가지고 있을진대, 평생 한 번 하는 맹세라면 돈이 문제이겠는가!

〈광고 7〉을 보면 어젠다 원리가 극명하게 나타난다. 어느 여자가 이 순간의 감동을 잊겠는가? 어느 남자가 이런 상황을 연출하고 싶지 않겠는가? 그리고 이런 순간을 기억하는 사람들에게 티파니라는 브랜드는 과연 어떤 의미로 존재할까? 아마도 죽을 때까지 잊지 못할 존재로 기억될 것이다. 생의 한가운데에서 얻은 짜릿한 감동과 행복감을 티파니가 선사하고 있는 것이다.
광고에 대한 설명이 필요 없겠지만, 그윽한 시선의 남자와 행복에 젖어 미소를 띠며 눈을 지그시 감은 여자는 아마도 오늘을 영원히 잊지 못하지 않을까? 전체는 모노톤이지만 오직 티파니만이 예의 블루 컬러로 처리되어 시선을 사로잡는다.

〈광고 8〉은 섹시한, 그러나 고급스러운 분위기의 여자가 그녀에게 5만

〈광고 7〉

〈광고 8〉

〈광고 9〉

〈광고 10〉

2,000달러짜리 목걸이를 선물한 남자를 기다리는 모습을 보여준다. 아무에게도 방해받지 않는 그와의 시간, 그리고 둘만의 파티를 기다리는 여자의 심리가 잘 묘사되어 있다. 나를 보라고 호들갑도 떨지 않고, 잘 산다고 재고 있지도 않지만 그녀만의 품격과 가치를 느끼게 하는 비주얼 연출이 돋보인다.

〈광고 9〉는 티파니가 세팅 114년 만에 새로운 커팅법으로 선보인 '루시다' 다이아몬드 반지를 위한 광고다. 루시다 반지를 끼고 있는 여자의 표정이 메시지의 모든 것을 다 나타낸다. 남자의 뒷머리를 격정적으로 잡은 여자의 손이나 표정이 사랑 그 이상의 감정으로 승화되었다.

〈광고 10〉의 분위기는 결혼을 앞둔 여자라면 한 번 느껴보고 싶은 순간일

〈광고 11〉

〈광고 12〉

것이다. 한밤에 티파니 매장으로 보이는 곳에서 남자가 여자가 원하는 반지를 골라 주고 있다. 마치 보보스처럼 그 반지의 역사와 디자인 철학에 대해서 자세히 이야기해 주면서….

〈광고 11, 12〉에서는 행복한 연인들의 모습과 티파니가 함께 어우러졌다. 누가 이런 순간을 잊을 수 있을까? 이런 행복, 이런 달콤한 사랑 속에 함께하는 티파니는 분명 소비자들에게 인생 최고의 비망록으로 기억될 것이다. 그리고 그들은 또 이와 같은 상황이 벌어지면 두 번 생각할 것도 없이 티파니를 떠올리게 될 것이다.

축복 받은 삶의 순간들과 함께하는 티파니

요란한 비주얼이 있는 것이 아니요, 힘있는 카피가 있는 것도 아니지만 우리가 만나는 티파니 광고는 오랜 시간 뇌리에 남아 있을 것을 부인할 수 없다.

티파니의 모토는 "행복하고 축복받은 삶의 순간들과 함께한다"는 것이다. 그렇다. 그들의 모토답게 이번에 소개한 광고들은 정말 인간으로서 최고의 행복을 느낄 수 있는 순간과 최상의 시간들을 보여주고 있다.

앞서 말한 것처럼 소비자들은 브랜드를 기억할 때 어젠다 원리에 따른다. 이런 면에서 티파니의 광고는 대단한 파워를 지녔다고 생각된다. 요란한 비주얼이 있는 것이 아니요, 힘 있는 카피가 있는 것도 아니지만 우리가 만난 티파니 광고는 오랜 시간 뇌리에 남아 잊혀지지 않을 게 분명하기 때문이다.

You won't have to tell anyone what happened.
One smiling glance and they'll know.
Every woman you know will be just a little envious.
Every man, a little wistful.
And long after the wedding is over, you'll twist it on your finger
and see it all over again.
You'll wear the dress for one day. Your diamond, every day of your life. Make sure it's the one you really want.
For a free booklet to help you select your perfect Diamond Engagement Ring, call 1-800-559-5814.
The Diamond Engagement Ring.
How else could two months' salary last forever?
A diamond is forever. De Beers

De Beers

A Diamond is Forever

절대 권력의 누수, 그러나 영원한 드비어스를 꿈꾸다

'드비어스(De Beers)'는 다이아몬드의 전부라고 해도 과언이 아니다. 영국 런던에 본사를 둔 드비어스는 1888년부터 오늘에 이르기까지, 많을 때는 다이아몬드 시장의 90%를 장악하기도 했다. 그 누구도 이 아성에 도전할 엄두를 내지 못했고, 조금이라도 그런 조짐이 보이면 '이 다이아몬드의 제왕'은 가차없이(?) 무차별 공격을 퍼부으며 시장에서 다이아몬드 왕국의 명예를 지켰다. 드비어스의 이런 공격적 마케팅전략은 영국의 식민지정책에서 그 모델을 찾을 수 있을 것이다.

드비어스란 원래 원주민 형제의 이름에서 유래되었다. J. N. 드비어스(Johannes Nicholas de Beers)와 D. A. 드비어스(Diederik Arnoldus de Beers)

초창기의 드비어스 사옥

현 회장 니키 오펜하이머와 LVMH의 회동

형제는 남아프리카 공화국의 어느 농장을 단돈 50파운드에 매입했는데, 1871년에 우연히 그 농장에서 다이아몬드가 발견되었다. 드비어스 형제는 이 뜻하지 않은 복덩어리를 매입가의 무려 126배인 6,300파운드에 매각했다. 더욱이 이 농장의 명칭을 '드비어스광산'으로 영구히 붙일 것을 요구하면서…. 이렇게 탄생한 드비어스가 오늘날 다이아몬드 시장의 70%를 장악하리라고 그 누가 상상이나 했을까?

고대 그리스인이 '신의 눈물'이라고 굳게 믿었던 탄소결정체 다이아몬드는 이제 한 해 100억 달러가 넘게 거래되는 거대한 산업의 한 축을 이루었다. 이 보석이 처음 사용된 것은 BC 7~8세기 인도 드라비다족에 의해서였다. 그 후 로마시대에는 오직 왕족만이 소유할 수 있었고, 1866년 남아프리카 공화국에서 발견되어 본격적으로 채굴법이 도입되면서 비로소 대중화의 길을 걷게 되었다.

한편 드비어스는 남아공, 중앙아프리카, 앙골라, 보츠와나 등 영국의 과거 식민지에서 영국의 독점 자본으로 착취 형태로 발전했다고 해도 과언이 아니다. 그러면서 전 세계 120여 개의 보석회사에 마치 비밀결사조직을 방불케 하는 공급시스템을 갖추고, 가격이 내려가면 유통량을 줄이고 가격이 올라가면 유통량을 늘리는 등 가격을 자유자재로 조절하면서 다이아몬드에 관한 절대권력을 휘둘렀다.

그런데 이런 아성과 권력에도 누수가 생기기 시작했으니, 그것은 뜻하지 않게 1991년 구소련의 해체로 비롯되었다. 구소련은 붕괴되기 전까지 보츠와나에 이어 세계 2위의 다이아몬드 생산국이었는데, 시베리아에서 원석을 채광하기 시작하자 당시 드비어스의 회장이었던 해리 오펜하이머(Harry Oppenheimer : '다이아몬드는 영원하다'라는 슬로건의 창시자)는 공산당과 밀약을 맺고 전량 수입하는 데 성공했다. 그러나 1991년 공산정권이 붕괴되면서 러시아는 드비어스 외에 다른 회사에도 다이아몬드 원석을 공급하게 되었다. 즉, 구소련의 절대권력 해체가 드비어스의 절대독점을 무너뜨리는 아이러니한 상황을 만든 것이다.

하지만 러시아의 이런 배신(?)은 단지 시작에 불과했다. 대규모 중저가 다이아몬드를 안정적으로 공급하던 호주의 아질광산이 직접 판매를 선언, 드비어스의 그늘을 벗어난 것이다.

그뿐만이 아니었다. 캐나다 북서부 지방인 에카티, 다이빅, 윈스피어 등 3곳에서 대규모 광산이 발견되면서 캐나다가 제3의 다이아몬드 생산국으로 등장, 드비어스를 달콤한 독점의 잠에서 깨우며 더욱 곤혹스럽게 만들었다. 이런 위기는 미국과 EU의 반독점법 규제와 더불어 더욱 심각한 지경에 이르렀고, 아프리카 내전의 원인이 대부분 마약과 다이아몬드 때문인 것으로 알려지면서 다이아몬드산업 자체에 큰 부담을 안기기도 했다. 이렇듯 여러 악재가 겹쳐 드비어스의 시장 지배력은 조금씩 줄어들었지만, 다이아몬드산업 자체는 지금도 발전에 발전을 거듭하고 있다.

드비어스 다이아몬드는 광고를 통해서 새로운 연애풍속도를 만들어 냈다. '청혼을 하기 위해서 사랑하는 여인에게 두 달 치의 월급을 투자하라' 는 것이다.

무릇 이 세상에 여자가 존재하는 한, 이 세상에 사랑하는 연인이 있는 한 드비어스의 발전도 끊임없을 듯하다. 최근 드비어스가 'FOREVER' 라는 브랜드를 만들어 직접 소비자를 찾아가면서, 루이뷔통과 헤네시 코냑 등 명품만을 고집하는 LVMH그룹과 전략적 제휴를 맺고 변화를 모색하는 것도 드비어스의 또 다른 미래를 짐작케 하는 예고편은 아닐까.

"사랑의 영원함을 표현하는 데 두 달 치 월급이 너무 많은 돈일까요?"

광고는 문화를 만든다. 그리고 역으로 문화의 산물이기도 하다. 광고는 사람들이 살아가는 라이프스타일을 만들고, 즐기는 방법을 알려주고, 새로운 가치를 쉴새 없이 토해낸다.

그 가운데 드비어스 다이아몬드는 광고를 통해서 새로운 연애풍속도를 만들어 냈다. '청혼을 하기 위해서 사랑하는 여인에게 두 달치의 월급을 투자하라' 는 것이다. '사랑을 표현하는 데 두 달치 월급은 결코 사치가 아니며, 돈 있는 사람들의 전유물도 아니요, 이제 바로 당신의 차례' 라고 강변한다.

〈광고 1〉 "다이아몬드를 고르는 것도 당신을 고르는 것만큼이나 특별합니다. 다이아몬드는 영원합니다. 마음의 표시를 영원히 하는 데 두 달치 월급

〈광고 1〉

〈광고 2〉

〈광고 3〉

〈광고 4〉

〈광고 5〉

이 많은 것일까요?"

〈광고 2〉 "무엇보다 다이아몬드가 당신의 생애에 당신의 사랑을 나타내는 유일한 징표입니다. 다이아몬드는 영원합니다. 영원함에 단 두 달치 월급을 투자하는 게 너무 많은 돈일까요?"

〈광고 3〉 "당신의 삶에서 당신이 항상 사랑하고 있다는 것을 상징하는 것은 다이아몬드뿐입니다. 다이아몬드는 영원합니다. 영원함에 단 두 달치 월급이 너무 많은 돈일까요?"

〈광고 4〉 "다이아몬드 약혼반지가 단 2개월 정도의 월급과 같은데 과용한다고 생각하나요?"

〈광고 5〉 "뭐니뭐니해도 당신의 삶에서 영원토록 당신의 사랑을 표시할 수 있는 것은 이 다이아몬드뿐입니다. 다이아몬드는 영원합니다. 영원한 사랑의 표시에 2개월치의 월급이 너무 많은 것일까요?"

'두 달치의 월급으로 다이아몬드를 준비하라' 라는 카피는 여전히 사람들의 뇌리에 남아 광고는 끝났지만 사람들은 여전히 두 달 치의 월급으로 연인에게 사랑을 고백하고 청혼을 하고, 약혼반지를 끼워줄 것이다.

인생에 있어 단 한 번뿐인 결혼을 다른 사람보다 초라하게 하고 싶은 연인은 단 한 쌍도 없을 것이다. 위의 카피들은 그런 연인들에게 구체적 방법을 제안함으로써 판매곡선을 획기적으로 상승시켰다.

더욱이 '두 달치의 월급으로 다이아몬드를 준비하라' 라는 카피는 일회성에 그치지 않고 여전히 사람들의 뇌리에 남아서 새로운 가치관과 습관을 잉태해 광고는 끝났지만 사람들은 여전히 두 달치의 월급으로 연인에게 사랑을 고백하고 청혼을 하고, 약혼반지를 끼워줄 것이다. 그리고 사람들은 광고를 통해 다이아몬드와 더불어 청혼하는 것을 사치라기보다는 당연하게 여기는 행동규범으로 받아들였을 것이다.

한 번 만들어진 이러한 전통은 오늘도 세계 각국에서 계속되는 현재진행형의 캠페인인 셈이다. 생각해 보라. 설령 단 10%의 연인만이 이 새로운 결혼풍속도를 따라준다 해도 얼마나 큰 성공인가? 드비어스의 전략은 이렇게 치밀한 계산 속에서 전개된 것이다.

사랑이라는 이름의 드비어스, 행복이라는 이름의 드비어스

〈광고 6〉은 젊은층을 향한 드비어스의 최근 캠페인의 첫 광고이다.
"THANK YOU BOB". "THANK YOU LORD". 카피를 보는 순간 절로 웃음이 터지지 않는가? 작은 것을 받았을 때는 남자친구의 이름을 부르지만, 0.5캐럿 이상의 큰 다이아몬드를 받았을 때는 상황이 달라진다는 것이다. 감탄사의 정도가 다르다. 속물근성이 보이지만 밉지가 않다. 오히려 귀엽

〈광고 6〉 "Bob, 고마워." "하나님, 감사합니다." 크기에 따라 감탄사가 달라진다.

〈광고 7〉 놀라서 목을 다칠 정도라도 세상의 모든 여자들은 큰 것을 원할 것이다.

〈광고 8〉 다이아몬드 말고도 줄 것이 많은 남자, 여자는 그런 남자를 원하지 않을까?

〈광고 9〉 말을 잇지 못할 정도의 감동을 선물해 본 적이 있는 사람이면 알 수 있다.

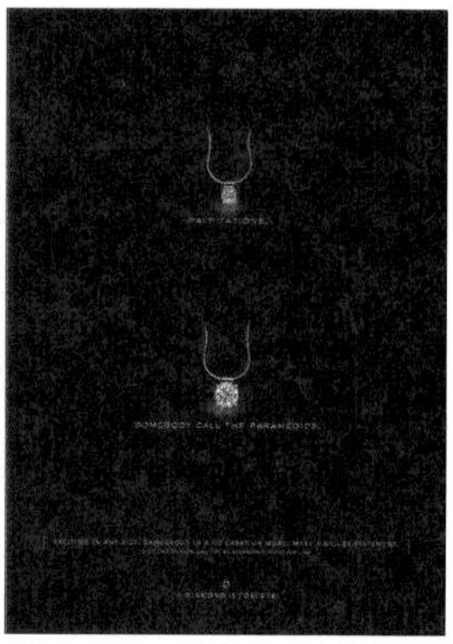

〈광고 10〉 조심하세요. 당신의 심장이 멈출 수도 있으니까….

고 사랑스럽다. 광고의 밑부분에서는 좀더 구체적인 유혹이 드러난다. "어느 크기도 좋다. 0.5캐럿 이상은 멋지다. 사랑의 크기를 보여주세요."

〈광고 7〉은 과장이 좀 심한 듯하다.
작은 다이아몬드를 받았을 때는 조금 놀라서 고개가 돌아갈 정도이지만, 큰 다이아몬드를 선물하면 목부상을 당할 정도로 놀란다는 의미가 아닐까? 아마도 세상의 모든 여자들은 목이 부러지는 아픔을 겪으면서라도 저 큰 다이아몬드를 원할 것이다.
얌전하게 정리되어 있는 바디 카피는 "어느 크기이든 눈에 띕니다. 0.5캐럿 이상은 눈이 부실 정도입니다. 사랑의 크기를 보여주세요" 이다. 이런 광고를 보고 어느 남자가 작은 것을 선물하겠는가? 카드를 몇 장 긁어서라도 큰 걸 장만하겠지….

〈광고 8〉에서는 카피의 뉘앙스가 묘한 여운을 던진다.

"이 다이아몬드 어디서 났어? 이 남자는 어디서 만났어?"

작은 다이아몬드를 준 남자는 상상할 수 있을 만큼의 부만 가지고 있는 반면, 큰 것을 준 남자에 대해서는 상황이 다르게 느껴진다. 즉, 큰 다이아몬드를 선물한 남자는 돈뿐만 아니라 명예와 인품을 겸비한 남자로 느껴진다는 것이다. 설령 그렇게 완벽한 남자가 아니더라도 다이아몬드 말고도 더 호화로운 생활을 담보할 만한 남자임에 틀림없다고 생각된다는 이야기이다.

'당신은 어떤 남자로 기억되고 싶은가?' 라고 묻는 듯하다.

드비어스 광고는 연인이나 약혼과 결혼을 준비하는 이들의 라이프스타일과 가치관에 코드를 맞춰 표현했다. 인간의 저 가슴 깊숙이 내재된 욕망과 다이아몬드를 절묘하게 연결해 소구했다.

〈광고 9〉는 다이아몬드의 크기가 감동의 크기로 잘 나타난다.

"오~마이클, 이렇게까지 하지 않아도 되는데… 오~마이클…." 상상이 가지 않는가? 너무나 큰 감동이 물밀듯이 덮쳐 왔을 때 우리는 말을 잇지 못한다. 상상을 초월한 상황에 부딪치면 우리는 할 말을 잊는다. 어떻게 표현할지 모르기 때문이다.

"어느 크기든 아름답습니다. 0.5캐럿 이상은 아름다움의 극치입니다. 사랑의 크기를 보여주세요."

바디 카피가 가증(?)스럽기도 한데, 물론 큰 다이아몬드만을 판매하기 위한 얄팍한 상술만은 아닐 것이다. 오히려 두 개의 다른 크기를 어떻게 크리에이티브하게 보여줄 것인가에 대한 고민을 멋지게 해결한 것일 수 있다.

〈광고 10〉은 카피가 재미있다.

"두근거림", "누가 의사 좀 불러주세요…". 아마도 놀라서 심장마비 증세를 보이고 있나본데, 작게 쓰인 바디 카피는 한술 더 뜬다. "어느 크기든 놀랍습니다. 0.5캐럿 이상은 조심하세요. 사랑의 크기를 보여주세요."

앞에서 살펴본 광고들은 연인이나 약혼과 결혼을 준비하는 이들을 타깃으로 집행한 광고인데, 그들의 라이프스타일과 가치관에 코드를 맞춰 표현한 것이다. 이 시리즈는 인간의 저 가슴 깊숙이 내재된 욕망과 다이아몬드를 절묘하게 연결해 소구했기 때문에 다음 광고가 기다려진다.
그런데 이제 소개할 광고들은 앞의 시리즈와는 타깃이 다르다. 결혼 5주년, 10주년을 맞이한 부부가 간직하고 있을 법한 또 하나의 러브스토리를 소재로 한 광고들이다. 즉, 부부가 함께한 과거 · 현재 · 미래를 축하하는 의미의 다이아몬드를 말하는 것이다.
이 시리즈는 우선 비주얼만 보면 별 다른 게 없어 보인다. 부부로 보이는 남녀가 행복에 겨워 껴안고 키스하는 장면은 이 광고가 아니더라도 숱하게 많이 보아온 그림이다. 그런데 광고 가운데 실선 한 줄과 중간 중간 다이아몬드 모양의 포인트, 그리고 그곳에 올려진 카피를 읽다보면 예사 광고가 아님을 눈치챌 수 있다. 자칫 평범하게 흘려보내기 쉬운 소재를 솜씨 좋은 크리에이터가 물건으로 만들어 낸 것이다.

광고 가운데 실선 하나와 중간 중간 다이아몬드 모양의 포인트, 그리고 카피를 보면 예사 광고가 아님을 눈치 챌 수 있다. 자칫 평범하게 흘려보내기 쉬운 소재를 솜씨 좋은 크리에이터가 물건으로 만들어 낸 것이다.

〈광고 11〉은 직설적이다.
"1st Kiss…. 6th Kiss…. 59th Kiss…. 233rd Kiss…. 4,115th Kiss…. 그리고 여전히 처음처럼 설렌다…."
의심할 여지없이 서로가 서로를 확인하는 첫 번째 키스가 있은 연후에 계속 이어지는 만남과 사랑의 확인…. 4,115번째 키스를 하려면 몇 년을 만나고 몇 년을 함께 살아야 하는지는 개인에 따라 다르겠지만, 아직도 몇 번째의 키스인지는 몰라도 항상 설렌다고 하니 얼마나 축복받은 부부인가? 바디 카피는 "스리 스톤 목걸이로 함께한 과거 · 현재 · 미래를 기념하세요" 라고 구매를 유도한다.

〈광고 12〉도 사랑을 되새김하면서 그림처럼 사는 부부의 사랑이 물씬 풍

〈광고 11〉 아직도 첫 번째 키스의 설렘이 남아 있다니 축하할 만하다.

〈광고 12〉 시간이 흐르면 흐를수록 사랑과 행복이 넘치는 모습이 보이는 듯하다.

기는 광고이다. 아마도 이런 광고를 보면 동서양을 막론하고 누구나 공감하지 않을까. 카피를 보자.

"첫 데이트 재현…. 거실 바닥에서 촛불 저녁식사, 장미 48송이, 아이들과 버몬트에서의 주말…. 아이들 없이 단 둘이 보낸 버몬트의 주말…. 매년 더 좋아진다."

눈을 감고 연상해 보라. 얼마나 행복한 가정의 모습인가! 누구나 사랑하는 사람과 함께 저런 모습으로 살고 싶어하지 않을까?

밑부분에 제품을 안내하는 바디 카피는 "스리 스톤 결혼기념일 반지로 함께한 삶을 기념하세요. 과거 · 현재 · 미래를 위한 세 개의 다이아몬드"로 마무리되었다.

〈광고 13〉은 상상을 자극시키기 위해서인지 비주얼이 흐릿하다. 어쩌면 얼굴을 잘 보이게 하지 않음으로써 '나도 저렇게 행복할 수 있다'라는 동일시 효과를 노리고 있는지도 모르겠다. 카피는 살아가면서 서로가 서로를 발견하는 즐거움을 표현한다.

"몽고반점을 발견했다. 성감대를 발견했다. 주근깨를 찾았다. 눈가 주름을 보았다. 흰머리를 셌다. 그러나 아직도 허점을 찾지 못했다."

살 비비고 사니까 나이가 들면서 신체의 변화된 모습은 찾을 수 있지만, 성격적 결함을 발견할 수 없다니…. 아무래도 인간이 아닌 모양이다.

〈광고 13〉 서로가 속속들이 잘 알지만 아직까지 인간적인 허점을 발견하지 못했다…. 부럽다.

〈광고 14〉 언제까지나 신혼의 기분으로 사는 모습이 행복해 보인다.

〈광고 14〉는 아마도 세상의 모든 여자에게 감명을 줄 광고라고 생각된다. 데이트할 때만 해도 하늘에 없는 별까지 따다 줄 것 같던 남자들이 결혼만 하면 180도 돌변하는 현실을 감안한다면, 이 광고는 분명 여자들에게는 감동의 물결로 다가올 것이다.

주변에서 부부싸움하는 모습을 보면 아주 하찮은 것이 시발점인 경우가 많다. 남편이 아내의 생일을 기억 못하거나, 심지어 간 큰(?) 남자들은 결혼기념일마저 잊어버리니 장미의 전쟁이 일어나지 않겠는가? 그런데 여기 나오는 부부의 모습은 언제까지나 신혼이다.

카피를 보자.

"결혼식, 결혼기념일, 결혼기념일, 결혼기념일…. 신혼은 아직도 끝나지 않았다." 이 정도면 영원히 신혼으로 살 수 있겠지.

꽃 대신에 사랑을 팔아라

'내게 옷을 팔려고 하지 마세요.
세련된 인상, 멋진 스타일, 그리고 매력적인 외모를 팔아주세요.
내게 장난감을 팔려고 하지 마세요.
그 대신 내 아이들에게 즐거운 순간을 팔아주세요.

내게 책을 팔려고요?
아니에요. 대신 즐거운 시간과 유익한 지식을 팔아주세요.
내게 컴퓨터를 팔 생각은 하지 말아요.
기적 같은 기술이 주는 즐거움과 이익을 팔아주세요.
내게 물건을 팔려고 하지 말아요.
꿈과 느낌과 자부심과 일상의 행복을 팔아주세요.
제발 내게 물건을 팔려고 하지 마세요.'

'드비어스 살 만큼 나 돈 있어!' 하는 식으로 소구하면서 팔지 않고, 다이아몬드를 소장한 사람들의 부러운 라이프스타일과 그들만의 러브스토리를 통해 인간의 소유욕을 자극하는 것이다.

《평생 고객을 만드는 법》의 저자 마이클 르뵈프(Michael LeBoeuf)가 아주 역설적으로 주장한 메시지를 보면 뭔가 짚이는 것이 있다. "꽃 대신에 사랑을 팔라"는 것이다. "꽃 사세요, 꽃 사세요!" 대신에 "사랑을 사 가세요, 이 꽃 한 송이가 당신이 원하는 사랑을 가져다 줄 거예요"라고 외치는 것이 훨씬 낫다는 것이다.
광고계에 교과서적으로 인용되는 '히치하이크' 이야기가 있다. 'To California'라는 푯말을 들고 아무리 기다려도 바람소리만 쌩쌩 들릴 뿐 단 한 대도 서주지 않았다. 눈만 흘깃흘깃하지 정작 서지는 않았다. 마음은 급하고 다리는 아프고, 날은 어두워지고 배도 고파 오는데…. 그래서 생각 끝에 몇 자를 추가했다.
"To California for Christmas with My Man."
그러자 신통하게도 씽씽 달리던 차가 서는 게 아닌가! 아마도 꽃 대신에 사랑을 팔았기 때문이리라.

최근에 집행된 드비어스의 광고들은 이렇게 '꽃 대신 사랑'을 소구해 소기의 성과를 올리고 있는 듯하다. '드비어스 살 만큼 나 돈 있어!' 하는 식으로 소구하면서 팔지 않고, 다이아몬드를 소장한 사람들의 부러운 라이프스타일과 그들만의 러브스토리를 통해 인간의 소유욕을 자극하는 것이다.

be late
CONCORD
Time is a luxury.
THE CONCORD LA SCALA™ IN STAINLESS STEEL WITH DIAMONDS. CALL 1 888 812 6626 FOR MORE INFORMATION.
BAILEY BANKS & BIDDLE

CONCORD

Time is a Luxury

손목 위의 신분증, 콩코드

'콩코드(CONCORD)' 는 상류사회를 나타내는 일종의 '신분증' 과도 같다. 세상 사람들을 '콩코드를 가지고 있는 사람' 과 '그렇지 않은 사람' 두 부류로 나눌 수 있기 때문이다. 콩코드를 소유한 사람의 명단은 그대로 상류사회의 명단이요, 명사들의 리스트라고 해도 과언이 아니다.

콩코드는 1906년 스위스 빈(Bienne)에서 호기심 많은 두 젊은 시계기술자에 의해서 탄생되었다. 그들의 꿈은 정확도와 특별한 아름다움을 갖춘 '작품 같은 시계' 를 만드는 것. 시계판에 다이아몬드가 촘촘히 박혀 있거나, 18캐럿 골드와 화이트골드로 화려하게 장식된 디자인이 대부분인 콩코드는, 이제 두 젊은이의 여망대로 럭셔리 시계의 대명사가 되었다.

피에르 쌍소(Pierre Sansot)의 《느리게 산다는 것의 의미》*(Du bon usage de la lenteur)*

콩코드의 제품 철학은 "Time is Luxury" 라는 슬로건이 대변한다. 여기에는 어느 경쟁사도 따라올 수 없는 무브먼트의 정확도나, 화려하고 고급스러운 장식품의 가치뿐만 아니라 시간의 소중함까지 일깨워주는 브랜드 철학이 담겨 있다. 이 철학

콩코드(CONCORD) 제품군

을 토대로 1915년에 처음으로 럭셔리 개념의 시계를 생산한 콩코드는 그 명성과 품질에 대한 소비자들의 맹신에 가까운 믿음에 힘입어 1968년에 드디어 시계 브랜드 인지도 6위에 오르는 위업을 달성하기에 이른다.

콩코드는 당초 유럽 시장을 목표로 론칭했으나 고급시계로서의 브랜드 이미지는 오히려 유럽보다 미국에서 먼저 형성되었다. 특히 뉴욕을 거점으로 옥외광고물을 이용해 세계인들에게 선보이기 시작한 이후 잡지광고 및 퍼블리시티(publicity)를 강화해 단숨에 고급시계로서의 명성을 얻게 된다.

콩코드가 세인들의 주목을 받기 시작한 것은 1946년, 한 동전에서 영감을 얻은 손목시계 '임프레사리오(Impresario)' 에서부터이다. 동전 모양에서 힌트를 얻어 문자판을 마치 동전처럼 조각한 이 모델은 '시계 디자인의 새로운 혁명' 으로 평가받으며 세인의 관심을 모았다. 이렇게 혁신적인 디자인과 경쟁사가 따라 올 수 없는 품질을 앞세운 콩코드는 1997년 바젤페어(Basel Fair)에서 '새러토가 스플렌더스 컬렉션(Saratoga Splendours Collection)' 으로 보석시계 분야 4개 부문을 수상하는 기염을 토하기도 했다.

콩코드는 이처럼 지난 100여 년간 스위스 시계의 특징인 무브먼트의 정확도, 화려한 디자인과 장식, 그리고 시간의 소중함을 위해 시계를 만든다는 철학 아래 "Time is Luxury"라는 모토를 가장 잘 실현하고 있는 세계적 브랜드가 되었다.

이제 제품을 중심으로, 화려한 콩코드 성장사의 일면을 들여다보자.

1979년, 콩코드는 세계에서 가장 얇은 시계 '델리리움(Delirium)'을 만들어 냈다. 불과 0.98mm의 두께로 기네스북에 오르기도 한 이 모델은 출시되자마자 선풍적으로 인기를 얻었고, 초박형 시계의 대유행을 이끄는 기폭제가 되었다. 이로써 콩코드가 단숨에 세계 일류브랜드의 반열에 올라서게 된 것은 물론이다. 1986년에는 스포티한 디자인에 우아한 세련미를 가미하며 젊은 감각을 강조한 '새러토가(Saratoga)' 모델을 출시했고, 그 탄생 10주년이 되는 해에는 타깃들의 새로운 취향을 이끄는 캐주얼 엘레강스 개념의 '새러토가 스포트 럭셔리(Saratoga Sport Luxury)' 시리즈를 선보인 데 이어, 1994년에는 '파폴론(Papollon)' 모델을 개발, 정교한 조각으로 눈길을 사로잡았다.

세상 사람들은 '콩코드를 가지고 있는 사람'과 '그렇지 않은 사람' 두 부류로 나눌 수 있다. 콩코드를 소유한 사람의 명단은 그대로 상류사회의 명단이요, 명사들의 리스트라고 해도 과언이 아니다.

콩코드의 멈추지 않는 도전정신은 1996년, 수작업으로 만든 '베네토(Veneto)'를 통해 또 한 번 그 진가를 발휘했다. 베네토는 그 어느 모델보다 클래식한 밴드 디자인과 섬세한 수공으로 고전적 우아함을 자아냄으로써 큰 인기를 모았는데, 특히 옐로골드의 전통미와 화이트골드의 세련된 섬세함을 함께 추구해 클래식 팬들에게 큰 사랑을 받고 있다.

한편 1997년에 선보인 '스포티보(Sportivo)'는 베네토 디자인의 스포츠 모델인데, 빨강, 파랑, 분홍 등 과감한 문자판 컬러로 젊은층에게 어필하였다. 그 해에는 또 콩코드의 대표적 자랑거리인 '라 스칼라(La Scala)'가 출시되었다. 기하학적이면서도 아르데코적 스타일의 이 제품은 정확도에서는 물론 그 특유의 아름다움으로 장식품으로서의 가치까지 높이 평가받았다.

1999년 출시된 '임프레사리오' 모델 중 하나인 '임프레사리오 미니트 리피터 투어빌리온 크로노그래프(Impresario Minute Repeater Tourbillion Chronograph)'는 수집가들의 타깃이 되고 있는데, 시계 산업에서 가장 복잡하고 섬세한 구조를 가지고 있으면서도 중력의 영향과 무브먼트로 인해 발생되는 부정확성을 완벽하게 제거하는 데 성공했다는 평판 때문이다.

콩코드는 이렇듯 부단한 연구와 도전으로 '명품시계의 대명사'라는 위상을 정립한 가운데, 새로운 모델을 출시할 때마다 그 명성을 한층 더 높이 쌓아가는 기회로 만들고 있다. 이런 콩코드의 정신은 까르띠에(Cartier)나 티파니 등 경쟁사들이 벤치마킹할 정도로 성공의 원천이 되었다.

한편 콩코드는 문화 마케팅 측면에서도 활발한 활동을 전개하고 있다. 브랜드가 가지고 있는 고급 이미지를 전파하기 위한 전략적 차원에서 다양한 메세나(Mecenat)를 전개하는 것이다.

그 핵심전략은 콩코드에 어울리거나 아니면 역으로 고급 이미지에 '업혀갈 수 있는' 다양한 소재를 발굴하여 어프로치하는 것이다. 그 중에서도 특히 영화에 공을 들이고 있는데, 아카데미상을 수상하는 영화와 스타들에게 콩코드만이 할 수 있는 마케팅 노력을 집중하는 것이다. 영화 〈그린 마일(The Green Mile)〉에서 맹활약한 쥐로부터 영감을 얻어 작은 쥐 모양의 다이아몬드를 새겨 넣은 모델 '그린 마일'을 시판한 것이나, 미국 중산층의 라이프스타일을 묘사한 영화 〈아메리칸 뷰티(American Beauty)〉를 위해 시계줄 전체를 루비로 장식한 '아메리칸 뷰티'라는 이름의 시계를 제작한 것, 그리고 〈조 블랙의 사랑(Meet Joe Black)〉에서 주연 배우 앤서니 홉킨스에게 '임프레사리오'를 협찬하여 전 세계 영화팬의 부러움과 찬사를 받은 것 등은 그 대표적인 예라 하겠다. 또한 아카데미 시상식에 참석하는, 예를 들면 짐 케리나 지나 데이비스, 우피 골드버그 같은 유명 배우에게 협찬해 시상식을 지켜보는 세계의 영화팬들에게 강력한 브랜드 리더십을 자연스럽게 확보하고 있다.

한편 콩코드는 문화 마케팅 측면에서도 활발한 활동을 전개하고 있다. 그 중에서도 특히 영화에 공을 들이고 있는데, 아카데미상을 수상하는 영화와 스타들에게 콩코드만이 할 수 있는 마케팅 노력을 집중하는 것이다.

콩코드는 또 일찍이 역사의 현장 속에서 수혜를 입는 행운을 안기도 했다. 1945년 미국의 트루먼 대통령이 포츠담회담에서 처칠 영국 수상 및 소련의 스탈린에게 평화를 기원하는 선물로 콩코드 시계를 증정, 전 세계인들에게 콩코드 브랜드를 확고히 각인시키는 기회를 갖기도 한 것이다.

'Be late'

몇 년 전 피에르 쌍소(Pierre Sansot)의 《느리게 산다는 것의 의미》가 화제가 된 적이 있다. '변화를 따라잡지 못하면 도태된다'고 위협하는 현대사회에 그 정반대의 메시지를 던지며 독자들을 사로잡은 책이다.
"인간의 모든 불행은 단 한 가지, 고요한 방에 들어앉아 휴식할 줄 모른다는 데에서 비롯한다"라는 철학자 파스칼의 잠언으로 시작하는 이 책은 게으름이나 무력감이 옳다고 주장하는 것이 아니라, '빨리빨리' 살면서 놓쳤던 삶의 의미를 찾는 하나의 방법론으로서의 느림을 이야기한다. 그러면서 저자는 "느리게 산다는 것은 선택의 문제이지 필수는 아니다"라고 주장한다. 즉, 바쁘게, 열심히, 빨리빨리 사는 것도 자본주의에서 낙오되지 않기 위한 중요한 덕목이지만 느리게 게으름을 피우면서 관조하는 것도 성공적인 삶이라는 것이다.
기실 현대사회는 빠른 것만을 선호하는 경향이 뚜렷하다. 우리는 신속한 동작, 빠른 반응, 2등이라면 서러워할 대처능력 등 빠른 것이 미덕인 세상에서 살고 있다. 이에 반해서 느림의 철학은 단순히 게으름과 무력함이 아니라 시간을 급하게 다루지 않고, 시간에 떠밀려 가지 않겠다는 결심에서 나오는 삶의 철학인 것이다. 인생을 살아가면서 나 자신을 잊어버리지 않고 세상을 포용할 수 있는 확고한 의지를 말한다.
이런 느림의 철학이 전 세계에 잔잔한 파문을 일으키던 2001년부터 콩코드는 "be late" 캠페인을 선보였다. 시간을 엄수하고 바쁘게 살아야 할 현대인들에게 '지각하라', '늦어라' 라는 반어법의 메시지를 던지며 고객들의 마음에 조금 더 가까이 다가가려 한 것이다. 사랑하는 가족, 인생에 있어 소중한 것들을 위해서는 결코 시간을 아끼지 말라는 충고의 메시지는 콩코드의 타깃에게 아마도 충분한 설득력이 있었을 것이다.

〈광고 1〉을 보면 콩코드가 주장하는 "be late"의 진정한 의미를 이해할 수 있을 것이다. 사랑하는 남녀가 달콤한 오수를 즐기고 있다. 두 사람의 복장으로 보면 침대 위 같지만 배경은 그렇지 않다. 쳇바퀴 도는 듯한 일상에서 벗어나 이렇게 소중한 사람과 시간을 마음껏 즐기고 싶은 게 현대인의 내재된 욕망은 아닐까. 직장생활을 하는 사람이라면 누구나 이런 유혹에 한두 번은 빠져 보았을 것이다. 그러나 현실은 냉정한 법. 억지로라도 일어나

〈광고 1〉 '빨리빨리' 가 아닌 게으름의 미학을 즐기라고 권유한다.

〈광고 2〉 차양이 넓은 모자를 쓰고 공원 잔디 위에서 한가로이 빈둥거리는 모습이 아름답다.

〈광고 3〉 서로를 신뢰하며 지금 이 모습으로 사랑을 불태우는 것 말고 더 급한 일이 무엇이겠는가?

〈광고 4〉 술과 음악, 댄스로 즐긴 파티가 끝나고 두 사람만의 달콤한 시간을 보냈지만 아직도 그녀는 꿈을 꾸고 있다.

서둘러 샤워하고 식사도 거른 채 허겁지겁 출근하는 게 우리의 현실이다.

〈광고 2〉는 목가적인 분위기다. 잔디 위에서 편안한 웃음을 짓고 있는 여자에게 결코 바쁜 일이란 없어 보인다. '설령 급한 일이 있어도 무슨 상관이랴' 싶은 모습이다. 치열하게 사는 모습도 아름답지만, 이렇게 빈둥거리는 것도 새로운 삶의 방식일 터. 사랑하는 남자가 교통사고를 당했다는 전화를 받기 전에는 이 모습으로 한 시간이고 두 시간이고 한가히 빈둥거려도 좋다는 의미이리라.

〈광고 3〉의 커플은 이제 막 만나기 시작한 연인으로 보인다. 원룸에 여자 친구를 초대해 데이트를 즐기는 모습으로 상상해 보자. 이 사람들에게 무엇이 바쁘고, 무엇이 급한 일이겠는가? 두 사람이 깊은 믿음을 가지고 서로에게 의지하며 사랑을 불태우는 일 말고 어떤 일이 시급하겠는가? 이 느낌 그대로, 지금 이 순간이 그저 더디게 더디게 가기를 바랄 뿐이다.

2001년부터 콩코드는 "be late" 캠페인을 선보였다. 시간을 엄수하고 바쁘게 살아야 할 현대인들에게 '지각하라', '늦어라' 라는 반어법의 메시지를 던지며 고객들의 마음에 조금 더 가까이 다가가려 한 것이다. 사랑하는 가족, 인생에서 소중한 것들을 위해서는 결코 시간을 아끼지 말라는 충고의 메시지는 콩코드의 타깃에게는 아마도 충분한 설득력이 있었을 것이다.

〈광고 4〉는 섹스 어필한 비주얼로 시선을 끈다. 저렇게 곤히 자고 있는 아름다운 여자를 깨운다는 것 자체가 마치 죄악처럼 느껴진다. 그냥 이대로 잠을 자게 하는 것이 매너 있는 행동처럼 보인다. 그녀의 옷차림을 보면 사랑하는 남녀가 시간을 보낸 후 남자만 침대를 살짝 빠져나간 듯하다. 어제 근사한 남자를 만나고 술과 춤으로 파티를 즐긴 후에 격렬한 밤을 보낸 여자라면 아침 9시 20분부터 일어나 수선을 떨지 않았으면 하는 바람일 것이다. 아직도 어제의 근사한 밤을 꿈꾸고 있을지도 모르니까.

〈광고 5〉 현재 시각은 오전 10시 10분을 막 지나가고 있다. 그는 어제 밤을 새워 자료들과 씨름했다. 과연 어떤 선택이 나의 클라이언트에게 유리한 것일까를 고민하며…. 그리고 와인 한 잔에 잠을 청했을 것이다. 이렇게 치열한 밤을 보낸 사람이기에 아침에 조금 늦는다는 것은 그다지 큰 흠이 아닐 테니까….

〈광고 6〉은 두 사람이 휴양지에 여행을 온 듯한 분위기다. 열심히 일하고 서로의 시간을 맞춰 떠나온 여행. 시간에 쫓기고, 다음 스케줄에 조마조마하는 모습이 아니라, 이 시간을 마음껏 즐기고 재충전하는 듯하다. 우리의 일상과 비교하면 상당히 거리감 있는 현실일 테지만….

시계의 마에스트로

이번 캠페인은 제품이 메인 비주얼이 되어 실제 제품의 디자인과 장식을 눈

〈광고 5〉 어제 클라이언트를 위해 밤새 일하고 새벽녘에 잠들었다. 좀더 자도 뭐라 할 사람은 없을 것이다.

〈광고 6〉 열심히 일한 뒤 휴양지에 쉬러 온 사람들에게, 쫓기듯 허둥지둥하는 모습은 어울리지 않는다.

〈광고 7〉 유행에 흔들리지 않는 명품임을 강조하고 있다.

으로 확인하게 하고 있으며, 카피는 의인화 기법으로 구성했다. 크리에이터는 아마도 제품의 고급스러움을 직접 알리는 방법을 구상했으리라. 문자판이나 다이아몬드 장식, 그리고 모델마다 독특하게 디자인된 시계줄이 광고의 그 어떤 비주얼 요소보다 콩코드의 타깃과 커뮤니케이션하는 데 강력한 무기라고 판단했음에 이의를 달 사람은 없을 것이다.

광고를 보면 시계의 디자인 특성을 한눈에 알 수 있어 소유하고 싶은 충동을 느끼게 한다. 특히 카피의 톤 앤드 매너(tone & manner)는 당당하고 도도한 명품의 느낌을 물씬 풍기며, 최고급 시계의 명성을 유지하도록 일관성 있게 접근하고 있다. 이 시리즈는 콩코드가 1990년대 초반에 집행했던 제품 중심 어프로치의 새로운 버전이다.

문자판이나 다이아몬드 장식, 그리고 모델마다 특징적으로 디자인된 시계줄이 광고의 그 어떤 비주얼 요소보다 콩코드의 타깃과 커뮤니케이션하는 데 강력한 무기라고 판단했음에 이의를 달 사람은 없을 것이다.

〈광고 7〉은 카피가 주는 메시지의 힘이 그 누구도 뛰어넘을 수 없는 카리스마를 느끼게 한다.

"I am timeless, not a trend."

결코 가벼운 유행에 흔들리는 시계가 아니라 영원불변의 아름다움을 간직하고 있다는 도도함을 느끼게 한다.

〈광고 8〉 '콩코드의 명성은 영원하리라' 는 컨셉트를 누구나 알 수 있는 단어로 표현했다.

〈광고 9〉 콩코드의 자부심과 긍지를 나타내고 있다.

〈광고 10〉 의인법으로 던진 카피가 시계를 말하기보다는 인간의 됨됨이를 말하는 듯하다.

〈광고 8〉도 어프로치 방법은 거의 동일하다. 카피는 "I am yesterday, today, tomorrow" 이다. 이 시리즈를 분석하면서 느낀 점은 카피라이터의 'how to say' 능력이 얼마나 중요한가 하는 것이다. 최고의 제품을 표현하는 방법은 여러 가지가 있다. 같은 컨셉트이지만 어떻게 말하느냐에 따라 기억에 남을 수도 있고, 아니면 보자마자 기억의 저편으로 사라지기도 할 것이다. 물론 'what to say' 가 가장 중요하지만, 컨셉트를 어떻게 소비자의 머릿속에 들어가게 하느냐의 문제는 '표현의 기술' 일 수 있다.

〈광고 9〉는 콩코드 최대의 장점 중 하나인 무브먼트의 정확도로 소구하고 있다. 카피에 자신감이 넘쳐흐른다. "I am not late, you are."
'늦은 것은 콩코드 시계가 아니라 바로 당신' 이라고 말한다. 시계를 차고 있는 사람에게 던지는 메시지이기도 하며, 또한 경쟁사에 대한 비교 관점의 카피이기도 하다.

〈광고 10〉은 우리 인생살이에 있어 처세법과도 같은 카피를 구사한다.
"I am the strong silent type."

〈광고 11〉 인생에 단 한 번이라도 소유하고 싶은 욕망을 표현하고 있다.

〈광고 12〉 12월의 각종 모임에서 돋보일 수 있는 방법을 알려주고 있다.

〈광고 13〉 최근의 루키즘(lookism)에 대한 열망을 반영하는 광고로 보인다.

'노블레스 오블리주' 와도 같은 느낌으로, 성공했지만 겸손한 사람의 인격을 말하고 있는 것 같기도 하다. 돈이 좀 있다고 해서, 지위가 좀 올라갔다고 해서, 승리를 했다고 해서 안하무인이 되는 게 아니라 오히려 겸손하게 자세를 낮추는 그런 부류의 인간을 묘사하는 듯하다. 그건 바로 콩코드의 품격일 수 있고, 콩코드를 소유한 사람의 인격일 수도 있을 것이다.

광고를 보면 시계의 디자인 특성을 한눈에 알 수 있게 해 소유하고 싶은 충동을 느끼게 한다. 특히 카피의 톤 앤드 매너는 당당하고 도도한 명품의 느낌을 물씬 풍기고 있으며, 최고급 시계의 명성을 유지하도록 일관성 있게 접근하고 있다는 것을 알 수 있다.

〈광고 11〉도 광고를 접하는 순간 콩코드 시계의 위상과 가치를 인정할 수밖에 없게 한다. "I come around once in a lifetime."
일생에 단 한 번 만날 수 있는 것이라면 얼마나 소중하고 값진 것일까? 이 광고는 단순히 시계에 관한 것 뿐만 아니라, 살아가면서 꼭 한 번 하고 싶고, 이루고 싶은 꿈과 소유하고 싶은 것에 대한 이야기를 한다. 무엇이 되고 싶다거나 사랑을 이루고 싶다는 등의 꿈을 시계와 동급의 개념으로 소구하는 것이다.

〈광고 12〉는 12월에 집행된 것으로 미루어 아마도 파티나 모임을 소재로 아이디어를 낸 듯하다. "Looks good in black tie and white tees" 라는 카피는 시즌 분위기를 살린 아이디어이리라. 송년모임에 각종 파티도 많은데, 그때마다 사람들은 무엇을 입고 어떤 신발을 신으며, 어떤 넥타이와 셔츠를 입어야 하는지 고민할 것이다. 이때 콩코드만 있으면 만사 오케이라고 말하는 듯하다.

〈광고 13〉은 우리 사회에 한창 화두로 떠오른 '얼짱'과 같은 맥락의 광고로 보인다. "A distinctive face and elegant hands"라는 카피로 시계의 문자판과 시계줄을 의인화해 외모를 자랑한다. 요즘은 스포츠 선수도 얼굴이 예뻐야 성공할 수 있다. 실력도 실력이지만 얼굴이 예쁘면 바로 스타덤에 오른다. 인터넷에서는 하루가 멀다 하고 누구누구가 '얼짱'이고 '몸짱'이라고 소개하고, 네티즌들에게 호감을 받은 사람은 그 즉시 스타 반열에 오르는 게 요즘의 세태가 되어 버렸다. 이런 세상이니, 디자인이 아름다운 모델이라는 점을 내세워 소구할 가치가 있을 법도 하다.

100여 년의 역사를 가지고 있는 콩코드는 이제 보석시계의 톱브랜드로서 독보적인 지위를 누리고 있다. 처음 두 명의 설립자가 추구했던 "가장 정확하고 아름다운 시계를 만들겠다"라는 창업 정신은 이제 꽃을 활짝 피우고 있다고 해도 과언이 아닐 것이다.
누구도 따라올 수 없는 정확한 기술력과 도전적이면서도 엘레강스한 디자인을 무기로 시계산업의 선구자임을 자임했던 콩코드는 이제 최고의 위치에서 리더의 길을 도도하게 걸어가고 있다.

PATEK PHILIPPE
GENEVE
Who will you be in the *next* 24 hours?
Twenty-4®
by Patek Philippe
For Information: Patek Philippe, Dept. 722, One Rockefeller Plaza, New York, New York 10020. Tel: (212) 218 1240. www.patek.com

Patek Philippe

언젠가 파텍 필립이 어울리는 여자가 되고 싶다

개인이 소장할 수 있는 최고의 시계

2003년 4월 26일, 스위스 제네바 경매장에서는 보통 사람들이 이해하기 힘든 사건이 하나 발생했다. 손목시계 하나의 경매낙찰가가 무려 60억 원이었던 것. 이는 손목시계 경매 사상 두 번째로 높은 가격이었다. 그날 최고의 뉴스가 된 이 시계 브랜드는 다름 아닌, '파텍 필립(Patek Philippe)' 이었다. 이 시계는 창업 150주년을 기념해 1989년에 만든 단 4개의 시계 중 하나로 경매시장에서 경이로운 기록을 세우며 세인들의 관심을 한 몸에 받았다. 그런데 어떻게 시계 하나에 60억 원을 호가할 수 있을까 하고 입을 다물지 못하는 사람들에게 더 충격적인 사건이 이미 1999년에 일어났다.
역사적인 파텍 필립의 작품 하나가 경매에 붙여졌는데, 그 가격은 1,100만 달러에 달해 지금까지의 경매 상식을 완전히 뒤집어 놓았다. 아마도 이 사건은 400년 스위스 시계 역사상 최고의 명예요, 자랑거리로서 두고두고 화제가 될 것임에 틀림없다.
이런 파텍 필립이기에 사람들은 개인이 소장할 수 있는 최상의 브랜드라고 칭송한다. 또한 고급시계를 두루 섭렵하고도 결국 다시 찾을 수밖에 없는 브랜드가 바로 파텍 필립임을 인정하지 않는 사람도 없다.
사람들은 스위스에서 왜 시계산업이 발전했는지 의아해 하는 경우가 많은데,

그 배경을 잠시 알아보자. 스위스 제네바에서 가장 눈에 많이 띄는 것은 시계의 옥외광고물이다. 제네바가 스위스 시계산업의 메카요, 심장임을 과시라도 하듯 롤렉스(Rolex), 오메가(Omega), 론진(Longines), 태그호이어(Tagheuer) 등과 같은 시계 브랜드 광고판이 밤거리를 환하게 밝힌다.

16세기에 종교개혁을 피해 제네바에 몰려든 금 세공업자들은 시계를 만들기 시작했다. 그들이 상호이익을 지키기 위해 1601년에 길드를 결성한 후 서로 경쟁하고 협조하는 가운데 마침내 세계 어느 곳에서도 흉내낼 수 없는 시계산업의 본거지를 이룬 것이다. 그리고 한때 저가의 일본 시계가 몰려왔을 때도 스위스 시계는 오히려 고가전략으로 위기를 극복하며 넘버원 자리를 굳건히 지켰다.

이에 《뉴욕 타임스》는 "스위스 시계는 소비자들이 원하는 것을 제공한다"라고 지적하면서, "남자들은 시계를 유일한 장신구로 생각하지만 여자들은 시계를 목걸이나 귀걸이, 반지와 같은 액세서리로 인식한다"라고 평하기도 했다.

이러한 배경 아래 시계가 스위스의 3대 수출품 중 하나가 된 것은 400년의 스위스 시계산업 역사 속에 흐르는 도도한 자부심을 바탕으로 파텍 필립 같은 명품 브랜드가 소비자의 니즈를 한 발 먼저 알아차리는 마케팅 능력을 발휘해 군건히 브랜드 파워를 유지하기 때문이다.

《뉴욕 타임스》는 "스위스 시계는 소비자들이 원하는 것을 제공한다"고 지적하면서, "남자는 시계를 유일한 장신구로 생각하지만 여자는 시계를 목걸이나 귀걸이, 반지와 같은 액세서리로 인식한다"라고 평하기도 했다.

폴란드 망명 백작과 시계 명장의 만남

파텍 필립은 1839년 폴란드 망명 귀족 출신인 앙트와느 드 파텍(Antoine de PATEK)과 프랑스 출신의 시계제조 장인인 장 아드리앙 필립(Jean Adrian PHILIPPE)에 의해 설립된 브랜드다.

1812년 폴란드 백작 가문의 아들로 태어난 앙트와느 드 파텍은 러시아의 강압통치에 반발하여 폴란드 반란에 가담하지만, 독립운동이 실패로 돌아가 결국 조국을 등져야 하는 신세가 되었다.

그는 스위스에 정치적으로 망명하여 제네바 산맥에서 시계판매를 시작했는데, 탁월한 사업수완으로 일약 시계산업의 전문가로 변신하게 되었다. 그는 당시와 같은 혼란기에 성공할 수 있는 비즈니스가 바로 시계산업임을 인식하고 대단한 정열로 사업에 몰두했다.

사업을 키워 가던 중 그는 시계제조자인 프랑소와 차펙(F. Czapek)을 만나 두 사람의 이름을 내세운 회사, 파텍 차펙(PATEK, CZAPEK & Co.) 사를 설립했는데, 두 사람의 만남을 기념해 1839년을 파텍 필립의 설립연도로 삼았다. 제품은 비록 소규모로 생산했지만, 품질이 우수해 시계에 대한 평판은 매우 높은 편이었다. 그러나 파텍에게는 늘 새로운 기술에 대한 강한 욕구가 넘쳤다. 그런 그에게 1844년에 열린 파리박람회는 놀라움과 혁명 그 자체였다. 그동안 자기가 펼쳐보이고 싶어하던 모든 기술과 제품들이 그곳에 있었기 때문이다. 그리고 무엇보다 중요한 것은 그곳에서 평생의 사업 파트너인 필립을 만난 것이다.

그때까지만 해도 회중시계는 부속품인 열쇠로 일일이 태엽을 감아줘야 했는데 필립은 '열쇠 없는 시계'를 개발해 박람회에서 금메달을 안은 시계제조의 명인이었다. 이에 파텍은 전격적으로 필립에게 동업을 제의했고, 이윽고 제네바에서 오늘의 영광을 향한 닻을 올리게 되었다. 이 두 사람의 만남이 시계사에 수없이 많은 공을 세우는 계기가 되었음은 두말할 나위가 없을 것이다.

이들은 1846년에 처음으로 독립분침을 사용하고, 2년 후에는 자동태엽을 개발해 정확도를 높였는데, 품질에 대한 고집과 명성이 점점 유럽 전역에 알려지기 시작했다. 그리고 이 신생 브랜드에 날개를 달아준 것은 바로 1851년 런던의 한 전시회에서 금상을 받은 시계를 영국의 빅토리아 여왕이 소유하게 된 사건이다. 이는 유럽의 왕가와 당대의 귀족, 그리고 유명인사와 시계수집가들에게 최고의 브랜드로 인정받는 계기가 되었다.

고객의 이름을 나열하면 그대로 유럽 상류사회의 명단이 된다

고객 1 : 해가 지지 않는 나라를 만든 빅토리아 여왕

빅토리아 여왕은 영국 역사에서 전무후무한 전성기를 이룬 장본인이다. 이집

트와 수단, 수에즈 운하를 점령하고, 인도와 캐나다, 호주, 뉴질랜드, 남아프리카공화국 등을 장악해 대영제국의 위업을 쌓았다. 또한 산업혁명의 과정 속에서 영국을 자본주의와 민주주의 교과서로 만들고 대영제국의 막강한 위세를 떨치는 데 커다란 기여를 하기도 했다. 오늘날 사실 국력에 비해 과대평가를 받고 있는 영국의 위상은 여기서 비롯되었다고 역사가들은 평한다.
파텍 필립 시계는 빅토리아 여왕이 빛나는 업적을 이루는 동안에 그녀의 손목에서 역사를 함께하는 영광을 얻었다.

고객 2 : 상대성이론의 아인슈타인
상대성 이론을 발표한 아인슈타인 박사의 일과를 체크한 것도 다름 아닌 파텍 필립이었다. 연구에만 몰두한 아인슈타인이 유일하게 멋을 부린 사치품은 손목 위에서 반짝이는 시계가 전부였다. 또한 그에게 시간은 보통 사람의 그것과는 달랐다. 시간과 공간에 대한 기존의 상식을 뒤엎고 인류에게 새로운 장을 열어준 아인슈타인의 손목에 둘린 시계는 인류의 미래와 함께했다고 할 수 있다.

고객 3 : 노벨상 두 개에 빛나는 마리 퀴리

〈광고 1〉

〈광고 2〉

여성 최초의 노벨상 수상자며, 최초로 2개의 노벨상을 수상한 마리 퀴리. 그녀는 방사능 연구에 일생을 바쳤다. 남편과 함께 연구만 일삼은 그녀, 자신보다도 과학발전을 위해 모든 것을 바친 그녀의 손목 위에서 재깍거린 파텍 필립 시계의 초침 소리는 어쩌면 과학발전을 위한 채찍 소리였는지도 모를 일이다.

고객 4 : 《제인 에어》의 작가 샬럿 브론테

상대성 이론을 발표한 아인슈타인 박사의 일과를 체크한 것도 다름 아닌 파텍 필립이었다. 연구에만 몰두한 아인슈타인이 유일하게 멋을 부린 사치품은 손목 위에서 반짝이는 시계였다.

샬럿 브론테는 소녀시절부터 풍부한 상상력과 거칠 것 없는 분방한 성격으로 늘 관찰대상(?)이었다. 두 동생과 힘을 합해 익명의 시집을 출판하기도 하고 소설을 써서 끊임없이 출판사를 노크하던 그녀에게 행운은 몇 작품의 실패 끝에 운명처럼 다가왔다. 1947년, 서른한 살의 나이에 정열적인 고아 소녀를 주인공으로 한 《제인 에어》를 출판했는데, 이 소설은 문단뿐만 아니라 독자들로부터 뜨거운 반응을 얻었다.

샬럿 브론테 또한 소설 속 주인공 제인 에어만큼이나 정열적으로 살고자 했지만, 운명은 그녀의 희망대로 되지 않았다. 문학과 삶에 대한 정열은 서른아홉이라는 운명의 시간 속에 멈추고 말았던 것이다. 다만 그녀가 사용했던 파텍 시계만이 그녀의 문학적 향기와 함께 멈추지 않고 있다.

〈광고 3〉

〈광고 4〉

고객 5 : 〈호두까기 인형〉의 차이코프스키

교향곡과 발레 음악에 빛나는 업적을 남긴 차이코프스키는 교향곡 6번 〈비창〉과 〈백조의 호수〉, 〈호두까기 인형〉, 〈잠자는 숲속의 미녀〉 등으로 친숙한 작곡가이다.

그의 몸은 조국 러시아에 있었지만, 음악을 통한 야망은 러시아 밖으로 향했다. 그는 많은 나라를 여행하면서 어떻게 하면 세계인의 가슴속에 영원히 살아 있는 작품을 만들 수 있을까 하는 생각에 골몰하곤 했다. 그리고 소망대로 그의 작품들은 시대를 넘어선 영원불멸한 것으로 인류사와 함께 연주 및 관람되고 있다. 그가 애장했던 파텍 필립처럼 그의 음악도 후세의 전문가는 물론 대중으로부터 끊임없이 사랑받고 있는 것이다.

Come on, think looooooooooooooooooooooooooooong!

명품이라면 사족을 못 쓰는 일본에서 1990년대 초에 '호화일점주의(豪華一點主義)' 라는 말이 유행했다.

백화점에서 명품 판매를 부추기기 위한 전략의 하나로 헤드라인으로 사용한 말인데, 이것이 그대로 사회트렌드가 된 것이다.

〈광고 5〉

〈광고 6〉

파텍 필립의 광고전략은 호화일점주의와 맥을 같이하는 듯하다. 모던하고 진보적이며, 스타일리시하면서도 도도한 섹시미를 지닌 모델의 이미지와, 캠페인 슬로건 'Who will you be in the next 24 hours?' 가 광고의 매력도를 높여주고 있는데, 특히 브랜드를 연상시키는 '24' 라는 숫자가 마케팅을 지원하고 있다.

호화일점주의는 자기 몸 어딘가를 최고의 명품으로 치장하거나 자기 생활의 그 무엇인가를 다른 사람이 감히 상상할 수도 없는 최상의 것으로 변화를 주자는 주장이었다. 즉, 떼돈이 있다면 온몸을 다 명품으로 도배(?)하겠지만, 그럴 여유가 없다면 딱 한 가지만이라도 이런 사치와 허세를 부리자고 대놓고 떠들어댄 것이다. 분수에 맞지 않은 고가 브랜드 소비에 대한 사회적 면죄부를 준 셈이다.

이에 가뜩이나 명품에 열을 올리던 일본 사람들은 제각각 호화일점주의를 실천했다. 어떤 사람들은 기천만 원 정도의 시계를 구입하고, 또 어떤 사람들은 기십만 원짜리 선글라스를 끼고 다니고, 여고생이 속옷에 용돈의 전부를 투자하는 경우도 비일비재했다. 또한 집안에서 살림하는 주부들은 부부 커피잔 세트로 기백만 원 상당의 명품 브랜드를 구입해 호화일점주의를 즐겼다. '나는 너와 다르다' 라는 인식 속에서 이뤄진 전형적 과시소비였던 것이다.

이건 사람들이 자기가 소유하고 있는 물건으로 인해 신분상승이 이루어지고, 라이프스타일이 업그레이드된다는 환상을 갖고 있기 때문이 아닐까?

파텍 필립의 광고전략은 호화일점주의와 맥을 같이하는 듯하다. 2000년부터 시작된 'Twenty~4' 브랜드의 광고는 여자들의 그런 심리를 교묘하게 파고들었다. 모던하고 진보적이며, 스타일리시하면서도 도도한 섹시미를 지닌 모델

〈광고 7〉

〈광고 8〉

의 이미지와, 캠페인 슬로건 "Who will you be in the next 24 hours?"가 광고의 매력도를 높여주고 있는데, 특히 브랜드를 연상시키는 '24' 라는 숫자가 마케팅을 지원하고 있다. 우선 시계와의 관련성을 말해주고, 무엇보다 이 시계를 착용하면 24시간 내에 자기가 원하는 여자가 될 수 있다는 카피가 구매욕에 불을 붙인다.

'Twenty~4' 는 20대 중 · 후반에서 30대 중반을 타깃으로 론칭한 브랜드이다. 이는 명품 브랜드의 타깃 에이지가 낮아지는 현상과 궤를 함께한다.

이 제품은 성공한 여자의 이미지에 맞게 금속부를 18K 로즈골드 또는 화이트 골드로 마감하고 다이아몬드 세팅했으며, Eternal Grey · Timeless White · Forever Black 등의 세 가지 컬러로 구성되어 있다. 특히 성공한 여자들의 고급스런 취향과 세련미를 광고에서 그대로 느낄 수 있게 연출한 것이 눈에 띄는데, 우선 모델의 연출에서 여타 광고에서는 볼 수 없는 카리스마를 느낄 수 있다. 또한 통일된 레이아웃 폴리시와 아트디렉터의 뛰어난 감각도 이 광고를 살리는 데 기여하고 있다.

성공한 여자들의 고급스런 취향과 세련미를 광고에서 그대로 느낄 수 있게 연출한 것이 눈에 띄는데, 우선 모델의 연출에서 여타 광고에서는 볼 수 없는 카리스마를 느낄 수 있다. 또한 통일된 레이아웃 폴리시와 아트디렉터의 뛰어난 감각도 이 광고를 살리는 데 기여한다.

그러나 무엇보다 이 광고의 승리는 장기 캠페인으로 전개한다는 점에 있다. 똑같은 시계를 위해서 똑같은 분위기와 똑같은 레이아웃으로 4년 이상 광고를 하고 있기 때문이다.

만약 이 광고를 한두 편만 집행하고 다른 광고로 바꿨다면 어떻게 되었을까? 아마도 흘러가는 강물인 듯 보이지도 않고 타깃의 심금을 울리지도 못했을 것이다. 결국 파텍 필립처럼 같은 컨셉트와 전략으로 광고를 장기적으로 집행했을 때에야 본래 의도했던 반응을 타깃으로부터 끌어낼 수 있음을 알 수 있다.

우리나라 광고는 너무 자주 바뀐다. 이제 막 타깃들에게 반응이 올 만하면 컨셉트가 바뀌고 전략이 바뀌어 완전히 다른 제품, 다른 브랜드처럼 느껴진다. 이건 엄청난 낭비가 아닐까? 제발, 길게 생각하자! 적어도 3년, 5년, 10년을 갈 만한 캠페인이 되도록 만들어 보자!

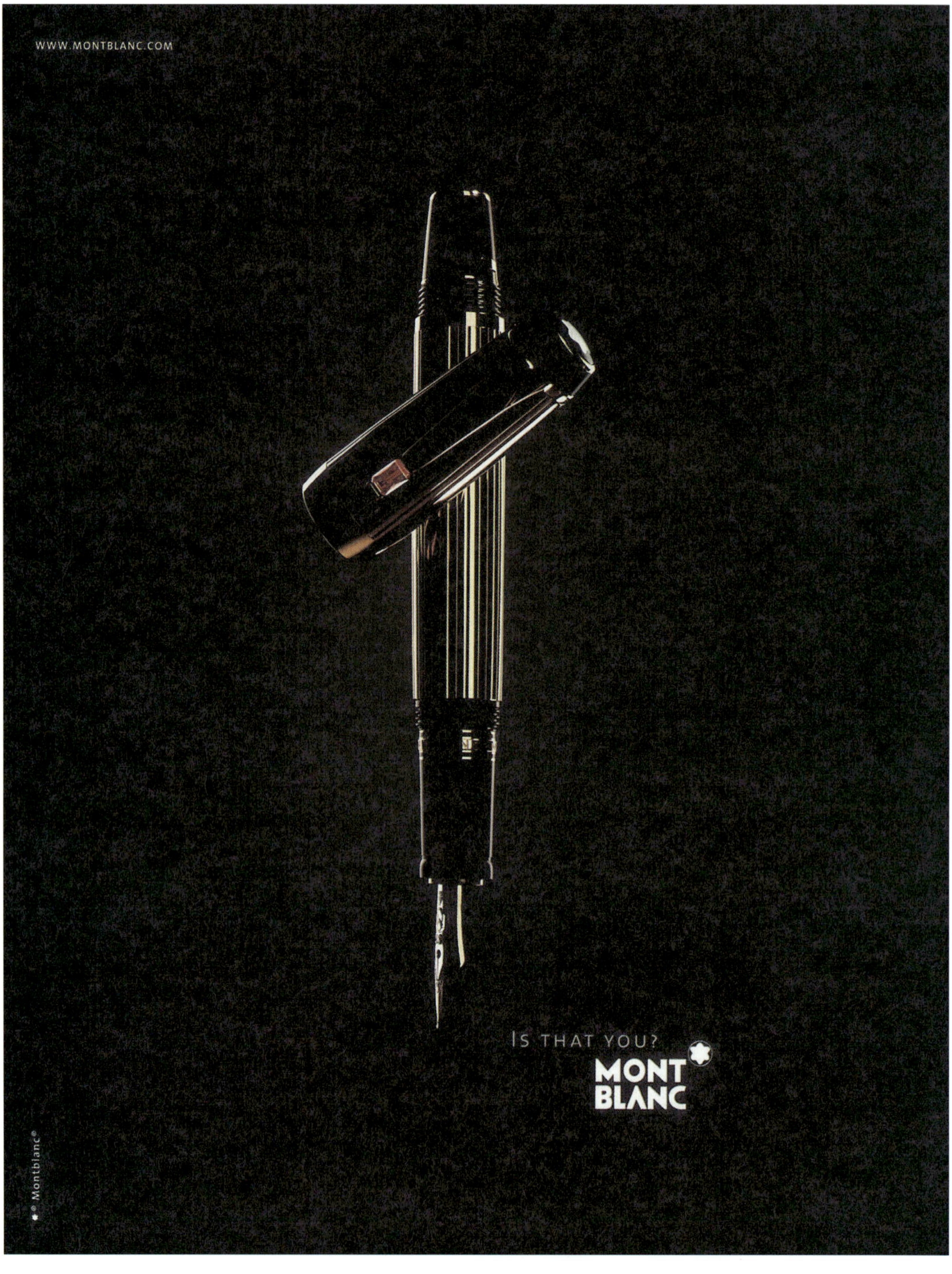
WWW.MONTBLANC.COM
IS THAT YOU?
MONT
BLANC
© Montblanc®

Mont Blanc

4,810m의 자존심을 잃지 마라

조국, 독일 통일에 사인하다

독일은 1945년 제 2차 세계대전의 패전국이 되자 소련군이 진주한 동독과 연합군이 진주한 서독으로 나뉘어 분할 통치되었다. 그러다가 냉전체제가 가속되면서 1949년부터는 동·서양 진영에 독립된 정부가 수립되어 분단이 공식화되었다. 이어 1960년대에는 서독의 할슈타인원칙(Hallstein Doctrine)에 따라 양 진영의 긴장이 고조되기도 했다.

그런데 이런 대결 국면은 1969년 브란트(Willy Brandt) 총리가 동방정책(Ostpolitik)을 추진, 해빙 무드가 조성되며 일대 전환기를 맞았고, 이후 1972년부터 1987년까지 약 15년간 34차례의 지루한 협상 끝에 문화·과학기술·환경 등에 관한 협력체계를 구축함으로써 활발한 민간교류가 이루어졌다.

그리고 드디어 1982년 슈미트(Helmut Schmidt) 서독 총리가 동독을 방문하고, 1987년 동독의 호네커(Erich Honecker) 공산당서기장이 서독을 교환 방문함으로써 독일 통일의 물꼬를 텄다. 이러한 상황 진전과 소련의 개방·개혁 정책에 힘입어 분단된 독일은 1990년 10월 3일, 마침내 베를린 장벽을 무너뜨리며 하나로 합쳐지는 데 이르렀다.

그런데 그 역사적 순간, 그러니까 서독의 콜(Helmut Kohl) 총리와 동독의 메지에르(Lothar de Maiziere) 총리가 독일 통일 합의서에 사인한 그 순간, 양 총리의 손에는 바로 몽블랑(Mont Blanc) 만년필이 쥐어 있었다. 그 역사적 현장에 '마이스터스튁(Meisterstück) 149'가 함께한 것이다.

그런데 돌아보면, 세계사의 고비마다 중대한 의사 결정권자들의 앞에는 늘 만년필이 놓여 있었다. 워터맨(Waterman)은 1919년 제 1차 세계대전 후의 국제관계를 규정하는 베르사유조약을 비준하는 테이블에 당당히 올랐는가 하면, 1926년에는 린드버그(Charles Lindbergh)가 세계 최초로 대서양 횡단 비행에 성공한 비행일지를 작성해 유명세를 탔다. 또한 파커(Parker)는 1945년 연합군 총사령관 아이젠하워 장군이 세계대전 종전협정에 서명할 때 사용해 전 세계인의 마음속에 강렬한 브랜드 이미지를 각인시켰다.

세계사의 고비마다 중대한 의사 결정권자들의 앞에는 늘 만년필이 놓여 있었다. 몽블랑은 영국의 엘리자베스 여왕, 케네디 전 미국 대통령, 미하일 고르바초프 전 러시아 대통령, 교황 요한 바오로 2세 등이 국가의 주요 문서에 사인할 때 하는 것으로 알려졌는데, 007영화에서는 제임스 본드의 비밀병기로 둔갑해 영화 팬들에게 색다른 매력을 안겨주기도 했다.

한편, 영국의 엘리자베스 여왕, 케네디 전 미국 대통령, 미하일 고르바초프 전 러시아 대통령, 교황 요한 바오로 2세 등이 국가의 주요 문서에 몽블랑으로 사인하는 것으로 알려졌다. 1983년에 상영된 007시리즈 〈옥토퍼시(Octopussy)〉에서는 몽블랑이 제임스 본드의 비밀병기로 둔갑해 영화 팬들에게 색다른 매력을 안겨주기도 했다.

몽블랑은 우리나라 역사 속에서도 자리매김했다. 1997년 12월 3일, 당시 임창열 부총리 겸 경제기획원 장관이 IMF의 구제금융을 받기 위한 이행각서를 몽블랑으로 서명해 여론의 뭇매를 맞기도 했다. 한 나라의 부총리가 나라가 망하느냐 마느냐의 절체절명의 순간에 사치품으로 사인했다는 것이 비난의 요지였다.

몽블랑에 얽힌 추억 하나

1984년, 처음 회사에 입사해서 회장에게 결재 받는 날이었다. 홍보실은 지위고하를 막론하고 각자 업무에 대해서 회장의 사인을 받게 되어 있었다.

대리, 과장, 차장, 실장의 사인을 받은 후에 이사와 상무, 그리고 부사장의 '모나미153' 사인을 받았다. 그리고 마지막 관문인 회장 결재만 남았다. 화장실에 들어가 옷매무새를 가다듬고, 리허설을 한 후에 비서실로 들어가 순서를 기다리면 비서가 안내를 해주었다. 드디어 내 차례가 되어 들어가니, 깐

깐해 보이는 노인이 일본 원서를 뒤적이다가 나를 반갑게 맞아주었다. 간단한 설명과 예산을 보고하자 인자한 미소를 띠면서 "J부사장이 검토했지?" 라고 물으면서 양복 안주머니에서 만년필을 꺼내 사인을 해주었다.

그런데 그때 그 만년필 뚜껑에 장식되어 있는 하얀 마크를 나는 잊을 수가 없다. 만년필 몸체에 있는 골드 장식도 범상치 않아 보였는데, 비록 순간적이었지만 강한 인상을 남긴 것은 하얀 육각형 심벌마크였다. 자리에 돌아왔지만, 결재를 받은 내용보다는 '그 만년필' 이 머릿속에서 떠나지 않았다. 참다못해 자료실에 올라가 일본 명품책자를 뒤지고 나서야 '그 만년필' 의 정체가 바로 몽블랑임을 알게 되었다.

그 길로 백화점으로 달려갔지만, 매장은 없었다. 다시 남대문 수입상가에 가서 수소문했더니 수다스런 아줌마가 작은 가게를 하나 알려주었다. 하지만 내 마음에 드는 것은 가격이 한 달치 월급을 넘을 정도로 비쌌다. 그냥 만지작거리다가 마음만 상하고 집으로 올 수밖에….

그리고 4년의 세월이 흐른 후 일본 출장을 가게 되었는데, 동료와 쇼핑하기 위해 백화점을 기웃거리다가 우연히 몽블랑을 발견했다. 이미 회사도 옮겼고, 전 직장에 대한 기억은 잊혀져 갔지만 몽블랑을 보는 순간 내 신입사원 때의 어설픔과 회장님에 대한 존경심이 밀려왔다. 분명 내 월급으로는 무리였지만 결국 몽블랑은 그날 내 안주머니로 들어왔다. 당시만 해도 해외출장을 가면 팀원들을 위한 선물을 하나씩 장만하는 게 예외였는데, 무리한(?) 탓에 선물은 비행기 안에서 구입한 쓴 담배로 때웠고, 가족에게는 입을 싹 씻었다. 그 원망은 한 달이나 갔지만 나는 몽블랑을 소유했다는 설렘으로 모두 극복할 수 있었다.

유럽의 최고봉이 명품을 만들었다

몽블랑은 "최고가 아니면 만들지 않는다" 라는 창업자들의 신념과 장인정신에서 태어났다고 해도 과언이 아니다.

몽블랑의 역사는 독일 함부르크의 문구상 클라우스 요하네스 포스(Claus

Johannes Voss), 자본주인 은행가 크리스티안 라우젠(Christian Lausen), 그리고 베를린의 엔지니어 빌헬름 잠보(Wilhelm Dziambor) 등 세 사람이 함부르크에 작은 공장을 세운 1906년부터 시작되었다. 초기의 회사 이름은 몽블랑이 아니라 'SIMPLO FILLER PENCO' 였다.

그들의 목표는 세계 최고의 필기구를 만드는 것이었다. 이를 위해 모든 것을 다 바친 끝에 창업 4년이 지난 1910년, 그들은 스스로 만족할 만한 만년필을 만드는 데 성공했다. 그리고 만년필의 이름을 지으면서 유럽 사람들이 눈 덮인 몽블랑 봉우리를 보며 느끼는 자부심을, 만년필을 쓰면서도 그대로 느낄 수 있도록 하자는 뜻에서 브랜드 네임을 '몽블랑' 이라고 하여 출시했다. 명품 몽블랑의 최초 론칭이 시작된 것이다.

이어서 1913년에는 육각형 모양의 심벌인 '화이트 스타(White Star)' 를 뚜껑에 새겨 넣었는데, 이는 유럽의 최고봉인 눈 덮인 몽블랑 봉우리를 상징하는 것이었다. 또 1930년부터는 펜촉에 몽블랑의 높이인 4,810미터를 상징하는 숫자 4,810을 새겨 넣었다. 사실 몽블랑은 그 당시 측정기술로는 4,810미터로 알려졌지만 후에 정밀측정 결과 4,807미터로 밝혀졌는데, 그럼에도 이를 바꾸지 않고 그대로 사용하고 있다.

그런데 세 명의 동업자가 많은 상징물 중에서 유럽 최고봉인 몽블랑을 브랜드 네임으로 채택하고, 심벌인 화이트 스타를 뚜껑에 부착하며 그 높이를 펜촉에 새긴 이유는 단 한 가지였다. "세상의 어느 누구도 따라올 수 없는 제품을 만들자" 라는 창업 정신의 발로였던 것이다.

한편, 몽블랑이 명품으로서 위치를 차지하게 된 것은 1924년 마이스터스틱 라인이 생산되면서부터이다. '걸작' 을 뜻하는 마이스터스틱을 통해 몽블랑은 그들의 뜻대로 마침내 명품 반열에 올랐다.

몽블랑이 '필기구의 예술품' 으로 칭송받고 있는 것은 무엇보다 장인정신과 펜촉의 정교함에서 비롯된다. 많은 명품 브랜드가 현지화 내지는 다국적 생산체제로 바뀌어 가고 있지만, 몽블랑은 여전히 함부르크 본사에서만 생산할 뿐 일체 하청생산이나 OEM방식을 채택하지 않았다. 그 이유는 그들이 몽블랑을 만드는 과정을 보면 알 수 있다. 우선 몽블랑의 모든 펜촉은 100% 수공으로, 가내수공업 같은 엄격하고 까다로운 공정을 거쳐 만들어진다.
펜촉의 가장 이상적인 재료인 금을 사용해 장인들의 수작업으로 만드는 것이다. 이렇게 만들어진 펜촉은 바로 시장으로 나가는 것이 아니라 마이스터의 필기 테스트를 통과해야 비로소 몽블랑이라는 이름을 달게 된다. 이렇듯 대량생산 시스템과는 정반대 개념으로 만들어지는 몽블랑은 한 자루를 완성하는 데 무려 6주 이상의 시간과 노력이 투여된다고 하니, 몽블랑이 왜 세계 최고의 제품인지 고개가 절로 끄덕여진다.

'사용가치'에서 '소유가치'로

많은 상징물 중에서 유럽 최고봉인 몽블랑을 브랜드 네임으로 채택하고, 심벌인 화이트 스타를 뚜껑에 부착하며 그 높이를 펜촉에 새긴 이유는 단 한 가지였다. "세상의 어느 누구도 따라올 수 없는 제품을 만들자"라는 창업 정신의 발로였던 것이다.

몽블랑의 성공 요인은 먼저 제품에서 찾을 수 있지만, 또 하나 간과해서는 안 될 요인으로 1987년에 CEO로 부임한 '마케팅의 귀재' 노버트 플라트(Norbert Platt) 사장을 꼽는 사람들이 많다. 그는 취임하자마자 20달러 이하 저가 상품군의 생산을 전면 중단하고 고가정책을 구사했다. 명품으로 성공하는 데 '아무나 소유할 수 있다'는 대중성이 도움이 되지 않는다는 것을 알았기 때문이다. 그는 당시 유럽의 몇몇 명품 브랜드가 눈앞의 이익에 급급해 라이선스 사업에 몰두하거나 현지화 작업에 나서 상류층으로부터 멀어진 전철을 밟고 싶지 않았다.
그는 품질 면에서 그 어떤 브랜드와 겨뤄도 이길 수 있다는 판단 아래 희소성 원칙을 고수했다. 몽블랑을 소유하고 싶은 사람들이라면 만년필 본연의 사용가치보다는 소유가치에 더 만족할 것이라는 확신이 있었기 때문이었다. 즉, 필기도구로서의 몽블랑보다는 소유한 사람의 품격과 신분을 상징할 수 있는 코드로 활용하자는 전략이었다.
이 전략은 정확하게 들어맞아 고가임에도 불구하고 시장 점유율은 날로 상승해 갔다. 특히 '솔리테어 로얄라인(Solitaire Royal Line)'은 10만 유로를 호가해 기네스북에 오르기도 했다. 또한 이런 전략의 일환으로 1992년부터 특별 생산한 '리미티드 에디션(Limited Edition)'은 고가와 희소성으로 더 높은 인기를 얻었다. 몽블랑의 4,810미터를 상징하는 의미로 4,810개만 한정 생산 판매함으로써 마니아들 사이에 뜨거운 수집 열기를 부르기도 했다.

최고가 아니면 만들지 않겠다는 제품 철학과 철저한 브랜드 관리로 명품 브랜드 이미지를 만들어 낸 몽블랑은 이후 성공적 마케팅에 힘입어 향수, 시계, 핸드백, 지갑, 벨트, 선글라스 등으로 제품라인을 확장해 토털 브랜드로서의 위상을 다지게 되었다. 이들 제품은 비교적 짧은 역사를 가지고 있지만, 만년필의 후광에 힘입어 명품 브랜드로 약진하고 있어 그 전망이 밝아보인다.

몽블랑의 성공을 이야기하면서 빼놓을 수 없는 것이 바로 문화예술 지원활동이다. 그들의 메세나 활동은 가히 모범적이라고 할 수 있을 정도이다. 예를 들어, 'P.E.N Mont Blanc Gala' 를 지원하는 등 문화예술 활동을 지원하기 위한 모금운동에도 적극적이다. 1990년에는 '몽블랑문학상' 을 제정해 재능 있는 단편작가들을 발굴, 지원하고 있다. 또한 1992년부터는 '몽블랑문화상' 을 시상하고 있는데, 이 상은 문화발전과 예술활동에 헌신적인 인물과 단체를 지원할 목적으로 제정되어, 몽블랑 문화재단에서 세계적인 명성을 얻고 있는 작가와 음악가, 디자이너, 영화배우 등을 심사위원으로 위촉, 엄격한 심사로 수상자를 선정한다. 그리고 수상자들은 후원금과 더불어 순금, 만년필, 그리고 그해의 한정 상품을 부상으로 받는다.

명품 브랜드에서 광고는 '제품 판매' 수단보다는 '인식을 파는' 수단이다. 즉, 브랜드만의 독특한 이미지를 만들고 특화하여 수많은 브랜드 속에서 경쟁력을 갖게 하는, 힘의 원천을 생성해내는 수단인 것이다.

또한 40여 개국의 역량 있는 음악가로 구성된 '몽블랑 필하모니 네이션즈' 라는 오케스트라를 운영하는 등 몽블랑은 다양한 문화활동을 지원하면서 남성적 색채가 강한 브랜드 이미지를 여성에게도 어필할 수 있도록 힘을 쏟는 중이다.

몽블랑의 자신감, "IS THAT YOU?" 캠페인

명품 브랜드에서 광고는 '제품 판매' 수단보다는 '인식을 파는' 수단이다. 즉, 브랜드만의 독특한 이미지를 만들고 특화하여 수많은 브랜드 속에서 경쟁력을 갖게 하는, 힘의 원천을 생성해내는 수단인 것이다.

사실 몽블랑은 그간 광고에서 성공적인 캠페인을 전개했다고 말하기는 어렵다. 제품만 일방적으로 보여주거나, 때로는 여자와 매치시키는 등의 지루한

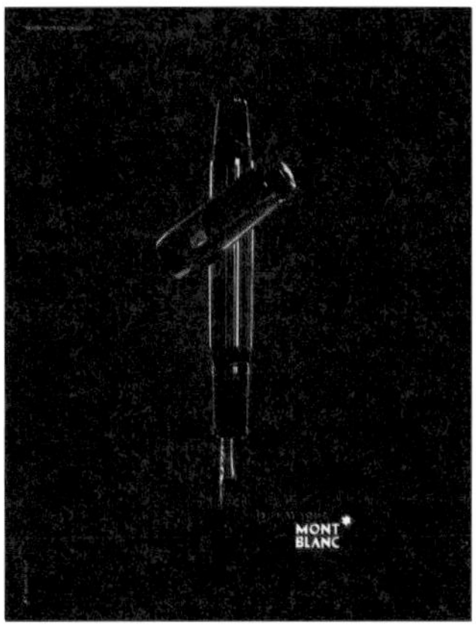

〈광고 1〉

〈광고 2〉

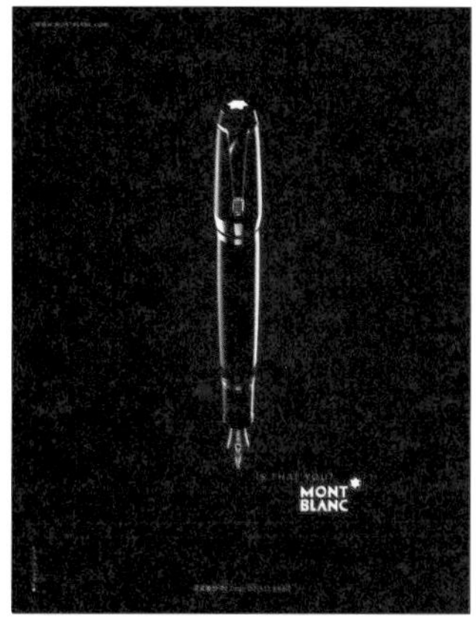

〈광고 3〉

광고가 대부분이었다. 그래도 몽블랑이라는 브랜드가 지니는 카리스마가 있기 때문에 만년필만 마케팅할 때는 문제가 없었다. 어느 나라에서든 비즈니스맨들에게 선물리스트를 대라고 하면 몽블랑은 늘 다섯 손가락 안에 낄 수 있었기 때문이다. 그러나 라인 확장을 하면서 경쟁사들과 다양한 전선에서 경쟁하다보니 새로운 이미지를 만들고 고객들에게 강한 인상을 심어줄 필요성이 대두되었다.

최근 벌이고 있는 "IS THAT YOU?" 캠페인은 이런 맥락으로 이해된다. 몽블랑 만년필을 연상시키는 블랙 바탕은 그간 쌓아온 권위와 명성을 이어가려는 의지이며, 브랜드 에퀴티 차원의 관리라고 보인다.

〈광고 1~3〉은 만년필 광고로서, "IS THAT YOU?"라는 슬로건이 시선을 사로잡는다. 평범한 광고로 보일 수 있던 것이 슬로건 하나를 통해 명품으로서의 위상을 표출함은 물론 소비자들에게 몽블랑만의 특화된 브랜드 이미지를 심어준다.

다음 광고들은 라인 확장에 따라 집행되고 있는 광고캠페인인데, 만년필에서 만들어진 브랜드 이미지를 소비자의 뇌리에 이식시키려는 의도가 보인다. 만년필에서 명품 이미지가 강력하게 구축되었기 때문에 이것을 어떻게 다른 제

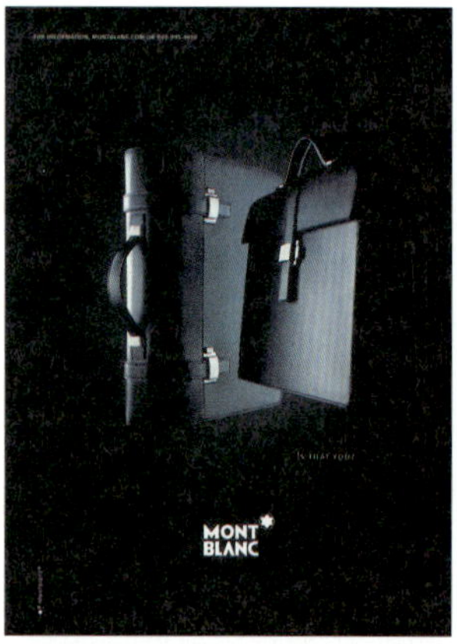

〈광고 4〉

〈광고 5〉

〈광고 6〉

〈광고 7〉

〈광고 8〉

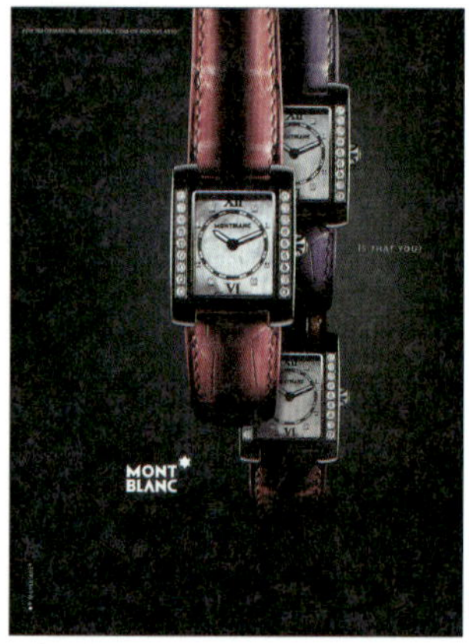

〈광고 9〉

〈광고 10〉

〈광고 11〉

몽블랑 만년필을 연상시키는 블랙 바탕은 소비자들에게 그간 쌓아온 권위와 명성을 이어가려는 의지이며, 브랜드 에퀴티 차원의 관리로 보인다.

품 라인에 전이시키느냐가 성공의 관건이라고 판단했을 것이다.
명품 브랜드가 라인을 확장해서 성공한 케이스도 있고 그 반대의 경우도 많다. 몽블랑에 대해서는 아직 판단하기 이르지만 현재까지는 성공적이라고 평가한다.

〈광고 4, 5〉는 브리프케이스 광고이다. 아마도 만년필과 가장 가까운 제품 속성을 가지고 있으므로 비즈니스맨들에게 거의 같은 이미지로 다가가 성공했을 것이다.

〈광고 6~9〉는 시계를 위한 광고이다. 몽블랑은 라인 확장을 만년필의 고객과 부합하는 제품에서부터 하고 있어 괴리감이 없는 듯하다.

〈광고 10, 11〉은 향수 광고로, 이 캠페인 중 유일하게 모델 이미지를 이용했다. 이는 향수라는 특성 때문이라고 판단된다.

다른 명품 브랜드처럼 몽블랑 역시 한 품목에서 강력한 성공을 이룬 다음 그 후광효과를 이용한 브랜드 확장을 통해 마케팅 볼륨을 높이고 있다. 그리고 현재까지 그 브랜드 확장 전략은 성공하고 있는 듯하다. 또한 광고에서는 만년필에서 거둔 성공을 이어가기 위해 이미지를 단순화하고 있는데, 다른 제품군의 광고를 보더라도 만년필의 잔상이 보이는 것이 이를 잘 말해준다.

2장 | Fashion

HERMÈS
PARIS
ESSENTIAL ENCOUNTERS
ALLIGATOR AND
WATER

HERMES

늘 새로운 광고, 영원히 변함없는 품격의 앙상블

크리스마스가 다가오면 대한민국 남자들은 바쁘다. 사랑하는 사람에게 줄 선물 준비하랴, 동창모임에 나가랴, 팀 회식 등 이런저런 망년회에 나가랴….

지난해 말, 가족모임을 위해 남산에 있는 한 호텔에 갔다. 초등학교 1학년인 아들 녀석이 깜박깜박 빛나는 크리스마스 트리를 보고 "누나, 벚꽃 같지? 그치? 불빛이 와땁니다!" 하는 거다. 아들 녀석의 감탄사를 듣고 있자니 안도현 시인의 〈살구나무 발전소〉가 생각났다. '밤에도 가지마다 알전구를 수천, 수만 개 매어다는 걸 봐' 라는….

살구꽃…
살구꽃…
그 맑고 환한 꽃이 그냥 피는 게 아닐 거야
너를 만나러 가는 밤에도 가지마다
알전구를 수천, 수만 개 매어다는 걸 봐
생각나지, 하루 종일 벌떼들이 윙윙거리던 거,
마을에 전기가 처음 들어오던 날도
전깃줄은 그렇게 울었지
그래, 살구나무 어딘가에는 틀림없이
살구꽃에다 불을 밝히는 발전소가 있을 거야

낮에도 살구꽃…
밤에도 살구꽃…

크리스마스는 또한 선물의 시즌이기도 하다. 미국에는 11월 마지막 토요일부터 크리스마스까지의 매출이 1년 매출의 60%까지 이르는 상점이 많다니 가히 짐작이 간다. 우리나라도 이제는 서구화된 생활 패턴으로 크리스마스 선물 때문에 고민하는 사람이 많다. 그런데 유럽의 상류사회에서는 이때 에르메스(Hermes)를 선물로 받는 것, 그 자체를 최고로 여긴다고 한다.

에르메스!

그레이스 켈리와 윈저 공작 부부, 잉그리드 버그먼, 재클린 케네디, 힐러리 등 에르메스 고객의 면면을 보면 전 세계 상류사회의 축소판을 보는 듯하다. 어떻게 에르메스는 그렇게 세계적인 명성을 얻게 되었을까? 소유하는 그 자체가 기쁨이요, 설레임인 에르메스의 열풍은 과연 어디에서 오는 걸까?

원래 에르메스는 말 장식품과 승마용 부츠, 특히 맞춤안장이 초기의 주력 제품이었다. 당시는 마차가 주 교통수단이었고, 상류층의 신분과 재산, 그리고 명예를 나타내는 도구이기도 했다. 그는 바로 여기에 착안하여 말 장식품과 각종 액세서리를 만든 것이다.

신화는 1837년에 시작되었다

4륜 마차와 마부, 그리고 원형 안에 H자가 박혀 있는 로고로 각인된 명품 에르메스는 1837년에 티에리 에르메스(Thierry Hermes)에 의해 설립되었다. 원래 에르메스는 말 장식품과 승마용 부츠, 특히 맞춤안장이 초기의 주력 제품이었다. 당시는 마차가 주 교통수단이었고, 상류층의 신분과 재산, 그리고 명예를 나타내는 도구이기도 했다. 그는 바로 여기에 착안하여 말 장식품과 각종 액세서리를 만든 것이다.

현재 장 루이 뒤마 에르메스(Jean-Louis Duma Hermes) 사장이 말하듯이 그들은 전통적으로 '단순함과 품격 그리고 우아함뿐만 아니라 내구성'까지 갖춘 제품으로 승부를 걸었다.

이런 장인정신을 바탕으로 드디어 1867년 세계박람회에서 1등 메달을 수상함으로써 세계 속에 에르메스 마구(馬具)제품의 위상을 제고하는 결정적 계기를 만들었다. 그 후 1878년 창업자 티에리 에르메스가 사망하고 그의 아들

샤를 에밀 에르메스가 가업을 계승하면서 가죽제품에서 부티크 사업으로 영역을 확장하기 시작했다.

그 후 제 1차 세계대전을 전후로 에르메스는 비약적인 발전을 이루었고, 이로 인해 세계 각국의 유명 인사들이 애용하는 명품으로 사랑받았다. 특히 유럽의 왕실과 귀족들은 명예와 기품의 상징으로 에르메스를 선물하곤 했다. 이렇게 발전을 거듭하다가 1929년 뉴욕에 첫 부티크를 오픈하면서 에르메스는 향수, 타이, 타월은 물론 남녀복에 이르기까지 다양한 아이템을 선보이며 패션 명가의 위치를 확고하게 굳혔다.

또한 1956년에는 모나코의 왕비인 그레이스 켈리가 임신한 배를 에르메스 백으로 살짝 가린 사진이 *LIFE*에 실리면서 더더욱 인기를 독차지하게 되었다. 예기치 않은 PPL이 그레이스 켈리에 의해 연출(?)된 것이다. 이때부터 이 작은 백은 '켈리 백' 으로 불리며 전설의 핸드백이 되었고, 오늘날에도 8만 프랑 이상의 고가로 팔리고 있다. 지금도 세계의 많은 여성이 마치 그레이스 켈리 왕비가 된 양 켈리 백을 들고 거리를 활보한다.

그 뒤 1978년 에르메스 집안의 5대째 대표인 장 루이 뒤마 에르메스가 사장으로 임명되어 공격적 마케팅을 전개하면서 에르메스는 전 세계에 250여 개의 부티크를 개설하고 최고의 명성을 누리고 있다.

해마다 연말이 되면 파리의 여자들은 남자로부터 특유의 에르메스 문양이 새겨진 스카프를 선물받는 기분에 들뜬다고 한다. 세계 각국의 여자들이 파리를 여행할 때면 반드시 에르메스에 들러 스카프와 핸드백을 사려고 긴 줄을 서는 것도 물론이다.

전통은 새로운 전설을 만들고

그렇다면 과연 세계 정상의 품격과 카리스마를 소유한 에르메스는 광고를 어떻게 전개하고 있을까? 최근 몇 년의 광고를 보면 심플함과 특유의 상징을 이용하여 광고전에서도 품위를 지키고 있음을 알 수 있다.

1999년까지 에르메스는 모든 광고에 포장지 끈을 이용했다. 다크 브라운 컬러의 이 끈은 때로는 제품을 묶거나 광고 여기저기에 상징으로 이용돼 한눈에 '아, 에르메스 광고!' 하고 느끼게 했다. 다음의 광고를 보면 에르메스 포장용 끈으로 제품을 묶어 놓은 것을 볼 수 있다(광고 1, 2, 3).

〈광고 1〉 TOOLS OF THE TRADE

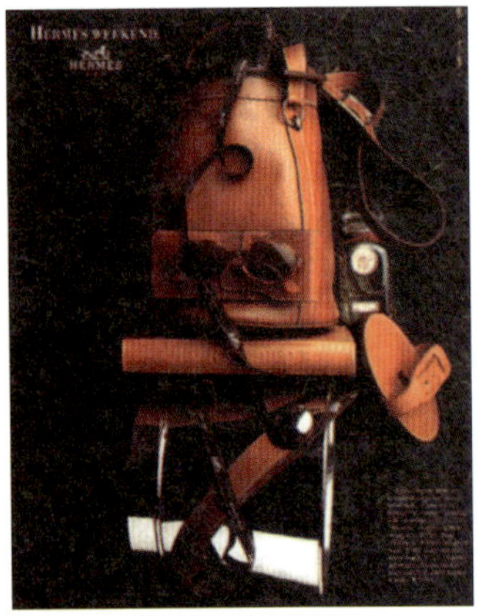

〈광고 3〉 HERMES WEEKEND

〈광고 1〉은 탁상용 다이어리, 휴대용 다이어리, 명함지갑, 메모지, 키홀더 등 비즈니스 도구들이 꾸러미가 되어 끈으로 묶여 있다.

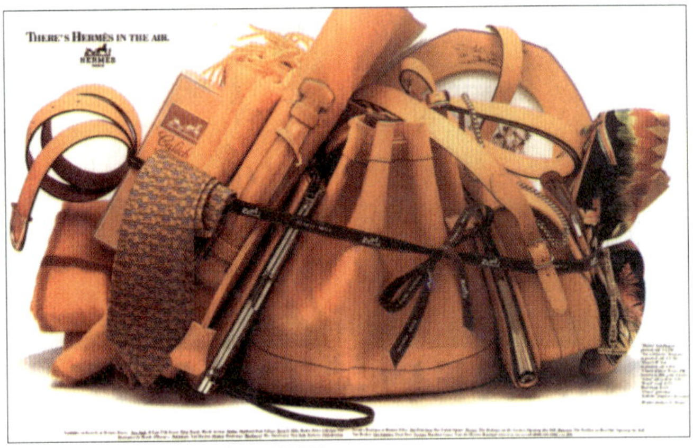

〈광고 2〉 THERE' S HERMES IN THE AIR

〈광고 2〉도 같은 어프로치로 전개되고 있다. 출장을 가거나 여행할 때 사용되는 것들이 패키지로 묶여져 있다. 넥타이와 벨트, 스카프, 다이어리 등 여행 중 필요한 물건들의 조합으로 되어 있다.

〈광고 3〉은 다른 광고처럼 타이트하게 묶이지 않고 느슨한 상태로 끈으로 연결되어 있다. 여행용 가방과 선글라스, 향수 그리고 태그가 보인다. 저 정도를 들고 여행간다면 우리나라뿐만 아니라 세계 어느 곳에서도 부러움의 시선을 받을 것이다. 왜냐하면 아직까지도 에르메스는 사용가치보다는 소유가치가 더 큰 제품이기 때문이다.

초기광고에 사용된 다크 브라운 컬러의 이 끈은 때로는 제품을 묶거나 아니면 광고 여기저기에 상징으로 이용돼 한눈에 '아, 에르메스 광고!' 임을 느끼게 한다.

〈광고 4, 5〉 HERMES, ON THE ROAD AGAIN

에르메스 광고를 보면 포장지 끈이 다양한 의미를 내포한다는 것을 간파할 수 있다. 〈광고 4, 5〉에서는 에르메스 끈이 광고의 아이덴티티를 제공하는 구실을 한다. 광고를 보는 순간 왠지 내가 매장에서 물건을 구매한 듯한 기분이 들기도 한다. 구매하면 항상 포장된 상태로 물건을 가져가니까… 포장지 끈은 구매욕을 자극하기 위한 고도의 상징물이 아닐까?

FIRST STEPS INTO THE NEW CENTURY

에르메스는 2000년 뉴 밀레니엄을 맞아 "HERMES FIRST STEPS INTO THE NEW CENTURY"라는 슬로건으로 표현의 양식을 조금 변화시켰다. 로고에 있는 마차와 말, 그리고 마부를 변형시킨 엠블럼을 제작하여 캠페인을 가볍게 전개했다. 뉴 밀레니엄을 맞이하며 살 수 있다는 것은 어쩌면 행운인지도 모를 일이다. 생각해 보라! 길게 살아야 80, 90인데, 사는 동안 세기가 바뀐다는 것은 얼마나 가슴 설레는 일인가! 누구에게나 'FIRST STEP'에 대한 설렘과 기대 그리고 즐거운 흥분이 있을 것이다.

에르메스는 아마도 이런 즐거움을 타깃과 함께 나누기 위한 배려를 한 것인지도 모르겠다. 온통 들뜬 사람들을 생각하면서 결코 품격을 잃지 않는 가운데 소기의 목적을 거두기 위한 전략으로 이해된다.

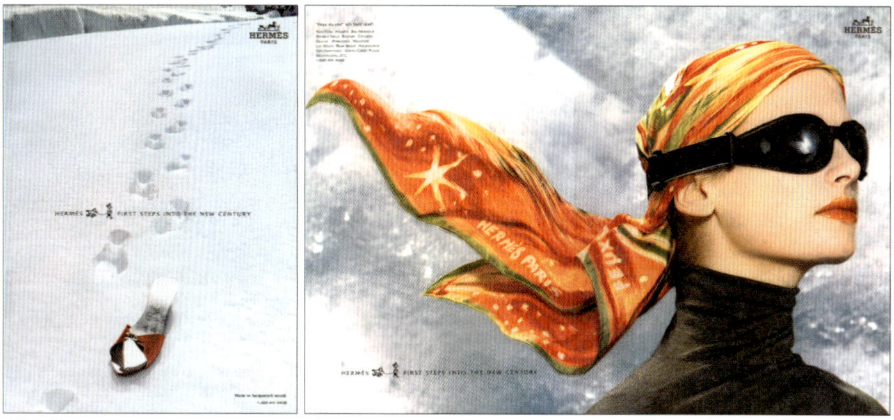

〈광고 6〉

〈광고 7〉

〈광고 6, 7〉 뉴 밀레니엄에 발맞추어 전개한 광고로 앙증맞은 엠블럼과 함께 "FIRST STEPS INTO THE NEW CENTURY"라는 슬로건을 새롭게 선보였다.

〈광고 6〉은 슬로건처럼 '첫 발자국'을 표현하기 위해 눈 덮인 광야에 신데렐라 신발 같은 구두가 마치 소비자에게 다가오듯 앞으로 향한 것으로 제작되었다. 상징적인 어프로치라고 생각된다.

〈광고 7〉도 같은 차원에서 전개된 것으로서 새로운 캠페인 포맷에 충실한 광고로 보인다. 이전의 캠페인에서는 앞서 언급한 것처럼 포장 끈이 독특하게 활용된 것과는 달리 2000년부터는 새로운 엠블럼이 아이덴티티 역할을 하는 점도 눈에 띈다.

필연적인 만남 혹은 필연적인 조우

에르메스는 2000년 뉴 밀레니엄을 맞아 "HERMES FIRST STEPS INTO THE NEW CENTURY"라는 슬로건으로 표현의 양식을 조금 변화시켰다. 로고에 있는 마차와 말, 그리고 마부를 변형시킨 엠블럼을 제작하여 캠페인을 가볍게 전개하고 있는 것이다.

에르메스는 2001년에 들어서 새로운 감각의 광고를 선보였다. 제품이 메인 비주얼로 등장하는 것은 이전의 광고와 크게 다르지 않으나 아트적 감각을 더한 것, 그리고 제품과 크리에이티브 소재의 '필연적인 관계'를 모티브로 삼은 것이 특징이다. 즉 로고 밑에 자리잡은 "ESSENTIAL ENCOUNTERS"가 설득력을 더하며 여러 가지 뉘앙스를 풍기는데 '필연적인 만남' 혹은 '필연적인 조우(遭遇)' 정도로 생각할 수 있지 않을까.
그럼 무엇이 '필연적인 만남'이고 무엇이 '필연적인 조우'일까? 그것은 제품의 소재와 에르메스 기업철학과의 필연적 만남일 것이다. 또한 제품의 내수성과 내구성 등 기능적인 부분을 표현하는 방법으로 '필연적인 충돌'을 이용한 것을 의미한다. 하지만 어느 쪽으로 해석하더라도 에르메스가 지닌 명성과 품격에 새로운 해석을 하나 더 만들어 놓아 타깃에게 제품 소유의 가치를 더욱더 신비스럽게 만들어준다.

〈광고 8〉을 보자. 악어가죽으로 만든 백 위로 물이 쏟아지고 있다. 카피는 "ALLIGATOR AND WATER"이다. 악어와 물의 만남… 악어와 물은 필연적일 수밖에 없다. 악어가 물을 떠나면 죽을 것이요, 그 가죽으로 만든 백이기 때문에 또한 내수성이 높을 것임을 암시하는 것이다. 주목도를 높이기 위해서 공통으로 들어가 있는 'A' 자를 가로 세로 조합으로 구성한 점도 흥미롭다.

〈광고 9〉도 강렬한 인상을 심어주는 광고다. 페인트가 분사되는 듯한 느낌의 비주얼에 여자의 발과 샌들이 보인다. 카피는 "LACQUER AND EARTH"로, 역시 가로 세로 조합으로 이뤄져 있다. 화학 성분의 칠이 아니라 땅에서 자란 식물에서 추출한 래커(옻) 칠이라는 것을 이야기하고 있다. 래커 칠이라 하면 몸에도 무해할 것이요, 또한 환경을 오염시키지도 않을 것이다. 그래서 '래커와 땅'은 필연적 만남일 수밖에 없다.

〈광고 8〉 ALLIGATOR AND WATER

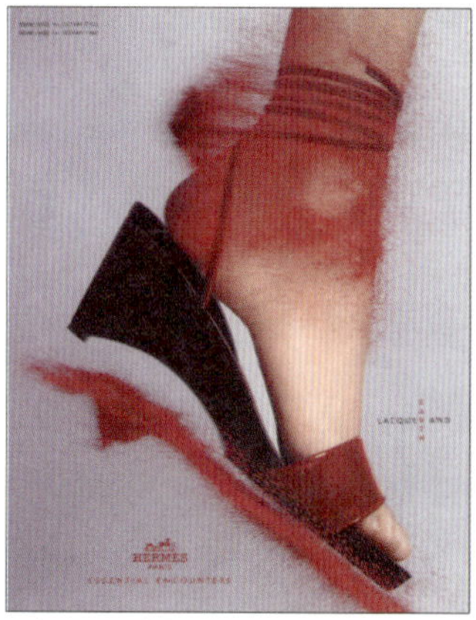
〈광고 9〉 LACQUER AND EARTH

〈광고 10〉 PORCELAIN AND WATER

〈광고 11〉 SILK AND WIND

〈광고 12〉 LEATHER AND BREEZES

〈광고 13〉 RAIN AND TIME

2001년에 들어서면서 새로운 감각의 광고를 선보였다. 제품이 메인 비주얼로 등장하는 것은 이전의 광고와 크게 다르지 않으나 아트적인 감각을 더한 것, 그리고 제품과 크리에이티브 소재의 '필연적인 관계'를 모티브로 삼은 것이 특징이다.

〈광고 10〉도 같은 맥락으로 보인다. '법랑 자기와 물'은 역시 떼려야 뗄 수 없는 관계이다. 둘의 관계는 숙명적 만남일 수도 있고, 또한 내구성을 암시하는 필연적 조우인지도 모른다. '물에 아무리 씻겨도 아름다움과 품격은 변치 않을 것이다'라고 해석해도 무방하지 않을까?

〈광고11〉을 보면 그 '필연적인 만남'을 한눈에 알아 볼 수 있다. "SILK AND WIND". 모델의 머리카락이 바람에 날리고 있는데 실크 넥타이 또한 마찬가지이다. 실크라는 소재가 주는 느낌이 단적으로 표현되었다. 헝클어진 머리카락과는 조금 대조적으로 실크 넥타이는 원형을 유지한 채 표현되어 눈길을 잡는다.

〈광고 12〉도 바람을 소재로 어프로치하고 있다. 아무것도 걸치지 않은 여자 모델, 바람에 날리는 머리카락, 보기 드문 흰색의 가죽 소재…. 여기에 카피는 "LEATHER AND BREEZES"이다. 여자의 뺨을 간지럽히는 미풍과 가죽이 필연적 만남인 까닭은 굳이 설명할 필요가 없을 것이다. 가죽의 일반적 특성이 바로 바람을 막아주는 역할을 하는 것이니까.

〈광고 13〉에는 모델의 얼굴과 손, 그리고 에르메스 로고가 선명히 보이는 시계가 빅 클로즈업되었다. 그리고 시계 바로 옆에 "RAIN AND TIME"라고 씌어 있다. 비와 시계의 관계를 보면 캠페인 슬로건이 기가 막히게 들어맞고 있음을 알 수 있다.

새로운 테마는 자연과의 아름다운 만남

최근 에르메스의 광고는 또 한 차례 변신했는데, 주제는 '자연의 아름다움'이다. 슬로건 또한 "ENCOUNTERS WITH THE EARTH' S BEAUTY"인데, 우선 의외성 있는 비주얼이 시선을 사로잡는다.

〈광고 14〉 KIDSKIN COATS

〈광고 15〉 'DANGER' BOOT

〈광고 16〉 SILK TWILL SCARF

〈광고 14〉에서는 호주 늪지의 떡갈나무 낙엽과 모피가 행복한 만남을 이룬다. 낙엽에 둘러싸인 키드스킨의 코트, 모피를 입은 모델이 시선을 사로잡는다.

〈광고 15〉도 임팩트 있게 다가온다. 'Danger boot'를 친친 감고 있는 남미 북동부 지역에 위치한 가이아나(Guyana)의 무지개뱀이 금방이라도 독을 뿜으며 덤벼들 듯하다. 누가 이 광고를 보고 그냥 스쳐 지나가겠는가? 광고를 접하는 순간 '도대체 어떤 제품일까?', '소재는 과연 무엇일까?'

최근 에르메스의 광고는 또 한 차례 변신했는데, 주제는 '자연의 아름다움'이다. 슬로건 또한 "ENCOUNTERS WITH THE EARTH'S BEAUTY"인데, 우선 의외성 있는 비주얼이 시선을 사로잡는다.

하는 의문을 갖게 될 것이다.

〈광고 16〉을 보면 별다른 수식이 없다. 아메리카 전역에 분포한 왕나비의 서식처 kuggor tree에서 영감을 얻어 만든 스카프에는 나무의 상징과 그것을 나무로 착각한 왕나비들이 날아드는 모습이 비주얼로 표현되어 있다.
제품과 관련 있는 자연 소재를 독특한 기법으로 개발하여 호기심을 자극, 구매로 연결하고 있는 에르메스의 이러한 '자연시리즈' 광고는 앞으로도 일정 기간 계속되리라고 예상된다.

지금까지 살펴본 것처럼 에르메스는 근 200여 년 가까이 패션의 중심에서 단 한 번도 밀려나지 않았다. 또한 에르메스라는 브랜드 네임은 이제 고급 사치품과 동의어가 되었다. 파리의 여자들은, 아니 전 세계 상류층 여자들은 에르메스를 '비교급' 으로 생각하지 않을 정도라고 한다.
그건 아마도 가격도 가격이지만 에르메스가 처음부터 지금까지 장인정신을 바탕으로 한 명품의 자부심을 잃어버린 적이 없기 때문일 것이다. 그리고 광고 또한 브랜드가 지향하는 명품의 품격을 지속적으로 창조, 계승하고 있다.

christian slater jean jacket and zip hood
ryan haddon slater jean jacket
GAP
GAP
for every generation
© Gap 2002 printed on recycled paper

GAP

고객과의 GAP이 없어야 'GAP'이 성공할 수 있다

젊은 날의 초상, 'GAP'

물불 안 가리고 '해외물을 먹으려는' 시기가 있었다. 박사도, 디자이너도, 정치가도, 경제학자도 모두 해외물을 먹어야 행세를 하던 때가 있었다. 해외여행이 지금처럼 자유롭지 않았던 시절에는….

불과 10여 년 전의 일이다. 그때는 그만큼 해외로 나갈 수 있는 기회가 적었다는 반증일 것이다. 결혼을 해도 양가가 경제적으로 부유해야 해외로 신혼여행을 갈 꿈을 꿀 정도였으니까. 사실 불과 얼마 전 일인데도, 이런 이야기를 하면 호랑이 담배 피우던 시절로 여기는 사람도 많을 것이다. 모두 중산층이라고 여기는 요즘이니까.

그런 시절에는 해외 명품시계나 보석소품 정도만 차고 있어도 이미 보통 사람들과는 '레벨이 다른' 부유층 행세를 할 만했다. 또 어쩌다가 해외출장이라도 갔다 오는 날이면 시골에서 상경하는 어머니처럼 보따리에 선물을 가득 사 와야 인심을 잃지 않았다. 출장 가서 할 일을 걱정하기도 했지만, 더욱 신경 쓰이는 것은 다름 아닌 선물준비였다. 이런 경험이 있는 사람들은 말이 달리고 있는 셔츠만 한 장 있으면 미팅에서 플러스 점수를 따는 것은 물론이고 애프터도 백이면 백 다 성공하는 마술과도 같은 일이 벌어지곤 한 것을 기억할 것이다.

폴로를 입은 것만으로도 한 번쯤 외국물을 먹고 온 사람으로, 아니면 최소한 폴로를 입을 만한 경제력을 지닌 부유층으로 여겨졌으니까….

'정통 미국인(WASP : White Anglo-Saxon Protestant)' 의 유니폼처럼 되어 있는 폴로(Polo)가 우리나라에서 지금까지도 꾸준히 인기몰이를 하는 것은 어찌 보면 우리 의식 속에 잠재된 외국문물에 대한 강한 동경심 때문인지도 모른다.

이런 시절에, 난데없이 가슴 한가운데 'GAP' 이라는 문자가 프린트된 셔츠의 출현은 폴로만 보아 온 우리들에게 하나의 신선한 충격을 주었다. 물론 그때 GAP을 단 옷은 이른바 '보세' 라는 이름의 가짜제품들이 태반이었다. 왜냐하면 그 당시 오리지널 갭은 가슴 한가운데 대문짝만하게 로고를 새기지 않았기 때문이다. 젊은이들은 가짜임에도 폴로와는 다른 감각, 그리고 외국산에 대한 막연한 동경심으로 가슴과 머리를 뜻도 모를 GAP으로 무장하고 다녔다. 아마도 그 시절 GAP은 대한민국의 젊은이에게 폴로보다 더 비싼 브랜드로 인식되고 있었는지도 모른다.

산 자와 죽은 자의 갭

갭이 본토에서 센세이션을 일으킨 것은 1993년부터 시작한, 유명한 고인들이 등장하는 광고캠페인에서부터이다. 《월스트리트 저널》 1994년 1월 7일자는 〈서거한 유명인이 세일즈맨으로 부활〉이라는 제하의 기사에서 이렇게 전했다.

'죽은 자는 말이 없을지도 모른다. 그러나 메디슨 애비뉴에서는 죽은 자를 세일즈맨으로 활용하여 제품판매를 꾀하고 있다.(중략) 이러한 경향은 죽은 사람을 살아 있는 스타처럼 복잡한 일을 일으킬 위험성이 전혀 없기 때문이라고 광고업계 종사자들은 말한다. 이미 마이클 잭슨이나 마돈나의 스캔들이 펩시콜라의 임원들을 골머리 아프게 했는데 사망한 유명인들은 그런 염려가 없다. 살아 있는 스타들은 인기가 높을 때와 인기가 떨어졌을 때 현격한 차이가 있고 비용도 천문학적인 데 비해 죽은 스타들은 비용대비 효과가 높다는

갭의 이 캠페인에는 단순히 모델의 참신성(?)과 과감성이라는 차원을 넘어 타깃에게 친근감을 주기 위한 전략까지 숨어 있었던 것으로 보인다. 싸구려 이미지를 벗고 '바로 당신을 위한 갭' 이라는 것을 보여주기 위한 전략이었을 것이다.

것이다.'

우리나라에서도 모델로 인해 브랜드의 이미지가 나빠지는 경우가 비일비재하다. 마약으로 진통을 겪었던 모 여자 배우나, 최고의 주가를 올리고 있던 여자 탤런트가 이혼 위기에 몰린 상황, 남편의 폭행사건으로 어려움을 겪은 개그우먼 등…. 이때 그 당사자들을 모델로 기용한 회사는 상당히 큰 타격을 입을 것이라는 게 정설이다.

이와 같은 경우에서 보듯이 사망한 유명스타를 광고모델로 기용하는 것은 광고주를 위해서 매우 안전한 전략이라고 이 컬럼은 주장한다.

갭은 중후한 이미지를 풍기던 험프리 보가트나 오손 웰스, 록 허드슨, 매릴린 먼로 등을 캐스팅(?)해 일약 센세이션의 중심에 서게 되었고, 이후에도 진 켈리, 장 콕토, 살바도르 달리, 에바 가드너 등을 모델로 기용해 살아 있는 스타들보다 더욱 많은 화제와 효과를 거두었다.

그런데 갭의 이 캠페인에는 단순히 모델의 참신성(?)과 과감성이라는 차원을 넘어 타깃에게 친근감을 주기 위한 전략이 숨어 있었다. 싸구려 이미지를 벗고 '바로 당신을 위한 갭' 이라는 것을 보여주기 위한 전략이었을 것이다. 그렇게 소비자의 인식상에 존재하는 갭을 줄이거나 없애는 과정에서 타깃들에게 갭의 'my brand화' 현상이 일어났을 것이다.

살 길은 타깃과의 갭을 없애는 것

갭은 2001년부터 2003년까지 "For Every Generation" 이라는 캠페인을 전개했는데, 이는 앞서 설명한, 사망한 유명인을 이용한 광고와는 정반대 개념에서 출발했다. 이 시리즈광고는 우선 전 세계적으로 뉴스 메이커 역할을 하거나 타깃에게 영향력 있는 유명인을 발굴해 집행하고 있다.

특히 갭의 디자인 철학이나 아이템의 컨셉트, 모델의 컨셉트 간 일치점을 찾아내 타깃으로 하여금 자연스럽게 제품을 수용하도록 한 숨은 노력들이 일견 무미건조해 보이는 이번 캠페인의 가장 큰 장점이자 전략으로 보인다. 특별히 레이아웃의 폴리시가 돋보인다든지 모델들의 포즈가 눈을 사로잡지는 않

〈광고 1〉 폭 넓은 연기로 팬들에게 다가가고 있는 테이 딕스. - 러그드 터틀넥

〈광고 2〉 사라질 듯한 아름다움의 소유자 줄리 델피가 자연스럽게 포즈를 취하고 있다. - 카키 블레이저

지만 갭을 입을 만한 타깃에게는 거리감 없이 브랜드와 친숙하도록 유도하는 것이다. 강요하지 않고 자연스럽게 소비자에게 다가가는 광고라 할 만하다. 광고라는 것이 단순히 소구대상에게 알리는 것만이 목적은 아니기에 어떻게든 소비자의 머리와 마음을 뒤흔들어 놓으려면 다른 광고와의 차별화가 필요한데, 그런 면에서 이 시리즈는 제발 사달라고 소리 지르지 않고도 소비자의 지갑을 열게 하는 매력이 있다.

〈광고 1〉은 호러물과 로맨스를 두루 섭렵하고 있는 배우 테이 딕스(Taye Diggs)의 카리스마를 이용한 광고이다. 그는 1999년 개봉된 호러물인 〈헌티드 힐(House on Haunted Hill)〉에서 이전의 〈베스트 맨(The Best Man)〉에서 보여준 것과는 전혀 다른 깊이 있는 연기를 선보여 호평받았다.
그는 이 광고에서도 호러 무비에서 보여준 카리스마와 로맨스 드라마에서 보여준 달콤함을 함께 연출해 타깃의 호감도를 높이고 있다.

갭은 중후한 이미지를 풍기던 험프리 보가트나 오손 웰스, 록 허드슨, 매릴린 먼로 등을 캐스팅(?)해 일약 센세이션의 중심에 위치했다. 이후에도 진 켈리, 장 콕토, 살바도르 달리, 에바 가드너 등을 모델로 기용해 살아 있는 스타들보다 더욱 많은 화제와 효과를 거두었다.

〈광고 2〉에는 줄리 델피(Julie Delpy)가 모델로 나왔다. 줄리 델피를 모델로 기용한 사실 하나만으로도 갭이 얼마나 '싸구려 이미지'를 극복하려 애쓰는지 알 수 있는데, 그녀의 청순함과 배우로서의 높은 위상을 업고 가려는 의도가 엿보이는 캐스팅 전략이다.

〈광고 3〉 싱어송 라이터 인디아 아리가 금방이라도 무대에서 마이크를 들고 열창할 듯한 분위기다.

〈광고 4〉 모치바 그룹을 통해 자유와 젊음의 이미지를 부각시키고 있다. - 카키 밤버 재킷

〈광고 5〉 반항적인 이미지를 이용하여 스포츠 룩과 섹시미를 강조하고 있다. - 후드 진 재킷

〈광고 6〉 과연 잘 나가는 아티스트들은 평상시 어떤 종류의 옷을 입고 있을까. - 빈티지 폴로 셔츠

줄리 델피는 1969년 프랑스 파리에서 배우 앨버트 델피의 딸로 태어나 뉴욕대(NYU)의 영화학교를 나온 재원으로 1995년에는 《피플》이 그녀의 사라질 듯한 아름다움에 반해 세계에서 가장 아름다운 25인 중의 한 명으로 선정하기도 했다. 그녀는 레오 카락스가 감독하고 줄리에트 비노슈, 드니 라방과 함께 열연한 〈나쁜 피(Mauvais Sang)〉에서 자신만의 강렬한 카리스마를 보여줬으며, 〈비포 선라이즈(Before Sunrise)〉에서는 열정과 순수함으로 풋풋한 사랑을 연기해 세계적 관심을 모았다.

광고에서 줄리 델피가 입은 카키 블레이저가 전혀 싸구려처럼 보이지 않는다. 물론 그녀가 입었으니까 명품처럼 보이겠지만. 갭의 노림수가 바로 이것 아니었을까?

〈광고 3〉에서는 실험적인 어쿠스틱 솔로 인기를 얻고 있는 가수 인디아 아리(India Arie)가 금방이라도 무대에서 열창할 듯한 분위기로 한껏 포즈를 취했다.

그녀는 싱어송 라이터로 25살에 〈어쿠스틱 솔(Acoustic Soul)〉이라는 데뷔 앨범에서 어쿠스틱 기타를 들고 솔을 열창해 팬들의 뇌리에 자신을 각인시켰다. 그 후 솔, R&B, 힙합, 블루스와 포크에 이르기까지 다양한 장르를 자유로이 넘나드는 실력으로 젊은층에서 폭발적인 인기를 얻고 있다. 그런 그녀의 크로스오버적인 이미지와 편안한 갭의 매칭이 전혀 낯설지가 않다.

〈광고 4〉의 주인공은 모치바(Morcheeba) 그룹의 Skye이다. 부르기가 난해한 이 그룹의 이름은 'More Marijuana' 라는 단어의 합성어라고 하는데, 굳이 해석해 보면 '마리화나 더 주세요' 정도일까?
모치바 그룹은 1990년대 초반 영국 켄트(Kent)에 살고 있던 고드프리(Paul & Ross Godfrey) 형제가 런던 그리니치(Greenwich)의 한 파티석상에서 Skye와 운명적인 만남을 가지면서 탄생했다. 그들은 싱어송 라이터, 마리화나, 그리고 영화 사운드 트랙에 대한 공통된 취향을 확인하고 그룹을 결성하게 된 것이다. 이쯤되면 그룹 이름이 왜 모치바인지 이해가 갈 것이다. 그녀는 구속을 거부하고 강제된 타율에 대한 끊임없는 도전의 상징으로 마리화나를 즐기며 아무도 범접할 수 없는 음악세계를 구축했다.
이 광고가 나가는 동안 세상의 언더그라운드는 얼마나 많은 박수를 보냈을까? 치켜 뜬 눈과 한 줄로 염색한 헤어스타일, 그리고 무엇보다 금방이라도 세상에 대고 독설을 퍼부을 듯 굳게 다문 입이 갭의 이미지를 호락호락하게 보지 못하게 하고 있는 듯하다.

특별히 레이아웃의 폴리시가 돋보인다든지 모델들의 포즈가 눈을 사로잡지는 않지만 갭을 입을 만한 타깃들에게는 거리감 없이 브랜드와 친숙하도록 유도하는 것이다. 강요하지 않고 자연스럽게 소비자에게 다가가는 광고라 할 만하다.

〈광고 5〉는 2002년 개봉된 〈8마일(8 Mile)〉에서 에미넴의 여자 친구로 출연한 타린 매닝(Taryn Manning)의 도발적인 자태를 이용한 광고다. 그녀는 올해 22살인데 영화 〈크로스로드(Crossroads)〉에서 브리트니 스피어스의 친구로 열연하면서 할리우드의 뉴스 메이커로 등장했다.
자기 주장이 강한 세대의 패션에 대한 고집이 이 사진 한 컷에 고스란히 담겨 있다.

〈광고 6〉은 아티스트 데이만 로에브(Damian Loeb)의 묘한 느낌을 잘 살려내고 있다. 그의 작업실로 보이는 곳에서 잠깐 휴식을 취하는 분위기 속에 갭을 매치했다. 이것은 그가 작품 전시회를 할 때는 성장을 하겠지만 이

〈광고 7〉 할리우드에서 드물게 성공을 거두고 있는 자매의 활약상을 제품의 이미지로 전이시키고 있다. - 스트레치 티셔츠

〈광고 8〉 세계에서 가장 돈 잘 버는 스필버그 감독의 아내가 입을 정도라면 갭에 대한 생각이 많이 달라질 것이다. - 턱시도 셔츠

렇게 자기 작품세계에만 몰입해 있을 때는 다른 옷이 아닌 바로 갭과 함께 한다는 메시지를 담은 것이다.

〈광고 7〉은 할리우드에서 드물게 자매 배우로 활약하고 있는 퍼트리샤(Patricia Arquette)와 로잔나 아케트(Rosanna Arquette)편이다.
동생 퍼트리샤는 니컬러스 케이지의 전 부인으로도 유명세를 탄 실력파 여배우로, 1993년 〈트루 로맨스(True Romance)〉에서 크리스천 슬레이터와 함께 겁없이 태연하게 일을 저지르는 천진난만한 커플로 등장해 일약 스타덤에 올랐다. 그후 〈비욘드 랭군(Beyond Rangoon)〉에서는 강렬한 면모를 선보였고, 1999년에는 전 남편 니콜러스 케이지와 〈비상근무(Bringing Out the Dead)〉에서 열연해 호평받았다.
한편 언니 로잔나는 1988년 〈그랑블루(Le Grand Bleu)〉로 세계적인 명성을 얻었고, 그후 〈크래쉬(Crash)〉로 연기력을 인정받았다. 이 광고는 자매의 활약상과 우정을 친근한 이미지로 승화해 전달하고 있다.

〈광고 8〉도 거물급 자매가 활약한 광고이다.
케이트(Kate Capshaw)는 〈인디애나 존스(Indiana Jones and the Temple of Doom〉에서 카바레 가수였다가 인디애나 존스와 모험에 참여하는 역할

〈광고 9〉 저항의 상징과 체제에 대한 순응, 극대비의 긴장감이 타깃의 층을 확대시켜주고 있다. - 진 재킷과 지프 후드

〈광고 10〉 안젤라 린드발의 흔들리지 않는 자존심과 갭 사이에는 갭이 없어 보인다. - 스웨이드 셰르파 재킷과 겨울용 스트라이프 스카프

〈광고 11〉 겨울 여인들의 우상 알리 맥그로이기에 겨울 아이템 모델로서 최고일 것이다. - 코드 셰르파 재킷

로 일약 할리우드의 명사가 되었고, 그 인연으로 감독인 스티븐 스필버그의 두 번째 부인이 되었다. 또한 제시카(Jessica Capshaw)는 최근 〈마이너리티 리포트(Minority Report)〉에 출연, 그 가능성을 인정받고 있다.

이같은 거물들이 비교적 중저가인 갭의 모델로 나온다는 사실 자체가 뉴스거리가 아닌가? 이런 전략은 갭과 일정한 거리를 둔 타깃들에게 '나도 한번 사 볼까' 하는 생각이 들게 할 것이다.

〈광고 9〉는 크리스천 슬레이터(Christian Slater) 부부가 다정한 포즈를 취한 광고이다. 크리스천 슬레이터가 누구인가? 그는 이미 7살 때부터 연기를 시작하여 한때 '제 2의 제임스 딘' 이라는 닉네임으로 불리기도 했다. 〈장미의 이름(Der Name Der Rose)〉에서 숀 코네리와 공연하며 영화계에서 주목받기 시작했으며, 애니 로스와 함께 출연한 〈볼륨을 높여라(Pump Up the Volume)〉에서 특유의 반항적 기질을 앞세워 청춘의 상징으로 떠올랐다. 그러나 이런 성공에 호사다마라고, 그는 마약중독과 여자친구 폭행, 경찰과의 총격전 등으로 타블로이드 신문의 좋은 가십거리가 되곤 했다. 그런 그이기에 광고에서의 행복한 모습이 보는 사람들에게 묘한 긴장감을 준다.

갭은 전 세계적으로 뉴스 메이커 역할을 하거나 타깃에게 영향력 있는 유명인을 발굴해 집행한다. 특히 갭의 디자인 철학이나 아이템의 컨셉트, 모델의 컨셉트 간 일치점을 찾아내 타깃들로 하여금 자연스럽게 제품을 수용하도록 한 숨은 노력들이, 일견 무미건조해 보이는 이번 캠페인의 가장 큰 장점이자 전략으로 보인다.

〈광고 12-1〉 시시 스페이섹 모녀가 입고 있는 남성용 진 재킷, 립드 탱크와 남성용 티셔츠.

〈광고 12-2〉 컨트리 뮤직의 대부 크리스 크리스토퍼슨이 입고 있는 면셔츠와 티셔츠.

〈광고 12-3〉 켈리 클라인이 입고 있는 피티드 진 재킷과 롱 앤드 린 진.

아무튼 브랜드 관점에서 본다면 크리스천 슬레이터가 본래 가지고 있던 제임스 딘과 같은 반항아적 이미지, 기성세대에 대한 저항감, 그것과는 정 반대에 자리한 행복에 대한 희구가 대비를 이루며 절묘하게 매칭된 것이 타깃층의 확대에 일정부분 기여할 것으로 전망된다.

〈광고 10〉은 시류에 흔들리지 않고 활동하고 있는 1979년생 수퍼모델 안젤라 린드발(Angela Lindvall)과 아들의 행복한 순간을 포착해 제작한 광고이다. 그녀는 14살에 데뷔했지만 그 어느 가십거리에도 오르지 않는 철저한 자기관리로 귀감이 되었다. 특히 그녀는 '부활한 네오 히피의 헤로인'이라고 극찬받고 있는데, 지금도 고향인 오클라호마에서 단란한 가정을 꾸리고 활동면서 아로마세라피 전문회사를 설립해 CEO로서의 꿈을 키워가고 있기도 하다.
이처럼 '모델' 하면 연상되는 부정적 이미지와는 거리감이 있는 안젤라 린드발만의 컬러가 갭의 이미지 변화에 적절하다고 판단해 캐스팅 했을 것이다.

〈광고 11〉의 모델은 우리나라에서도 겨울만 되면 생각나는 여배우 알리

〈광고 12-4〉 자케타 윌러가 입고 있는 울 피 코트 카펜터 진.

〈광고 12-5〉 〈피아니스트(La Pianiste)〉의 주인공 이자벨 위페르가 입고 있는 울 피 코트.

〈광고 12-6〉 캐나다 출신의 빅모델 샬롬 할로가 입고 있는 진 재킷.

맥그로(Ali Macgraw)이다.

그녀는 잘 알다시피 겨울의 연인들에게 바치는 사랑의 찬가, 〈러브 스토리(Love Story)〉의 주인공이다. "사랑이란 미안하다는 말을 하지 않는 것(Love means never having to say you' re sorry)" 이라는 명언과 함께 들려오는 음악 〈Snow Frolic〉은 전 세계 연인들의 가슴속에 영원히 남아 있을 것이다. 그런 그녀이기에, 겨울에 입을 수 있는 아이템의 모델로서 적격 아닐까?

〈광고 12〉는 멀티페이지로 집행한 광고인데, 세대와 인종을 초월하는 갭의 전략이 집대성되어 있는 듯하다.

첫 페이지에는 미국 텍사스주 출신인 관록의 여배우 시시 스페이섹(Sissy Spacek)과 그녀의 두 딸이 함께 나왔다. 10대와 20대는 물론이고 50대에게도 어울리는 옷이라고, 직접 말하지는 않지만 느낌으로 전달하고 있다(〈광고 12-1〉).

그 다음은 가수 크리스 크리스토퍼슨(Kris Kristofferson)이 장식했다.

1936년생이지만 컨트리뮤직의 대부로서 아직 현역으로 왕성한 활동을 하고 있는 그는 특히 1976년 영화 〈스타 탄생(A Star is Born)〉에서 바브라 스

광고라는 것이 단순히 소구 대상에게 알리는 것만이 목적은 아니기에 어떻게든 소비자의 머리와 마음을 뒤흔들어 놓으려면 다른 광고와의 차별화가 필요한데, 그런 면에서 이 시리즈는 제발 사 달라고 소리 지르지 않고도 소비자의 지갑을 열게 하는 매력이 있다.

〈광고 12-7〉 크리스천 슬레이터가 입고 있는 진 재킷과 부트 핏 진.

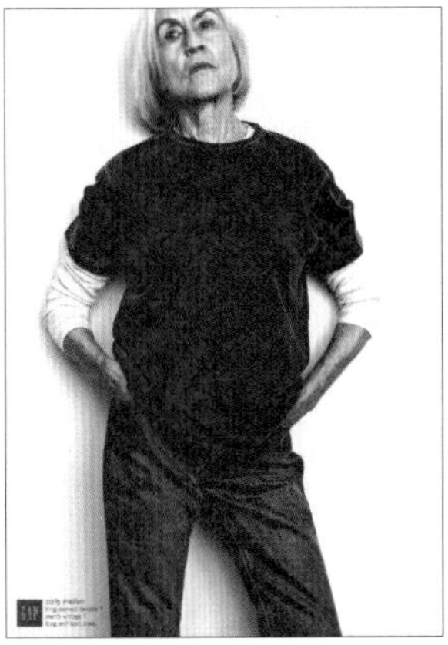
〈광고 12-8〉 전설적인 모델 폴리 멜란이 입고 있는 긴 소매 티셔츠와 남성용 빈티지 티셔츠, 롱 앤드 린 진.

〈광고 12-9〉 브라질의 샛별 제이사 치미나조가 입고 있는 남성용 포켓 티셔츠.

트라이샌드의 상대역으로 출연, 골든글로브 남우주연상을 수상하는 기염을 토하기도 했다. 칠순의 나이에도 갭이 어울림은 물론, 그의 치열한 삶의 단면을 엿보게 하는 깊은 얼굴주름이 신뢰감을 더해준다(〈광고 12-2〉).

그 바로 옆쪽에 중견 모델 켈리 클라인(Kelly Klein)이 릴랙스한 분위기로 어필하고 있다. 단추를 다 풀어헤친 모습이 묘한 감정을 불러일으킨다(〈광고 12-3〉).

그리고 페이지를 넘기면 모델 자케타 휠러(Jacquetta Wheeler)의 당당한 모습이 시선을 사로잡고(〈광고 12-4〉), 바로 옆에는 〈피아니스트(La Pianiste)〉로 칸영화제에서 여우주연상을 수상한 이자벨 위페르(Isabelle Huppert)가 도도한 모습으로 등장한다(〈광고 12-5〉).

다음 광고에는 캐나다 출신의 모델 샬롬 할로(Shalom Harlow)가 빅클로즈업되어 등장한다. 그런데 그녀의 이력을 보면 저절로 입이 딱 벌어질 정도다. 그녀가 광고모델로 활약한 브랜드를 보면 이 지구상에 존재하는 명품이란 명품에는 빠짐없이 등장했다고 해도 과언이 아니기 때문이다.

Anne Klein, Chanel, Christian Dior, DKNY, D&G, Donna Karan, Versace, Giorgio Armani, Jil Sander, Tiffany & Co. 등…. 이런 모델의 이력에 갭이 한 줄 올라간다는 사실만으로 브랜드에 대한 평가가 달라질 것이다(〈광고

〈광고 12-10〉 모델계의 신선한 충격 알렉 웩이 입고 있는 캐미솔 진 재킷과 롱 진셔츠.

〈광고 12-11〉 멕시코 출신의 뇌쇄적인 배우 셀마 헤이엑이 입고 있는 진 재킷과 캡 스트레치 롱 앤드 린 진.

〈광고 12-12〉 샐리 태데이언, 루퍼스 앨버말 부부가 입은 진 재킷과 면 셔츠

12-6〉).

갭은 타깃과의 거리감을 없애기 위해 끊임없이 다양한 커뮤니케이션을 시도하고 있음을 알 수 있다.

그 옆에는 터프한 크리스천 슬레이터가 진 재킷을 걸치고 해맑게 웃고 있으며(〈광고 12-7〉), 그 다음에는 모델계의 전설 폴리 멜란(Polly Mellen)(〈광고 12-8〉)과 브라질 태생의 제이사 치미나조(Jeisa Chiminazzo)(〈광고 12-9〉)가 극명한 대비를 이루며 등장한다. 제이사 치미나조는 Benetton, Christian Dior, Emanuel Ungaro 등의 광고에 출연해 청춘스타로 이름을 날리고 있기도 하다.

다음 광고에 등장하는 두 모델은 이름만 들어도 대단한 카리스마를 느끼게 한다.

우선 알렉 웩(Alek Wek)은 백인 모델들의 깡마른 몸매와는 달리 육감적이고 조형물처럼 군더더기 하나 없는 바디라인으로 신선하다고 주목 받았다. 그 후 고정관념으로 일관된 미의식(美意識)의 한계를 극복했다는 찬사를 받을 만큼 성공의 반열에 올랐다(〈광고 12-10〉).

옆 페이지의 샐마 헤이엑(Salma Hayek)은 멕시코가 배출한 최고의 섹시 스타이다(〈광고 12-11〉). 그녀는 영화 〈데스페라도(Desperado)〉에서 안토니오 반데라스의 남성미를 압도하는 뇌쇄적인 섹시미로 이미 할리우드를 강타했고, 앞으로 성공의 샴페인을 터뜨릴 가장 유망한 여배우로 주목

받고 있다. 알렉과 헤이엑, 이 두 사람의 완전히 다른 매력 대비로 광고 역시 많은 사람들에게 화제가 되었다.

마지막 시리즈는 갭 로고와 샐리 태데이언, 루퍼스 앨버말 부부의 행복한 모습으로 마무리하고 있다(〈광고 12-12〉).

이상에서 분석한 바와 같이 갭은 타깃과의 거리감을 없애기 위해 끊임없이 다양한 커뮤니케이션을 시도하고 있음을 알 수 있다.

'타깃이 왜 구매하지 않을까, 우리의 브랜드는 지금 어디에 서 있는가?' 이런 여러 문제에 대답하는 것이 광고라고 본다면 갭은 저가 브랜드가 지닌, 정통적이지만 독특한 그들만의 길을 걷고 있다는 생각이 든다.

ANNE KLEIN
NEW YORK

ANNE KLEIN

Different에서 Better로

이미지광고에 대한 오해

우리나라에서처럼 '이미지광고' 라는 용어를 왜곡해서 사용하는 나라도 없을 것이다.

우리는 흔히 '그림발' 이 좋은 광고를 이미지광고라고 부르는 데 주저하지 않는다. 제품의 특성이나 소비자 편익이 보이지 않는 광고를 통칭해 이미지광고라고 부르는 게 현실이다. 이는 우리 광고계에서 암묵적으로 사용하고 있는 용어이기 때문에 굳이 틀리다고 말하기는 어렵지만 그렇다고 선뜻 동의하기도 쉽지 않다.

50년 이상 서부를 달린 말보로를 단순히 이미지광고라고 한다면 그게 정확한 판단일까? 심은하가 행복한 표정으로 소비자를 향해 '여자라서 행복해요' 라고 말하는 광고를 '디오스 이미지광고' 라고 말하면 그뿐일까? 늘 신선한 센세이션을 불러일으키는 베네통 광고도 그냥 이미지광고라는 울타리에 가두기에는 뭔가 좀 아쉬운 부분이 있다.

그렇다면 이미지광고를 어떻게 규정해야 할까? 이미지광고는 과연 '그림만 좋은' 광고인가? 이미지광고는 '새 날아가는 카피' 가 있는 광고의 통칭일 뿐인가?

다른 제품과 차별화하기 위한 방법으로 독특한 '브랜드 개성' 을 만들어 주는 광고가 이미지광고라 할 수 있다. 또한 회사나 제품의 이미지가 왜곡되거나 원하는 방향으로 전달되지 않을 때 회사가 지향하는 '목표 이미지' 로 유도하는 것이 바로 이미지광고이다.

한번 생각해 보자. 코카콜라와 펩시콜라가 다르면 얼마나 다르겠는가? 그런데도 코카가 일곱 병 팔릴 때 펩시는 세 병만 팔린다. 맛이 달라서, 아니면 향이 달라서? 펩시 측에서는 이해가 안 되는 시장상황일 것이다. 그래서 급기야 그들은 소비자와 담판을 짓지 않았는가?

'펩시 챌린지' 가 바로 그것이다. 소비자의 눈을 가리고 어떤 콜라가 맛있는지 공개적으로 물어본 블라인드 테스트를 통해 이미지의 허구를 극복하려고 한 것이다. 그 캠페인을 통해 맛에 차이가 없으니 이제 반반은 마셔달라는 주문을 하고 싶었을 것이다.

눈을 안으로 돌려 우리나라의 기업 이미지를 한번 보자.

LG와 삼성, 그리고 SK, 현대 등 우리나라 유수 그룹의 브랜드 이미지가 다 똑같다고 느끼는 사람은 아무도 없을 것이다. 우리나라 사람들은 위에 언급한 4대 그룹에 대한 브랜드 이미지를 갖고 있다. IMF와 그룹에 대한 구조조정으로 인해 인식이 많이 달라지기도 했다.

LG는 '고객사랑' 과 '인화' 에 대해서는 압도적으로 앞서고, 삼성은 차갑지만 'No. 1' 이미지에서는 우위에 있으며, SK는 몇 해 전 SK글로벌 사태를 겪기 이전까지만 해도 '젊음' 과 '고객행복' 이라는 긍정적 이미지를 확보했다. 그런데 그룹총수가 구속된 사태가 향후 SK 브랜드 이미지에 어떤 영향을 미칠지 관건이다. 아마 수백억 원을 들여 쌓은 이미지를 모두 잃었다고 해도 과언이 아닐 것이다.

현대도 이런 측면에서 본다면 비슷한 처지에 놓여 있다. 정주영 회장 체제 이후 그룹의 계열분리 과정에서 소비자에게 비춰진 인상이 썩 좋지 않았다. 또한 그룹의 모태라고 할 수 있는 현대건설이 와해되면서 그룹 전반에 좋지 않은 이미지가 축적되었다.

이런 관점에서 LG와 삼성은 기존 이미지의 연속선에서 장점을 강화하고, 단점으로 안고 있는 이미지를 개선하고자 브랜드 광고전을 전개할 것이다. 반

이미지광고를 어떻게 규정해야 할까? 이미지광고는 과연 '그림만 좋은' 광고인가? 이미지광고는 '새 날아가는 카피' 가 있는 광고의 통칭일 뿐인가?
아마도 다른 제품과 차별화하기 위한 방법으로 독특한 '브랜드 개성' 을 만들어 주는 광고가 이미지광고라 할 수 있을 것이다.

면에 SK는 실추된 이미지를 회복하기 위해 전 계열사를 통해 대대적으로 이미지광고를 전개해 개선하고 있다. 또한 현대는 대북송금 문제 등 아직도 넘어야 할 산이 많기 때문에 쉽게 전면에 나서 소비자를 설득하는 광고전을 펼치는 데 상당한 부담을 느낄지도 모른다. 이처럼 이미지광고는 다양한 목적과 전략으로 이용된다.

Contrast Effect에 대해서

'Contrast Effect' 는 똑같은 자극으로는 남들과 차별화할 수 없기 때문에 다른 자극을 던져야만 효과가 있다는 이론이다. 광고에서 기존 자극과는 상이한 속성의 자극을 제시할 때 그 자극에 대한 소비자들의 인지가능성이 매우 높아진다는 실험 결과가 있다.

회의 때마다 힘주어 말하고, 기획서에 금과옥조처럼 적힌 '차별화' 가 바로 'Contrast Effect' 다. 한마디로 차별화는 '남들과 다르게 말하기' 이다.

그렇다면 그냥 다르기만 하면 성공할까? 제작회의 때마다 AE들이 말하는 차별화라는 것은 무엇일까? 우리가 흔히 '저 사람 튄다' 라고 했을 때의 느낌은 무엇인가? 이상한 차림이나 이해 못할 라이프스타일을 보고 '튄다' 라고 하지는 않을 것이다. 만일 그런 사람이 있다면 결코 부러움을 느끼며 닮고 싶은 사람이라고 여기지 않을 것이다.

광고도 마찬가지다. 따라서 차별화란 'different' 보다는 'better' 의 개념에 가깝다고 할 수 있다.

남들과 단순히 다른 크리에이티브를 만들 수는 있다. 그러나 더 중요한 것은 다르면서 경쟁사보다 더 우월해야 한다는 것이다. 자칫 남들과 달라야 한다는 강박관념에 아이디어가 차별화를 위한 차별화에 그치거나 심지어 웃음거리가 되서는 안될 일이다. 이렇게 성공한 광고를 만드는 데는 첫째 남들과 다르면서 잘 만들어야 한다는 지극히 평범한 법칙이 존재한다.

아르바이트로 패션계의 신화가 된 여자, Anne Klein

앤 클라인은 1923년 미국의 심장인 뉴욕에서 태어났다. 꿈 많은 10대 시절을 미국 최악의 대공황 시기에 보냈으니 생존의 법칙에 관한 남다른 노하우를 체질적으로 타고났다고 해도 과언은 아닐 것이다.

그런 그녀이기에 어릴 때부터 돈 버는 재주가 탁월했다. 또래의 10대들이 어려운 환경에 좌절하고 희망 없는 미국 경제를 한탄하며 술과 마약으로 젊음을 탕진할 때, 앤 클라인은 달랐다. 그녀는 벌써 열다섯 살에 한 패션회사에 아르바이트로 디자인화를 팔면서 패션계에 눈떴다. 개인의 비전이 있어서 만든 게 아니고 처음엔 단지 용돈을 벌고 학비를 마련하기 위한 아르바이트 차원에서 시작한 것이다. 제대로 디자인 교육을 받기도 전에 말이다.

그녀는 이런 아르바이트의 성공(?)에 힘입어 그 후 '바든 페티티즈(Varden Petities)' 라는 패션회사에 입사, 재능을 발휘하게 되었다. 그 회사에서 두드러진 성과를 올린 건 두말할 나위도 없다. 그후 남편 벤 클라인과 함께 '주니어 소피스티케이츠(Junior Sophisti-

ANNE KLEINE의 2003 봄 캠페인광고

cates)' 사를 설립했다.

앤 클라인은 여기에서 유럽의 패션계에 주눅든 미국 패션계의 자존심을 살리기 위해 자신의 모든 것을 불살랐다. 그렇게 노력한 흔적이 쌓여 드디어 오늘날의 'ANNE KLEIN & Co.' 가 탄생한 것이다. 그때가 1968년으로, 그녀는 실용적인 개념을 도입하여 어느 옷에나 코디할 수 있는 재킷과 스웨터, 바지, 드레스, 메리 제인 슈즈(Mary Jane shoes) 등 단품 위주로 주력하며 시장에서 승부수를 띄웠다.

한마디로 차별화는 '남들과 다르게 말하기' 이다. 'different' 개념보다는 'better' 의 개념에 가깝다고 할 수 있을 것이다. 즉, 남들과 다르게 말하되, 더 좋아야 한다는 것이다.

그녀의 이런 계산은 외양에 치우친 유럽의 스타일과는 차별화를 이뤄 매출이 급신장하는 계기가 되었고, 1969년 그 유명한 코티상(Coty American Fashion Critics Award)과 '패션계의 오스카상' 으로 불리는 니만 마커스(Neiman Marcus)상을 수상하는 결과를 가져왔다. 또한 그녀는 스포츠웨어의 가치를 높이 사 이를 미국 여성의 생활과 가치관에 맞게 디자인해 제작하였다. 특히 체격이 작은 여성에게 맞는 스포츠웨어와 어덜트웨어, 주니어웨어에 디자이너의 포인트를 살린 작품으로 유명세를 얻었다. 이런 성공에 힘입어 그녀는 1973년에 프랑스 베르사유 궁전에서 패션쇼를 여는 영광을 안기도 했다.

그런데 한참 일할 나이인 쉰두 살(1974년)에 앤 클라인이 죽자 도나 카란이 수석디자이너로 명성을 이어갔고, 도나 카란이 독립하자 1985년 이후에는 루이스 델 오리오가 디자인 지휘를 하고 있다.

그렇게 설립자는 이미 세상을 떠났지만 ANNE KLEIN은 미국의 자부심으로, 실용적이면서도 도도한 카리스마를 느끼게 하는 컨셉트로 세계적 브랜드로 성장하고 있다.

칵테일파티에서 '그녀'를 만나다

칵테일파티에 참석해 본 적이 있는가? 아니면 서울에서 잘 나가는 나이트클럽에서 춤춘 적 있는가? 그런 경험이 없다면 겨울에 스키장에 가본 적이 있는가? 아니면 여름휴가철에 수십만 명이 운집하는 경포대 해수욕장에 다녀온 경험이 있는가?

〈광고 1〉

〈광고 2〉

아마도 이런 경험이 있는 사람이라면 그렇게 많은 사람 중에서도 왠지 마음을 사로잡는 어떤 사람이 눈에 띈다는 사실에 동의할 것이다. 사전 정보도 없고, 또한 수십 명에서 수백 명에 이르는 많은 사람 중에서 유독 내 눈에 들어오는 사람이 있다는 사실이 흥미롭지 않은가?

마치 시각적(?) '칵테일파티 효과' *라고나 할까? 수많은 사람 중에서도 어떤 사람은 내 눈과 마음을 사로잡으니 말이다.

Anne Klein은 미국의 자부심으로, 실용적이면서도 도도한 카리스마를 느끼게 하는 컨셉트로 세계적 브랜드로 성장하고 있다.

앤 클라인의 전략은 바로 그 현상을 이용한 것으로 보인다. 이번에 소개할 캠페인광고가 전개되기 전까지 나는 앤 클라인을 광고를 참으로 못하는 브랜드로 치부했다. 그런데 어느 날 이 캠페인을 보는 순간 앤 클라인에 대해서 새로운 이미지가 그려지고 있음을 알 수 있었다.

이 캠페인에 등장하는 모델은 언제어디서나 사람들의 눈에 띄는 비법을 아는 것처럼 보인다. 소비자에게 '당신도 모델처럼 언제나 남자의 시선을 사로잡을 수 있다' 라고 손짓하는 듯하다. 앞에서 언급한 '칵테일파티 효과' 를 아주 극적으로 이용한 전략으로 보인다.

레이아웃을 보자. 모델에게 시선이 집중되도록 광고 위아래 부분을 블랙의 여백으로 남기고 비주얼은 가운데로 몰았다. 이 광고를 보면 시선이 다른 곳으로 분산될 여지가 전혀 없다. 시선이 한 곳으로 집중되도록 계산한 것이다.

〈광고 1〉은 부분 클로즈업을 통해 이미지를 연출했다. 발끝부터 잘 빠진 다리로 시선을 잡아 점점 위로 시선을 유도한다. 첫 두 컷에서 오는 섹시미와는 다르게 여자의 손에는 고상하게 책이 들려 있으며, 휴양지나 집에서 편히 즐길 수 있는 기본 컨셉트에 딱 맞는 아이템으로 구성되어 있다.

〈광고 2〉를 보면 앤 클라인의 전략이 한눈에 보일 것이다.

고급 승용차에서 막 내리는 모델을 순간 포착하여 마치 슬로모션을 보는 듯 연출했다. 연속사진 느낌의 연출로 리얼리티를 살리고, 실제로 누군가에게 다가가는 듯한 착각을 불러일으킨다.

광고를 보면서 타깃은 많은 상상을 하게 될 것이다. 오스카 수상식에 참석

〈광고 3〉

〈광고 4〉

〈광고 5〉

〈광고 6〉

〈광고 7〉

〈광고 8〉

이 캠페인에 등장하는 모델들의 모습을 보면 언제 어디서나 사람들의 눈에 띄는 비법을 아는 것 같다. 소비자에게 '당신도 모델처럼 언제나 남자의 시선을 사로잡을 수 있다' 라고 손짓하는 듯하다.

하는 스타를 연상하는 사람도 있을 것이고, '사는 것 같이 사는' 상류층 귀부인을 상상할 수도 있고, 아니면 억만장자의 유일한 상속녀가 정부를 만나기 위해 비밀스럽게 외출하는 분위기로 느끼는 사람도 있을 것이다. 어떻게 상상하든, 여자가 어디에 있든 모델은 남자들의 안테나에 단번에 걸릴 만큼 잘 포장되었다.

〈광고 3〉은 점점 클로즈업함으로써 시계를 강조한다. 처음엔 강한 인상의 모델과 손목 위의 시계가 보이고, 다음 컷으로 가면 포커스가 시계로 옮겨지면서 제품에 대한 소비자들의 관심을 유도한다.

〈광고 4〉는 휴양지에서 흔히 볼 수 있는 모습이다. 그러면서 사진 네 컷 모두에 남자의 모습을 살짝살짝 퍼즐처럼 숨겨 놓아 뭔가 보이지 않는 드라마를 상상하게 한다. 이런 모습의 여자가 호텔의 수영장이나 비치에서 햇살을 즐기고 있다면 어느 남자의 눈에 안 들어올 수 있겠는가?

〈광고 5〉는 칵테일파티에서 일어나는 상황으로 보인다. 많은 사람들 속에서 유난히 돋보이는 모델이 있다. 도도하지만 뭔가 먹이(?)를 채려는 듯한 눈빛과 도톰한 입술이 자극적이다. 여자는 저 먼발치의 어떤 남자의 시선을 애타게 찾고 있는지도 모른다. 가운데 컷을 보면 그것을 더우 확실히 느낄 수 있다. 그녀는 주위 사람은 아랑곳하지 않고 누군가를 찾고 있다. 그리고 마침내 유혹은 끝났다. 여자의 비스듬히 누운 자세와 나른한 시선이 모든 것을 말해준다.

〈광고 6〉은 지하철에서 벌어지는 장면이다. 벽보처럼 붙어 있는 빨간 글씨가 두 남녀의 행위를 인상 깊게 한다. 남녀의 시선이 교차하고, 마지막 컷에서는 두 사람의 거리감이 없어진다. 여자 뒤에 다정하게 다가간 남자, 남자의 구두를 밟은 여자의 하이힐…. 그 다음은 여러분의 상상 그대로일 것이다.

〈광고 9〉

〈광고 10〉

〈광고 7〉은 광고하고자 하는 제품과 연출상황을 적절하게 연결해 자연스럽다. 여자가 누군가를 기다리고 있다. 시계를 보면서…. 드디어 남자친구가 나타나 그들은 행복한 포옹을 한다. 시계가 전면으로 부각되어 광고의 의도가 드러난다.

〈광고 8〉도 자연스러운 상황을 연출해 제품을 알린다. 아마도 비행장인 것 같은데, 여자는 약속에 늦은 것인지 아니면 비행기 시간에 늦은 것인지 계단을 성급히 내려오며 목적지를 향해 다급히 뛰고 있다. 면세점 앞에 서 있는 그녀의 표정과 구겨진 신문을 보면 비행기를 놓친 듯하다. 비주얼 상황이 광고 아이템인 여행용 가방을 알리는 데 손색이 없어 보인다.

ANNE KLEIN은 브랜드 이미지를 만드는 데 자기만의 새로운 길을 모색하고 있다. 차별화를 위한 차별화가 아닌, 남들과 다르면서 좋은 방법으로 브랜드 이미지를 소비자에게 각인하고 있다.

〈광고 9〉에서는 여자가 기분 좋게 외출하는 장면을 마치 파파라치가 촬영하듯 순간순간 포착했다. 이런 사진 테크닉이 보는 사람들에게 관음증에 가까운 즐거움을 주는 듯하다. 그녀가 무엇을 하려는지 흡사 몰래카메라로 보는 듯해서 더욱 호기심을 자극한다.

〈광고 10〉은 더욱 드라마틱하다. 한 여자가 고급 레스토랑에 들어오고 있다. 물론 사람들의 호기심 어린 시선을 받으며. 드디어 약속한 남자와 만나 저녁을 즐긴다. 그러나 그녀의 시선은 다른 쪽을 더듬는다. 그리고 마침내 누군가를 발견한 듯 일어난다.

앤 클라인은 브랜드 이미지를 만드는 데 새로운 길을 모색하고 있다. 차별화를 위한 차별화가 아닌, 남들과 다르면서 좋은 방법으로 브랜드 이미지를 소비자에게 각인시키는 것이다. 그러면서 '패션 광고' 하면 으레 모델이 폼 잡고 멋있는 척하는 상투적인 방법에서 벗어나 소비자의 시선을 끌 수 있는 독특한 레이아웃과 사진연출로 광고의 맛을 더한다.

* **칵테일파티 효과**(Cocktail Party Effect)

사람들은 정보 처리능력에 한계가 있기 때문에 모든 것을 다 보고 들을 수는 없다. 따라서 사람들은 자신에게 의미있는 정보만 선택적으로 받아들여 처리하는데, 그로 인해 시끄러운 장소인 파티장, 나이트 클럽, 공사장 등에서도 서로 대화가 가능하다.

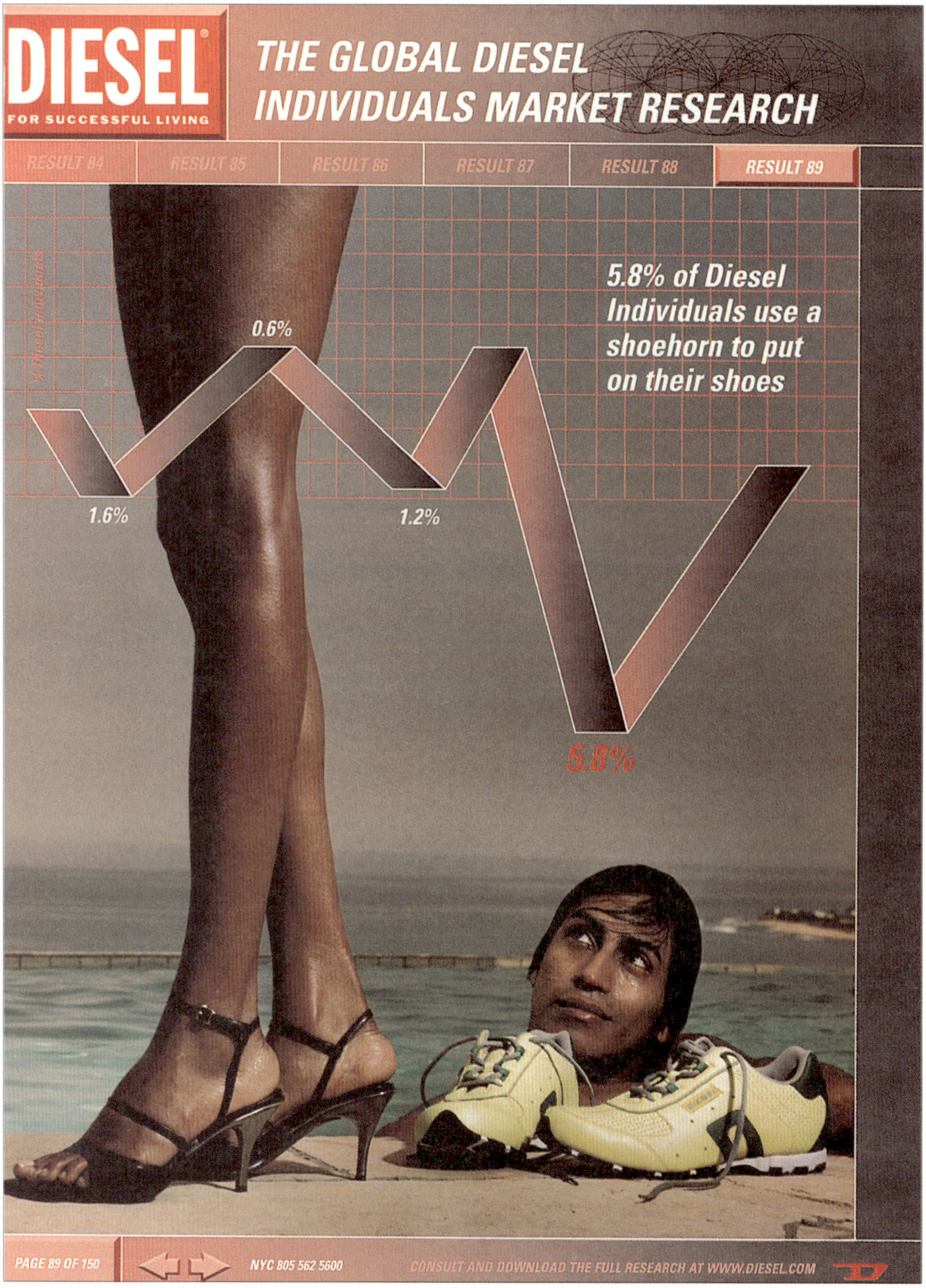
DIESEL
FOR SUCCESSFUL LIVING
THE GLOBAL DIESEL
INDIVIDUALS MARKET RESEARCH
RESULT 84
RESULT 85
RESULT 86
RESULT 87
RESULT 88
RESULT 89
5.8% of Diesel
Individuals use a
shoehorn to put
on their shoes
0.6%
1.6%
1.2%
5.8%
PAGE 89 OF 150
NYC 805 562 5600
CONSULT AND DOWNLOAD THE FULL RESEARCH AT WWW.DIESEL.COM

Diesel

광고 문법에 딴죽 걸기

획일주의에 반기를 들다

7년 전(1998) 우리나라에 《딴지일보》가 창간(?)되었다. "한국농담을 능가하며 B급 오락영화 수준을 지향하는 초절정 하이코메디 씨니컬 패러디 황색 싸이비 싸이버 루머 저널" 이라는 기치를 내건 풍자전문지이다. 그런데 이 엉뚱하고 배꼽 쥘 신문은 젊은층에게 각광받았고, 키치와 B급문화의 이론적 배경이 되기도 했다. 또 그들은 "인류의 원초적 본능인 먹고 싸는 문제에 대한 철학적 고찰과 우끼고 자빠진 각종 사회비리에 처절한 똥침을 날리는 것" 을 임무로 삼는다.

제호 그대로 '딴지일보' 다. 그들에게는 대통령도, 국가도, 소위 근엄한 지도층 인사도, 기업의 총수도, 연예인도 모두 '똥침' 의 대상일 뿐이다. 《딴지일보》의 창간은 보수언론과 기존 가치관과의 충돌이요, 다양한 사고방식의 한 틀을 마련한 전기가 되지 않았나 하는 생각마저 들게 한 사건이었다.

1998년, TV에서는 희한한 사건이 하나 터졌다. 늘 가정부 역할이나 하는, 푼수 아줌마의 대명사인 탤런트 전원주가 저 푸른 초원 위를 달리는 해프닝이 벌어졌다. 사람들은 눈을 의심했고, 전원주는 새로운 문화코드로 부상했다. 국제전화 002의 모델로 전격 기용되어 우리에게 적지 않은 충격과 볼거리를 제공한 것이다.

케셀과 그래머의 슈발루 구두 광고

창업자 렌조 로소(Renzo Rosso)

사실 경쟁사는 최진실이라는 당대 최고의 스타를 내세우고 있었으니, 그에 비하면 전원주는 함량미달이요, 비교의 대상도 되지 않을 정도였다. 그럼에도 불구하고 사람들은 그 광고에 열광했고, 전원주는 그후 각종 방송의 게스트와 인기스타로 각광받게 되었다. 아마도 전원주 자신은 조연 인생 30년의 한을 푸는 계기도 됐을 터이다.

이 광고는 한국 광고의 패러다임에 딴죽을 건 사건 중의 사건으로 기억될 것이다. 그동안 광고 속 인물들은 예쁘고 완벽해서 어디 하나 흠잡을 데 없는 모습이었는데 이 광고는 여기에 반기를 들며 기존의 광고 문법을 과감히 깼다. 나아가 우리 광고계에 '키치 미학'을 전파한 일등공신이라고 해도 과언이 아닐 것이다.

또 하나의 주류, 안티광고

'몰려다니면 죽는다'라는 말이 있다. 어쩌면 크리에이티브의 숙명적 존재법을 말하고 있는 듯하다. 남과 같아서는 승부가 나지 않기 때문이다. 똑같은 목소리, 똑같은 모습으로는 구별되지 않는다. 그렇듯 '숙명적으로 달라야 사는 게' 바로 크리에이티브인데, 그러한 극단적 강박관념이 '안티광고(antiad)' 의 모태가 된 것 같다.

고전적이고 일상화된 광고에 식상한 소비자가 존재하고, 경쟁사와 차별화된 메시지를 던지려는 브랜드가 있는 한 이러한 도전적인 크리에이티브 경향은 세계 곳곳에서 해마다 화장을 고치며 유혹의 손길을 던지리라는 것은 분명하다.

네덜란드 안티광고의 기수 케셀(Kessels)과 크래머(Kramer)는 구두 브랜드인 슈발루(Shoebaloo)로 강한 인상을 남겼다. 기존 구두광고는 다리 전문모델을 기용해 누구나 신고 싶은 충동을 일으킬 만한 아름다움에 초점을 맞췄는데, 그들의 생각은 달랐다. 그들은 한쪽 다리가 잘린 여자 모델을 등장시킨 삐딱한 광고를 만들었다. 신고 싶은 욕망을 부추기고, '나도 저 모델처럼…' 이라는 대리만족 심리를 자극해야 할 광고에서 오히려 정반대로 다리를 잃은 모델을 등장시킨 것이다. 즉, 기존 광고의 스테레오 타입화한 등식을 깨기 위해 파격을 시도한 것이다. 이는 기존 가치에 대한 저항이요, 그때까지 소비자들을 사로잡은 광고 문법에 대해 이의를 제기한 사건이다.

정형화된 광고 문법을 깨는 시도는 10대와 20대가 주 타깃인 제품군에서 활발하게 진행되고 있다. 단순히 일회성 해프닝이 아니라 제품을 팔고 제품의 이미지를 새롭게 빌드업 하는 또 하나의 방법론으로서 꾸준히 시도되는 것이다. 물론 이런 안티광고들이 일순간의 유행으로 끝날지, 아니면 영화의 누벨바그(Nouvelle Vague)처럼 한 획을 그을지는 그 누구도 속단하기 어렵다. 그러나 고전적이고 일상화된 광고에 식상한 소비자가 존재하고, 경쟁사와 차별화된 메시지를 던지려는 브랜드가 있는 한 이러한 현상은 지속될 것이다. 또한 도전적 크리에이티브가 세계 곳곳에서 해마다 화장을 고치며 소비자에게 유혹의 손길을 던지리라는 것은 분명하다.

Forever Young, Diesel

디젤은 1975년, 패션학교 Industrial Textile Manufacturing School을 갓 졸업한 청년 렌조 로소(Renzo Rosso)에 의해 창립되었다. 그는 1978년 이탈리아 북동부 시골도시인 몰베나(Molvena)에 본부를 두고 그 지방의 의류상인들과 연합하여 지니어스그룹(Genius Group)을 설립하고, 이 회사를 근간으로 리플레이(Replay)와 디젤을 성공적으로 론칭했다. 하지만 이런 성공중에도 그는 늘 더 큰 그림을 그리고 있었다. 아마도 세계 패션시장을 장악하려는 불량

한(?) 생각을 지속적으로 하고 있었을 터인데, 그런 야망과 열정 덕분이었을까, 그는 마침내 동료들과 헤어져 1985년 디젤을 독자적으로 경영하는 데 성공했다.

디젤은 원래 작업복과 진의 장르를 갖춘 브랜드로 처음엔 아무도 크게 성공하리라고는 생각하지 않았지만, 지난 2002년에는 200여 개가 넘는 매장을 통해 6억 달러의 매출을 올리는 성과를 거두었다.

그런데 이런 고도성장의 핵심 동력은 바로 창업자 렌조 로소임을 부인할 수 없다. 그는 잘 나가는 CEO지만, 여전히 로커 같은 복장과 언행으로 그 자신이 하나의 트렌드 코드(trend code)가 되었다. 지금도 스노보드 마니아이며, 요가로 심신을 단련하고, 트렌드에 앞서가기 위해 매달 150여 권의 잡지를 섭렵한다고 한다. 또한 회사의 규모가 커지자 본사를 패션의 메카인 밀라노로 옮기는 대신 몰베나 공장을 개조해 본사로 사용하고 있기도 하다. 세계적인 패션회사의 CEO라고 하기에는 다소 엉뚱하기까지 한데, 그런 기행(?)의 행보는 광고전략에서도 그대로 나타난다.

첫 번째 덕목은 역시 '제품'이다. 또 이를 바탕으로 '주류'의 이미지가 아닌, 영원히 뭔가 다른 디젤만의 컬러를 철두철미하게 고수하면서 광고에서 이를 뒷받침해 다른 브랜드가 따라올 수 없도록 그 전략을 구사하는 것이다.

그는 내로라하는 경쟁 브랜드들이 수십 억 달러를 마케팅 비용으로 쓰는 것과는 대조적으로 약 4,000만 달러밖에 사용하지 않는다. 그렇지만 디젤의 인지도는 이미 프라다, 아르마니, 베네통 등과 어깨를 나란히 할 정도로 높다.

디젤은 때로 '도발적 광고로 성공을 거두고 있는 베네통 그룹의 아류가 아니냐' 라는 비판에 직면하기도 하는데, 렌조 로소는 "디젤은 기본적으로 철학이 다르다"라고 주장한다. 그는 주류를 거부하는 자신의 철학과 브랜드 개성(brand personality)을 사는 소비자와의 강한 유대의 결과라는 논리로 맞선다. 사실 그는 이미 1995년부터 인터넷을 소비자들과 커뮤니케이션하는 메인 도구로 활용중이다. TV와 신문을 주력 매체로 활용하는 기업에서는 단지 보조수단으로 치부하는 인터넷을 주력 매체로 활용한다는 것은 대단한 모험이요, 도전이라고 할 수 있을 것이다.

또한 디젤은 매출의 7%를 연구개발(R&D)에 투자하며 남들과 다른 제품을 만들기 위해 다양한 노력을 경주하고 있다. 그 일환으로 디젤의 디자이너들은 그들만의 독특한 디자인과 소재 아이디어를 얻기 위해 전 세계 구석구석을 돌아다니며 특이한 장난감과 옷, 음악, 책, 액세서리 등을 광범위하게 수집하곤 한다. 뭔가 아이디어 모티브가 될 만한 것이면 무엇이든 그들의 손아귀에 들어가는 것인데, 그렇게 수집된 것은 평균 나이 25세 정도의 젊은 디자이너 30여 명으로 구성된 다문화분석팀(multicultural team)에서 치열한 토론을 거쳐 다음 작품의 테마로 활용된다. 지난 2000년 아프리카 케냐에 위치한 몸바사(Mombasa)로의 테마 여행을 통해 그해 최고의 유행을 선도한 '시크 아프리크(Chic Afrique)' 라는 브랜드를 만들어낸 것이 좋은 예이다.

이렇게 상상을 초월하는 노력으로 디젤은 6개월마다 1,000 종류가 넘는 제품을 기획 · 생산하는데, 그 중 절반을 차지하는 청바지 제품은 10대는 물론 돈 많은 귀부인까지 즐겨 입을 수 있는 제품이라고 하니 실로 대단한 성공이다.

그러나 이러한 '외적 성공' 에 대해서 렌조 로소는 경계를 늦추지 않는다. 디젤의 제품이 다양해지고 회사가 커지면 커질수록 그가 그렇게 거부했던 '주류' 가 되지 않을까 하는 두려움 때문이다. 그래서 그는 디젤이 표방하는 브랜드 철학을 유지하면서 패션의 주도권을 잃지 않기 위해 다양한 시도를 하고 있는데, 그 기본은 역시 '제품' 이다. 이를 바탕으로 '주류' 의 이미지가 아닌, 영원히 뭔가 다른 디젤만의 컬러를 철두철미하게 고수하면서 광고에서 다른 브랜드가 따라올 수 없도록 전략을 구사한다.

디젤은 원래 남성복으로 시작했지만 1989년에 디젤 피메일(Diesel Female)을 추가하고, 로소 사장의 세계시장 공략전략에 따라 1990년에 스웨덴의 광고회사 DDB Paradiset과 계약을 맺고, 1992년에 드디어 그 유명한 'for successful living' 캠페인을 탄생시켰다.

'for successful living' – yesterday

디젤은 1992년부터 최근까지 'for successful living' 캠페인을 성공적으로 수행하고 있는데, 이러한 '디젤식 광고' 로 이미 아르마니나 베네통의 브랜드 인지도를 능가했다.

사실 1992년에 처음 디젤의 캠페인광고가 세상에 나오자 반응은 그리 좋지

〈광고 1〉

〈광고 2〉

〈광고 3〉

〈광고 4〉

〈광고 5〉

〈광고 6〉

않았다. 무슨 암호 같기도 하고 비밀지령 같기도 한 광고 내용은 난해했으며, 무엇보다 제품에 좋은 이미지를 줄 것 같지도 않았다. 그런데 이런 광고에 대해 마니아그룹에서부터 반응이 일기 시작했다.

소위 '포스트모던' 스타일의 광고에 젊은층이 서서히 반응을 보인 것이다. 또한 그 광고들은 디젤을 유행에 휩쓸리는 다른 브랜드와 확실히 선을 그어주는 역할을 했다.

〈광고 1~6〉은 그동안 진행된 캠페인의 대표 작품들이다.

〈광고 1〉은 커다란 여자의 가슴을 배경으로 기름때가 묻은 남자가 서 있는 비주얼에, 카피는 '섹스를 통해 당신의 이미지를 개선하는 방법'으로 되어 있다.

그 다음 해에 집행된 〈광고 2〉는 난해함이 절정에 이른 광고로서, 디젤만의 컬러가 뚜렷한 광고로 평가받았다.

하나같이 뚱뚱하며, 하얀 드레스셔츠에 까만 양복바지, 그리고 넥타이….

이러한 기성세대들은 디젤에게는 단지 벽에 걸린 돼지나 사자와 다를 바 없다는 것이다.

〈광고 3〉은 문란해진 현대의 성문화에 딴죽을 거는 디젤의 조소가 느껴지는 광고이다. 탐욕스러워 보이는 남자가 표정마저 똑같은 수많은 마네킹을 거느린 비주얼이 충격적이다.

〈광고 4〉에서는 한 아랍 점술가가 자기의 요술 구슬에 미국 백인여자가 나타나게 하고는 음흉한 눈빛을 보내고 있다. 미국과 아랍 간의 델리케이트한 갈등관계를 교묘하게 표현한 것으로 느껴진다.

〈광고 5〉는 1997년에 집행된 것인데, 역사적 사건을 광고에 이용해 큰 반향을 일으킨 광고 중의 하나이다.

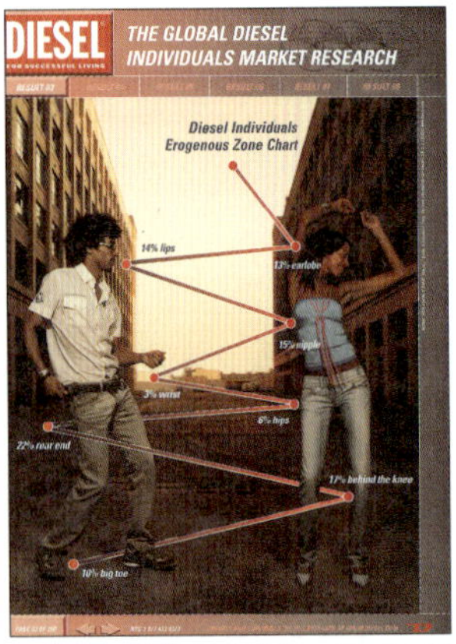

〈광고 7〉 디젤이 바라보는 가장 섹시한 부위를 통계로 제시한다.

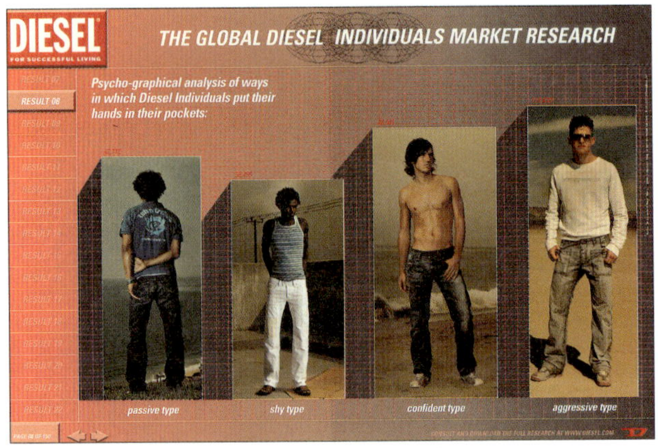

〈광고 8〉 주머니에 손을 어떻게 넣느냐로 성격을 파악했다.

이 1945년의 얄타회담 모습을 재현한 것인데, 디젤을 입은 여자가 처칠과 루스벨트, 스탈린 등 세 거두의 무릎에 올라앉아 애교를 부리고 있다. 아마도 디젤은 이 '역사시리즈'를 통해 역사적 사건과 '역사적' 디젤을 연결하려는 음흉함(?)을 드러내 놓고 시도한 것이지도 모른다.

〈광고 6〉은 2001년 칸광고제에서 인쇄부문 그랑프리를 차지한 광고이다. '유럽 개발도상국들, 아프리카 담배업계의 표적이 되다', '캘리포니아 폭도들, 148일 안에 아프리카 인질 석방', '아프리카 연합(AU)이 유럽에 재정지원을 하기로 합의했다' 등은 *The Daily African*이라는 신문에 보도된 기사 내용을 담았다.

백인에 대한 공격과 끝없는 조롱을 통해 아프리카인에게 속 시원한 카타르시스를 선사한다. 물론 이 광고를 만든 사람들은 모두 백인이기 때문에 이 메시지가 진정으로 아프리카 흑인의 권익을 보호하려는 의도로만 볼 수는 없다. 단지 백인들의 여유와 아량을 통한 하이코미디성 작품으로 이해할 수 있을 것이다.

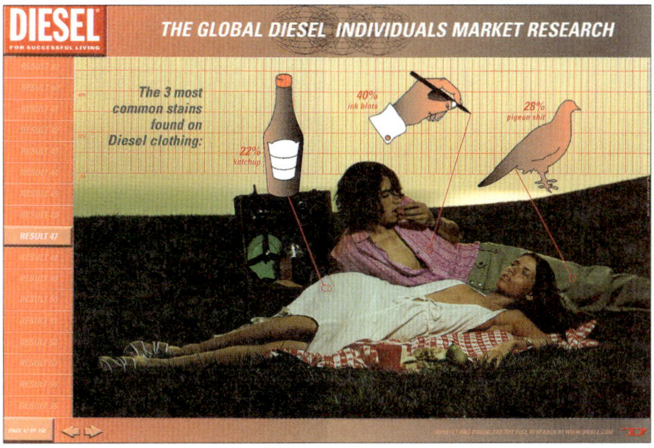

〈광고 9〉 디젤 옷에 묻은 얼룩을 통해 타깃의 라이프스타일을 보여준다.

'for successful living' – 2003

소위 '포스트모던' 스타일의 일련의 광고에 젊은층에서 서서히 반응을 보이기 시작했고, 그 광고들은 또한 디젤을 유행에 휩쓸리는 다른 브랜드와 확실히 선을 그어주는 역할을 했다.

2003년에 들어와 디젤은 독특한 포맷의 광고를 전개했다. 자사 홈페이지와 공동으로 진행된 본 캠페인은 'The Global Diesel Individuals Market Research' 라는 형식을 빌려 타깃과의 공감대를 넓혔다.
그 중 어떤 조사결과는 믿음이 가는가 하면 그냥 웃자고 한 것들도 많아 보이는데, 그 어떤 경우이건 타깃의 라이프스타일이나 관심사를 구체적 데이터를 통해 그럴싸하게 포장한 점은 한결같다고 하겠다.

〈광고 7〉을 보자.
'RESULT3' 에 대한 보고서 형태의 광고가 기존 광고와는 다른 모습이다. 광고는 '성감대 도표(erogenous zone chart)' 를 적나라하게 보여준다. 'lips 14%, earlobe 13%, nipple 15%, wrist 3%, hips 6%, rear end 22%, behind the knee 17%, big toe 10%' . 이는 디젤만이 할 수 있는 광고로, 메시지도 대단히 직설적이다.

〈광고 8〉은 디젤 타깃이 주머니에 손을 넣는 습관에 따른 성격을 분석해

놓았다.

42,112명이 뒤로 팔짱을 낀 채 주머니에 살짝 올려놓는 것은 'passive type' 이고, 두 손 모두 뒷주머니에 찌른 30,499명은 'shy type' 이며, 한 손을 폼 잡고 앞에 넣는 88,001명은 'confident type' 이다. 또 양손을 앞 호주머니에 넣고 도전적으로 서 있는 사람은 112,433명으로, 이들은 'aggressive type' 이라는 것이다. 디젤을 입은 사람들은 적극적이고 자신감에 차 있다는 사실을 은근히 과시하는 듯하다.

그림을 보면 누구나 고개가 끄덕일 정도이지만, 과연 꼭 그럴지는 미지수이다. 그러나 잡지나 스포츠신문에 나오는 '오늘의 운세' 정도의 시간죽이기 참조용으로 볼 수 있지는 않을까? 당신은 어떤 자세로 주머니에 손을 넣는가, 이 차트에 맞춰 성격을 분석해 보시길.

〈광고 9〉는 디젤 옷에서 가장 많이 발견된 세 가지 얼룩에 대한 보고서(?)이다. 그러면 과연 어떤 얼룩이 이들에게서 가장 많이 발견되었을까, 또한 이 차트는 어떤 의도를 가지고 발표했을까? 늘 암호 같은 광고이기에 따져보고 분석해 보아야 한다. 얼룩은 잉크가 40%, 비둘기 똥이 28%, 케첩이 22%로 되어 있다. 이를 어떻게 해석해야 할까?

아마도 자기 타깃이 멋을 알고 인생을 즐길 줄 아는 쿨(cool)한 집단임을 보여주고자 이런 차트를 이용했을 것이다. 곧 디젤의 마니아층은 어떤 한 가지 이미지로 그려낼 수는 없지만, 전문직에 종사하면서 자연을 즐기고, 얽매인 삶보다는 자유분방함을 만끽하는 사람 정도로 보이지 않는가?

어떤 조사결과는 믿음이 가는 것이 있는가 하면, 어떤 것은 그냥 웃자고 한 것들도 많아 보인다. 그 어떤 경우이건 타깃들의 라이프스타일이나 관심사를 구체적인 데이터를 통해 그럴싸하게 포장하고 있는 점은 한결같다고 하겠다.

〈광고 10〉은 집행될 당시 한창 유행이던 패션과 연결했다.

그 당시 티는 위로 올라가고, 바지는 히프에 살짝 걸치는 것이 유행했기 때문에 자연스럽게 허리 부분이 노출되었다. 이는 옛날에야 볼썽사납다고 했지만 지금은 패션의 한 트렌드로 받아들여졌다. 아니 어쩌면 이것을 굳이 이렇게 설명하는 자체가 촌스러운 사설에 불과한지도 모른다.

이 광고는 이러한 현상에 따라 디젤을 입은 사람은 평균적으로 바지 허리

〈광고 10〉 바지 허리선 위로 31밀리미터의 언더웨어가 보이는 것이 평균적이라고 주장한다.

〈광고 11〉 디젤 신발 소유자들이 즐겨 가는 곳의 방향은 바로 'southeast' 라고 말하고 있다.

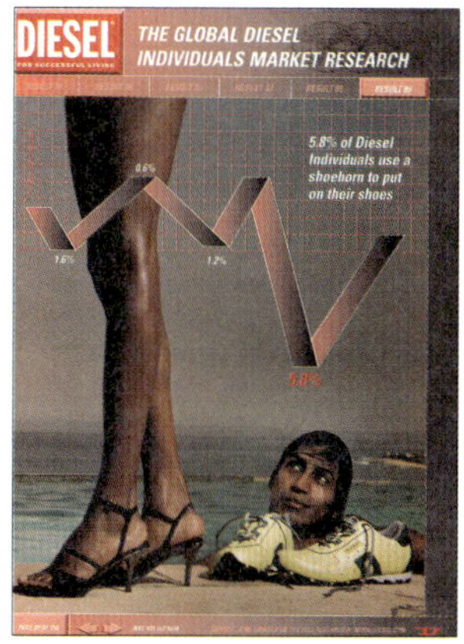

〈광고 12〉 체면과 절차를 무시하며, 하고 싶은 대로 사는 삶을 노래한다.

선 위로 31밀리미터의 언더웨어를 노출한다고 말한다.

〈광고 11〉은 신발 광고인데, 젊은이들이 많이 모이는 곳의 방향으로 소구한다. 디젤 신발을 신는 사람들이 가장 많이 가는 방향은 'southeast' 라는 것인데, 미국을 타깃으로 한 광고이기 때문에 플로리다주의 어느 해변을 말하는 듯하다.

〈광고 12〉는 남자의 시선이 사뭇 묘한 긴장감을 준다.
카피를 보면 "디젤 소비자들의 5.8%만이 구둣주걱을 이용한다"라고 되어 있다. 이 광고도 알 듯 모를 듯한 어프로치로 뜻을 이해하기보다는 그냥 느낌으로 받아들이게 한다. 즉, 해석하는 사람에 따라 다양한 느낌을 받을 수 있는 광고이다.

〈광고 13〉은 선글라스를 판매하기 위한 광고인데, 카피로 보면 별반 이렇다 할 의미는 없다. 디젤 광고의 상당 부분이 이런 어프로치를 이용하고 있지만 이 광고도 별 뜻 없이 재미로 이런 소비자도 있고 저런 소비자도 있다는 정도로 이해하면 될 듯싶다.

〈광고 13〉 햇빛이 있든 없든 45%의 소비자들은 항상 디젤을 착용한다는 사실이 중요하다.

〈광고 14〉 선글라스를 착용하면 당연히 강렬한 해는 사라지겠죠?

〈광고 15〉 디젤 가방을 메면 공항 검사대에서 검색당할 확률이 높아진다고, 불평 아닌 불평을 하고 있다.

81%의 소비자가 어둠 속에서 선글라스를 사용하는 것이 소용없다고 인정하든, 45%의 소비자가 그래도 그냥 사용한다고 하든 소비자들의 이성적 판단에는 큰 영향을 미치지 않을 테니 말이다. 다만 정답은, '디젤이니까' 이래도 멋있고 저래도 폼 난다는 것이다.

〈광고 14〉는 카피의 양의(兩意, double meaning)를 통해 재미있게 표현했다. 디젤 소비자의 30%는 선글라스를 쓰면 태양이 사라진다고 진짜로 믿는다는 것이다. 선글라스의 1차적 효용과 태양과의 함수관계를 이중으로 꼬아서 보여주고 있다.

〈광고 15〉는 9 · 11 테러사건 이후 미국 여행을 해본 사람이면 한 번쯤 경험했음직한 상황으로 보인다.

공항에서의 검색이 어찌나 심한지, 신발까지 벗길 정도이니 들어갈 때마다 기분이 찜찜하다. 특히 디젤 가방을 소지한 사람은 공항에서 검색 당할 가능성이 23% 이상이라고 하니, 이는 곧 평범해 보이지 않는다는 반증일 것이다. 아마도 공항에서 검색당할망정 개성 있게 보이는 게 낫다는 주장일 것이다.

선이 굵은 노력을 해야 바꿀 수 있다

디젤을 단순히 옷의 한 부류로만 치부하려 했다면 오늘날과 같은 캠페인은 나오지 않았을 것이다. 뭔가 남들과는 다른 게임, 누구도 시도하지 않은 선이 굵은 그 무엇을 하려는 크리에이터들의 노력이 있었기에 가능한 성과라고 본다.

'광고는 제한적 예술' 이라고 말한다. 일반 예술과는 다르게 조건이 붙는다는 것이다. 크리에이티브가 좋은 것이 나오면 매체비가 적다든지, 아이디어는 훌륭한데 심의에 덜컥 걸려서 집행(on-air)이 안 된다든지, 이런 저런 제한이 있게 마련이다. 그리고 이런 제한 요소를 극복할 때 뭔가 '물건' 이 나오는 것이다. 고만고만한 광고는 만들기 쉽지만, 디젤에서 볼 수 있듯이 10년이 넘는 캠페인을 만들기란 여간 어려운 것이 아니다.

디젤을 단순히 옷의 한 부류로만 치부했다면 오늘날과 같은 캠페인은 나오지 않았을 것이다. 뭔가 남들과는 다른 게임, 누구도 시도하지 않은 선이 굵은 그 무엇을 하려는 크리에이터들의 노력이 있었기에 가능한 성과라고 본다.

만약 풀리지 않는 숙제가 있다면 전략이 무엇이냐, 컨셉트가 분명하다, 그렇지 않다 등을 두고 마냥 싸우지 말고 큰 판을 보자. 뭔가 다른 큰 그림을 그려 보자.

Dior
Dior
Eyewear Collection – Distributed by Optopia Co. Ltd.

Christian Dior

아름다움의 영원한 진보주의

신화는 아쉬움으로 남고…

패션계의 천재로 평가받았던 크리스찬 디올(Christian Dior, 1905~1957)은 1905년 프랑스의 부유한 가정에서 태어났다. 그는 당시 부유한 집안 자제들의 특권처럼 여겨졌던 예술 분야에 저항감 없이 적응했다. 아니, 그는 오히려 또래의 아이들보다 훨씬 뛰어난 드로잉 실력으로 주변을 압도했고, 그의 이런 소양은 부모를 흥분시키기에 충분했다.

그리고 성장하면서 그의 창조적인 예술성에 대한 소문은 삽시간에 파리에 퍼져 마침내 패션계에 일러스트레이터로 데뷔하게 되었다. 제2차 세계대전의 여파로 세상이 온통 황폐해진 상황에서 디자이너로 활동하기 시작한 것이다. 그는 당대의 여성복에 대해 대단히 큰 불만을 가지고 있었는데, 이는 곧 그가 세계의 패션사를 다시 쓰는 기폭제가 되었다.

전쟁의 영향으로 마치 군복 같은 여성복을 입던 프랑스 여성들에게 새로운 스타일의 옷을 입히고자 꿈꾸던 그는 1947년 드디어 기존 경쟁 브랜드들이 가지지 않은 여성스러운 세련미와 우아함으로 전 세계 여성이 환호성을 올린 새로운 스타일, '뉴룩(New Look)'을 창시하기에 이른다. 뉴룩은 가냘픈 허리라인, 둥근 어깨선, 아래로 내려갈수록 넓게 퍼지는 A라인 스타일로 파리는 물론 미국 등 전 세계 여성들에게 선풍적 인기를 얻었다.

패션계에서의 이러한 성공이 10여 년 정도 지속되어 그는 세계적 디자이너 반열에 올랐으나 아쉽게도 52살의 나이에 심장마비로 사망, 커다란 충격을 주기도 하였다. 크리스찬 디올사는 그가 사망하자 수석디자이너 영입에 박차를 가해, 이브 생로랑(Yves Saint Laurent)과 지안프랑코 페레(Gian Franco Ferre) 등 이름만 들어도 알 수 있는 거물들이 그를 대신해서 신화를 이어가도록 했다.

그러나 디올은 지속적 발전에 안주하지 않고, 1997년 창립 50주년을 맞이하여 대대적 브랜드 혁신작업에 착수했다. 영국 출신의 명망 있는 디자이너 존 갈리아노(John Galliano)를 영입하여 젊은층이 선호하는 고급스러움은 그대로 유지하면서도 대중적 브랜드 이미지를 만들기에 힘 쏟았다. 갈리아노로 인해 디올은 더욱 과감하고 실험적이며 위트 넘치는 디자인으로 그 명성을 잇고 있다.

갈리아노는 여성스러운 디올의 패션 코드에 반기를 들고 좀더 현대적이며 파워풀한 여성상을 창조하는 방향으로 브랜드 이미지를 바꾸고자 했다. 그의 이런 노력과 과감한 시도는 현대 여성의 코드에 딱 들어맞아 '섹시하고 위트 있고 파워풀한 크리스찬 디올' 이라는 새로운 브랜드 이미지를 만들어 냈다.

디올은 현재 감각적이고 실용적이면서도 명품이 지향하기 어려운 파격미(破格美)로 패션 리더들을 흥분시키며 의류를 비롯해 가방, 신발, 지갑, 액세서

포크너 저 《Dior》

Dior 매장

Lady Dior

리, 화장품, 향수 등 패션 토털브랜드로서 사랑받고 있다.

여성만이 간직한 아름다움을 섹시하고 다이내믹하게 표현하며 결코 사랑스러움을 잃지 않는 디올의 패션 철학에 경쟁사들은 그저 감탄하는 데 만족할 뿐이다. 또한 그동안의 성과에 안주하지 않고 시즌마다 늘 새로운 감각을 앞세워 타깃의 라이프스타일을 리드하는 패션 컨셉트를 선보여, 디올을 '아름다움의 진보주의' 라고 극찬하는 마니아가 늘어나게 되었다.

많은 크리에이터들은 아마도 이런 강박관념에서 광고에 섹스 코드를 이용하고 있는지도 모른다. 섹스어필 광고는 최소한 소비자들의 무관심한 눈길이라도 잡을 수 있다는 기대감이 있기 때문이다.

실제로 2000년대 초 디올의 컨셉트를 보면 분명하게 그 컬러가 드러난다. 2000년 컬렉션에서는 'sexy · dynamic · young' 이라는 주제로 좀더 파격적이고 섹시한 여성미를 자극했으며, 2001년에는 게이즘(gaysm)을 드러내놓고 연출해 전 세계 젊은이들의 마음을 뒤흔들어 놓았다. 디올의 소비자가 물론 게이나 레스비언은 아니지만, 문화적 코드로 소비욕구를 자극하는 계기를 만든 것이다. 특히 그런 이미지에 걸맞은 모델을 적절히 기용, 타깃으로부터 동일시하고 싶은 욕구를 한층 고조시키기도 하였다.

이러한 디올을 더욱 유명하게 만든 것은 영국의 다이애나비와 영화배우 귀네스 팰트로다. 다이애나가 공식자리에 '레이디 디올(Lady Dior)' 을 자주 들고 나오자 할리우드 배우들과 패션 리더들이 하나 둘씩 그녀를 모방하기 시작하면서 마침내 1996년에는 핸드백 부문 판매 1위에 오르는 기록을 세우기도 했다. 이로써 레이디 디올은 '레이디 디' 혹은 '레이디 다이' 라는 애칭으로 불리며 디올의 영원한 스테디셀러가 되었다.

원래 디올 백 마니아였던 귀네스 팰트로는 '페를르 시티(Perle City)' 가 출시되자마자 기다렸다는 듯 들고 다니며 홍보에 한몫했고, 마침내 모델로 캐스팅되는 행운을 안기까지 했다. 이 백은 직장, 쇼핑, 파티 등 어느 장소, 어느 의상에나 잘 어울리는 묘한 멋으로 마니아들로부터 가장 모던하고 엘리트적이라는 평가를 받기도 했다.

이렇듯 제품의 홍보에서부터 성공을 거둔 디올은 광고에서도 상당히 혁신적 방법으로 주목을 끌었다. 2000년 S/S에는 톱 모델 지젤과 레아가 너무나 섹시한 포즈로 등장해 보는 사람의 가슴을 쿵쾅거리게 했고, F/W에는 브라질 태생의 떠오르는 스타 라이카를 기용해 톡톡히 재미를 보았다. 또한 2001년에는 안젤라 린드발과 에이미 웨슨의 데카당스한 분위기로 압도했고, 카렌 엘슨을 등장시켜 한층 펑키하고 도시적 이미지로 어필했다. 그리고 최근에는 다시 지젤을 모델로 캐스팅하여 사랑스러운 여성미를 자극하고 있다.

Attention, Please!

인천공항에 5분만 앉아 있어도 'Attention, Please!' 라는 안내 방송을 많이 들을 수 있을 것이다. 사람들의 관심을 끌려는 방송이다. 아직 탑승을 하지 못한 승객에게 탑승을 독촉하거나 도착할 비행기의 연착, 크고 작은 공항 사건 · 사고 등을 사람들에게 알리기 위한 방송이다. 그런데 도대체 얼마나 다급하고 꼭 들어야만 하는 내용이면 '잠시 주목하세요!' 라는 단서를 붙이고 방송할까?

우리가 매일 만드는 광고 역시 기본적으로 'Attention, Please!' 에 목매고 있는지도 모른다. 아무도 쳐다보지 않으면 단지 휴지조각이요, 돈 낭비일 테니까. 그러나 무려 85%의 광고가 아무에게도 눈에 띄지 않은 상태로 없어진다는 조사결과는 충격적이기까지 하다.

광고가 사랑받고, 소비자가 광고를 기억해서 제품구매 시점에서 '아, 그 광고! 그 브랜드 사야겠다!' 라는 생각을 갖도록 하지는 못하더라도, 아니 오히려 '미움' 조차도 받지 못한다면 그 광고를 광고라 할 수 있을까? 광고는 소비자를 향해서 어떻게든 나름의 메시지를 던져야 하고, 그 메시지는 소비자의 기억 속에 자리 잡아야만 한다. 소비자가 광고를 마치 소 닭 보듯 한다면 크리에이터는 광고주에게 얼마나 큰 죄를 짓는 것인가?

많은 크리에이터들은 아마도 이런 강박관념에서 광고에 섹스 코드를 이용하고 있는지도 모른다. 섹스어필 광고는 최소한 소비자의 무관심한 눈길이라도 잡을 수 있다는 기대감 때문이다.

광고는 일단 소비자가 봐주어야 하며, 설득은 그 다음 과제이다. 그러니 수많은 광고 중에서 눈에 띈다는 것 자체가 대단히 어려운 과제 중에 하나임이 틀림없다.

프로이트(Sigmund Freud)의 주장처럼 성적 에너지는 인간이 결코 부인할 수 없는 동물과의 커다란 차별점이기도 하다.
특히 최근 들어서는 광고 타깃이 젊어지고, 그들이 마케팅의 강력한 파워 집단으로 성장하면서 광고와 에로티시즘은 불가분의 관계를 맺게 되었다.

광고와 에로티시즘

우리는 동물에 대한 우월적 지위를 명시하기 위해 인간을 여러 가지로 규정했다. '호모 사피엔스(Homo Sapiens, 사유의 인간)', '호모 로쿠엔스(Homo Loquens, 언어의 인간)', '호모 루덴스(Homo Ludens, 유희의 인간)' 등 동물과는 다르다는 규정을 내린 것이다. 그런데 20세기에 들어서 '호모 에로스(Homo Eros, 성애의 인간)'에 대한 관심과 이해가 높아졌다.

모든 동물은 생식활동으로 종족보존을 하는 존재라는 점에서는 같지만, 인간은 이것을 개념화하고 즐기며 생활화한다는 점에서 큰 차이가 있다. "모든 인간행위의 밑바탕에는 직·간접적으로 성적인 동기가 있다"라는 프로이트(Sigmund Freud)의 주장처럼 성적 에너지는 인간이 결코 부인할 수 없는 동물과의 커다란 차별점이다.

특히 최근 들어 광고 타깃이 젊어지고, 그들이 마케팅의 강력한 파워 집단으로 성장하면서 광고와 에로티시즘은 불가분의 관계를 맺게 되었다. 1990년대 후반부터 명품 브랜드마저 포르노그래피적 광고로 소비자의 눈길과 마음을 사로잡자 섹스어필 광고에 대한 찬반 양론이 격해지기도 했다.

그러나 부인할 수 없는 것은 섹스어필이 광고뿐만 아니라 영화, 미술, 연극 등 문화 전반에 걸쳐 강력한 무기로 떠오르고 다양하게 활용된다는 점이다. 사회학자들은 경제적 풍요에서 이것의 원인을 찾는다. 경제가 발전하고 생활이 윤택해지자 사회 전반에 자유의식과 낙천성이 물밀 듯 침투해 쾌락과 유희문화에 대한 거부감이 사라지고 오히려 관용으로 받아들여진다는 것이다. 특히 예술계에서는 표현의 자유를 내세워 에로티시즘과 포르노의 경계를 모호하게 하며, 심지어 변태적 성욕을 대중 앞에 토해내기까지 했다.

광고도 이런 경향에 편승해서 과감한 표현을 줄기차게 시도하는 실정인데, 섹스어필 광고가 단순히 주목도를 높이는 데 이용되는 것을 경계하는 우려의 목소리가 높다. 바로 '크리에이티브의 위기'라는 것이 그 지적 중의 하나이다. 경쟁제품과 차별화된 메시지를 만들지 못하고, 소비자에게 신선한 자극을 줄 수 있는 더 이상의 무기를 찾지 못한 데서 섹스어필 광고가 많이 만들어진다는 것이다.

광고에 이용되는 섹스어필 이미지에 대해서 문제를 제기하는 사람들의 의견은 '제품과 아무런 관련성이 없는데도 여성의 육체를 무조건 이용하는 사례가 많아졌고, 거기서 드러나는 여성의 이미지도 지극히 성차별적이고 퇴폐적이며 부정적' 이라는 점에 모아진다.

각국의 여성단체들은 광고의 이런 움직임에 대해 강력히 반발하며, 여성의 존엄성 무시 및 성차별이 보이는 저질 광고에 대해서 정부가 규제해야 한다고 주장했다. 그들은 가학적이고 피학적인 섹스상황을 연상시키는 광고나, 여성을 단순히 섹스의 대상, 즉 동물적 관점에서 외설스럽게 표현한 광고에 대해서 분통을 터뜨린다.

크리스찬 디올의 광고는 흔한 섹스어필 광고의 굴레에서 벗어나 그들만의 컨셉트와 포맷을 개발하여 누구나 광고를 보고 나면 브랜드를 연상할 만큼 강력한 흡인력을 지니게 되었다.

이런 추세에 따라 실제로 캘빈 클라인 · 베네통(Benetton) · 도나 카란(Donna Karan) · 구찌(GUCCI) 등 많은 광고들이 선정성이라는 잣대에 걸려 게재 거부되거나 방영 취소되는 사태가 벌어지기도 했다. 이렇듯 섹스어필 광고들은 소비자를 설득하는 강력한 무기가 되기도 하고 때로는 사회로부터 지탄의 대상이 되기도 하면서 발전하고 있다.

사실 광고 앞에 섹스라는 접두사가 붙으면 많은 사람들은 일단 색안경을 끼고 쳐다보기 일쑤다. 광고를 광고 자체로 이해하기보다는 광고 속에 뭔가를 감춰두었을 것이라고 생각하기 때문이다.

크리스찬 디올이 벗었다!

현재까지의 광고사에서 섹스어필 광고를 가장 잘 활용하고 있는 브랜드는 캘빈 클라인일 것이다. 그 창업자인 캘빈 클라인은 어느 날 *VOGUE*를 들춰보다가 '중대한 선언' 을 했다. 그는 패션잡지에 수많은 광고를 집행하지만 과연 그것들이 소비자에게 먹히는지 궁금했다. 최소한 잠깐이라도 광고를 보는지에 대해 의구심이 생겼던 것이다.

"600쪽이 넘는 *VOGUE*를 보면서 소비자들이 우리 광고에 눈길 한 번 주지 않는다는 건 참을 수 없는 일이다."

그의 이런 광고관은 캘빈 클라인의 광고가 에로티시즘의 극치를 이루게 했으며 광고에서 가장 성공한 브랜드라는 영광을 안게 만들었다. 그리고 이 결과 매출 곡선이 수직 상승했으며 이에 명품 브랜드들이 자극받기 시작했다.
예전에는 단지 제품 사진만 폼 나게 연출해도 물건이 없어서 못 팔 정도였는데, 이제는 상황이 바뀐 것이다. 결국 늘 점잖게 우아함만 고집하던 명품 브랜드들은 일제히 섹스어필을 무기로 전면전을 펼치기에 이르렀는데, 그 중 특히 크리스찬 디올의 변신은 한동안 광고계의 핫 이슈가 되었다. 한마디로 '크리스찬 디올도 별수 없군!' 이라는 반응이었지만 이런 탄식은 기우에 불과했다. 단순히 벗기고 야한 포즈를 취하는 천편일률적 모습이 아니라, 크리스찬 디올만의 '우아한 섹스' 를 창조해냈기 때문이다.
크리스찬 디올의 광고는 흔한 섹스어필 광고의 굴레에서 벗어나 그만의 컨셉트와 포맷을 개발하여 누구나 광고를 보면 브랜드를 연상할 만큼 강력한 흡인력을 지니게 되었다.
멀티 페이지 형식으로 구성된 〈광고 1~3〉은 가히 충격적이다. 레스비언의 모습이 적나라하게 표현된 것이다. 그럼 왜 디올은 레스비언을 광고에 이용했을까? 당신이 만약 지금 컴퓨터를 켜고 있다면 검색 사이트에 들어가 '이반' 을 쳐보라. 다음과 같은 해석이 나타날 것이다. '이성연애자를 일반이라 하는 데에 상대하여 동성연애자를 이르는 말'.
처음 보는 사람도 많을 것이다. 그러나 이것이 현실이고 문화이며 트렌드이다. 탐구심 혹은 호기심에 좀더 기웃거리면 수많은 '이반' 사이트를 찾을 수 있을 것이다. 그리고 바야흐로 우리 사회에도 동성연애자가 많아지고 있으며, 그들 스스로가 커뮤니티를 형성해 활동하고 있음을 짐작하게 될 것이다. 아울러 '이반' 에 대한 호기심과 관심, 그리고 그 활동이 10대에서 적극적으로 나타남을 발견하게 될 것이다.
원래 '동성애자임을 공개한다' 는 의미인 '커밍아웃' 은 '벽장으로부터 나오다(Come out of closet)' 를 줄여서 표현한 것이다. 꼭꼭 숨겨진 벽장에서 나왔으니 감추어진 이야기와 비밀이 얼마나 많이 있을까.
동성애는 이제 영화와 소설, 광고에서 일반화된 소재다. 사실 지금까지 '벽

〈광고 1〉

〈광고 2〉

〈광고 3〉

〈광고 1~3〉 동성애는 이상한 것이 아니라 이제 제 3의 사랑법이다.

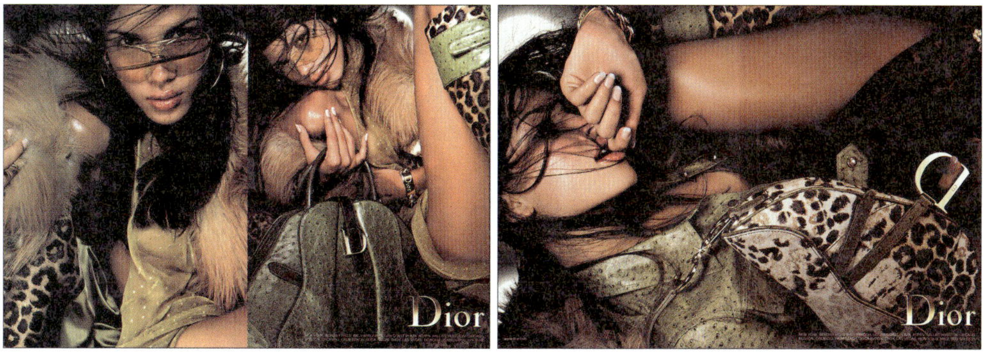

〈광고 4〉

〈광고 5〉

〈광고 4~5〉 모델의 시선과 자세, 그리고 트리밍 기법이 섹시미를 전한다.

〈광고 6〉

〈광고 7〉

〈광고 8〉

〈광고 9〉

〈광고 6~9〉 다이내믹하며 젊고 섹시한 여성상을 만들어가고 있다.

장 속에 갇혀 있던' 동성애는 부정적 사회인식 때문에 기업의 마케팅 수단으로 사용되기에는 매우 부적절한 것으로 받아들여졌다. 그러나 명품 브랜드가 과감하게 동성애를 소재로 활용하고 예술적으로 승화시킴에 따라 더 이상 '벽장 속의 비밀' 만으로 갇혀 있지 않게 된 것이다.
젠더 이론가인 주디스 버틀러(Judith Butler)의 "레스비언은 남녀관계를 초월하기 때문에 남성도 여성도 아닌 제3의 성이다"라는 지적이 이제 실감된다.

'디올' 섹스어필 광고

동성애는 부정적인 사회 인식 때문에 기업의 마케팅 수단으로 사용되기에는 매우 부적절한 것으로 받아들여져 왔지만, 명품들이 과감하게 동성애를 소재로 활용하고 예술적 표현으로 승화시켜 나감에 따라 더 이상 '벽장 속의 비밀' 만으로 갇혀 있지 않게 된 것이다.

디올은 2001년 캠페인의 테마를 '게이즘' 으로 정해 잊을 수 없는 강렬한 이미지와 임팩트를 전달했다.

〈광고 1~3〉을 보자. 이 광고를 보고 페이지를 그냥 넘길 사람은 아무도 없을 것이다. 그야말로 강력한 아이 캐칭(eye catching)이 된다. 땀으로 범벅된 몸, 방금 욕조에서 나온 듯 촉촉한 머리카락, 그리고 섹스를 연상시키는 격정적 표정 등 기존 명품 브랜드에서는 상상할 수 없는 비주얼로 구성되어 있다. 그러나 단순히 눈요깃거리에 그치지 않고, 철저하게 섹스를 이용하되 항상 브랜드를 잊지 않는다는 것에 주목해야 할 것이다. 최고조의 감정에 몸이 뒤틀려도 여자는 한 손에 디올의 상징인 'D' 마크를 잡고 있다.

〈광고 4~5〉는 세련되고 젊은 여성상과 우아한 섹시미로 시선을 끈다. 좁은 공간에서 다리를 들춰 올리고 있는 사진을 트리밍해 섹시함을 더욱 강조하고, 바로 뒷 페이지에서도 뇌쇄적인 시선, 그리고 자칫 기형적으로 보일 만큼 긴 다리로 유혹한다.

〈광고 6~9〉도 같은 비주얼 컨셉트로 제작되었다. 클로즈업된 사진에 긴장감을 주기 위해 트리밍한 솜씨가 저절로 광고를 보게 하는 힘을 느끼게 하는데, 무엇보다도 광고하려는 제품을 잊지 않은 레이아웃이 돋보인다. 광

〈광고 10〉

〈광고 11〉

〈광고 12〉

〈광고 10~12〉 제품과 브랜드를 보여주기 위해 섹스 코드를 이용할 뿐이다.

고의 형식 때문에 내용을 잊는 경우도 있고, 시리즈의 연결성 때문에 아이디어의 본질을 망각하기도 하는데 디올은 섹스라는 코드를 철저하게 제품 속에 잡아두었다. 그래서 단순히 야하지 않으며 '야, 그림 좋다!' 라는 단순한 느낌에서 벗어날 수 있는 것이다. 여기서 존 갈리아노의 브랜드 철학을 광고에서도 충실히 반영하고 있음을 알 수 있다. 그가 지향하는, 다이내믹하며 젊고 섹시한 여성을 위한 디올의 이미지가 광고를 보는 순간 바로 느껴질 수 있도록 한 것이다.

브랜드 에쿼티가 낮은 브랜드가 이런 캠페인을 전개한다면 단지 추하고 유치하다는 생각밖에 들지 않았을 텐데, 이 광고들은 오히려 제품을 돋보이게 하고 묘한 흥분감을 준다.

〈광고 10~12〉에서는 톤 앤드 매너는 바뀌었지만 기존의 스타일은 그대로 유지되었다.

〈광고 10〉은 마치 카섹스를 연상케 한다. 비좁은 곳에서 땀에 흠뻑 젖어 있는 모습과 야릇한 시선, 섹시한 다리 포즈가 범상치 않다. 여기에서도 모델이 입고 있는 것은 모두 디올 제품이지만, 특히 구두에 시선이 가도록 구성되었다. 다리 포즈로 섹스어필하는 이유는 바로 이 구두를 팔기 위한 전략에서 온 것이리라.

〈광고 11〉도 물기에 젖은 가슴을 노출시킨 것이나, 입을 약간 벌린 모델의 포즈에서 섹스어필의 의도성이 드러나는데, 이 광고에서도 백과 팔찌 등이 눈에 띄게 레이아웃되었다.

〈광고 12〉도 마치 사랑을 나누고 난 후의 나른함을 연출한 듯한 인상을 준다. 땀에 젖어 있는 모습, 묘한 상상력을 자극하도록 밀착시킨 가슴, 다리에 걸친 제품…. 시선의 흐름에 따라 결국 제품에 시선이 멈추도록 유도한다. 섹스 어필하지만 제품이나 브랜드가 보이지 않는 여타 광고와는 차원이 다르다는 것을 알 수 있다.

〈광고 13~17〉은 2001년에 집행된 시리즈인데, 데카당스하고 펑키한 느낌

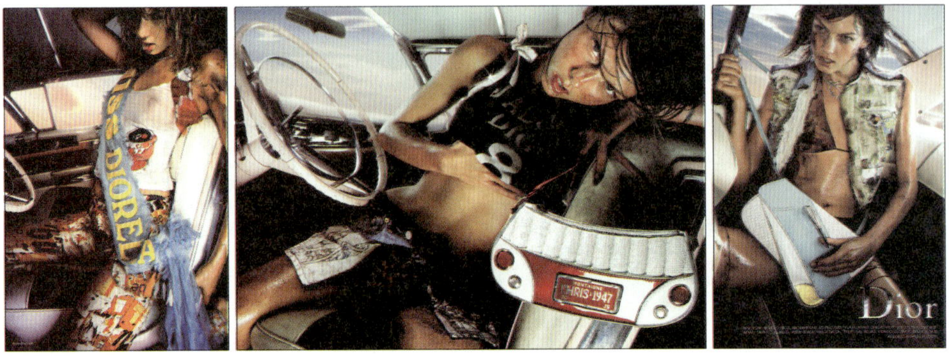

〈광고 13〉

〈광고 14〉

〈광고 15〉

〈광고 16〉

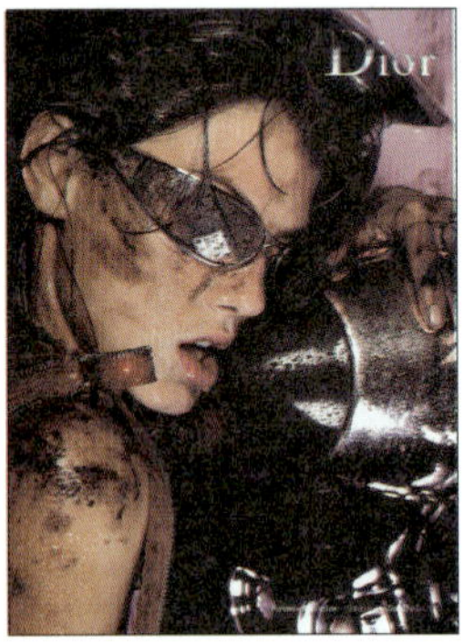

〈광고 17〉

〈광고 13~17〉 펑키하고 데카당스한 여성상을 만든다.

을 물씬 풍긴다. 특히 모델들은 한결같이 원초적 매력을 자극하기 위해 기름때를 묻혀 차별화했다.

섹스어필 광고는 단순 주목도를 높이는 것보다는 제품의 컨셉트와 관련해 소구하는 것이 바람직하다.

만약 브랜드 에퀴티가 낮은 브랜드가 이런 캠페인을 전개한다면 단지 추하고 유치하다는 생각밖에 들지 않았을 텐데, 이 광고들은 오히려 제품을 돋보이게 하고 묘한 흥분감을 준다. 이 광고는 디올을 입은 여성들이 전하는 노동의 신선함보다는, 마치 리바이스가 '전공필수' 처럼 사용했던 '기름때 묻은 공장의 근육질 남자와 도시 여자의 한순간의 사랑' 을 연상시키며 소비자를 자극하려는 의도가 엿보인다.

주목률을 넘어 회상률까지

섹스어필 광고에 대한 연구결과, 그것의 주목률은 높지만 실제 브랜드에 대한 회상률은 기대만큼 높지 않은 것으로 나타난다. 따라서 섹스어필 광고는 단순 주목도를 높이는 것보다는 제품의 컨셉트와 관련해 소구하는 것이 바람직하다고 하겠다.

패션 광고의 외설화(erotisation) 경향이 어떤 형태로든 늘어나리라 예상하는 것은 그리 어렵지 않다. 따라서 과연 어디까지가 크리에이티브이고 어디까지가 외설이냐의 문제는 늘 논쟁거리로 따라다닐 것으로 보인다. 그러나 세계 유수의 크리에이티브 관련 광고제에서 큰 상을 수상하는 작품 중 섹스어필 광고가 분명 한 축을 차지하는 점 또한 사실이다. 아울러 섹스어필 광고는 소비자에게는 대리만족을 느끼게 하고 '나도 저렇게 될 수 있다' 라는 암시를 줌으로써 판매를 부추길 수 있다는 긍정적인 면을 가진 것도 부인할 수는 없을 것이다.

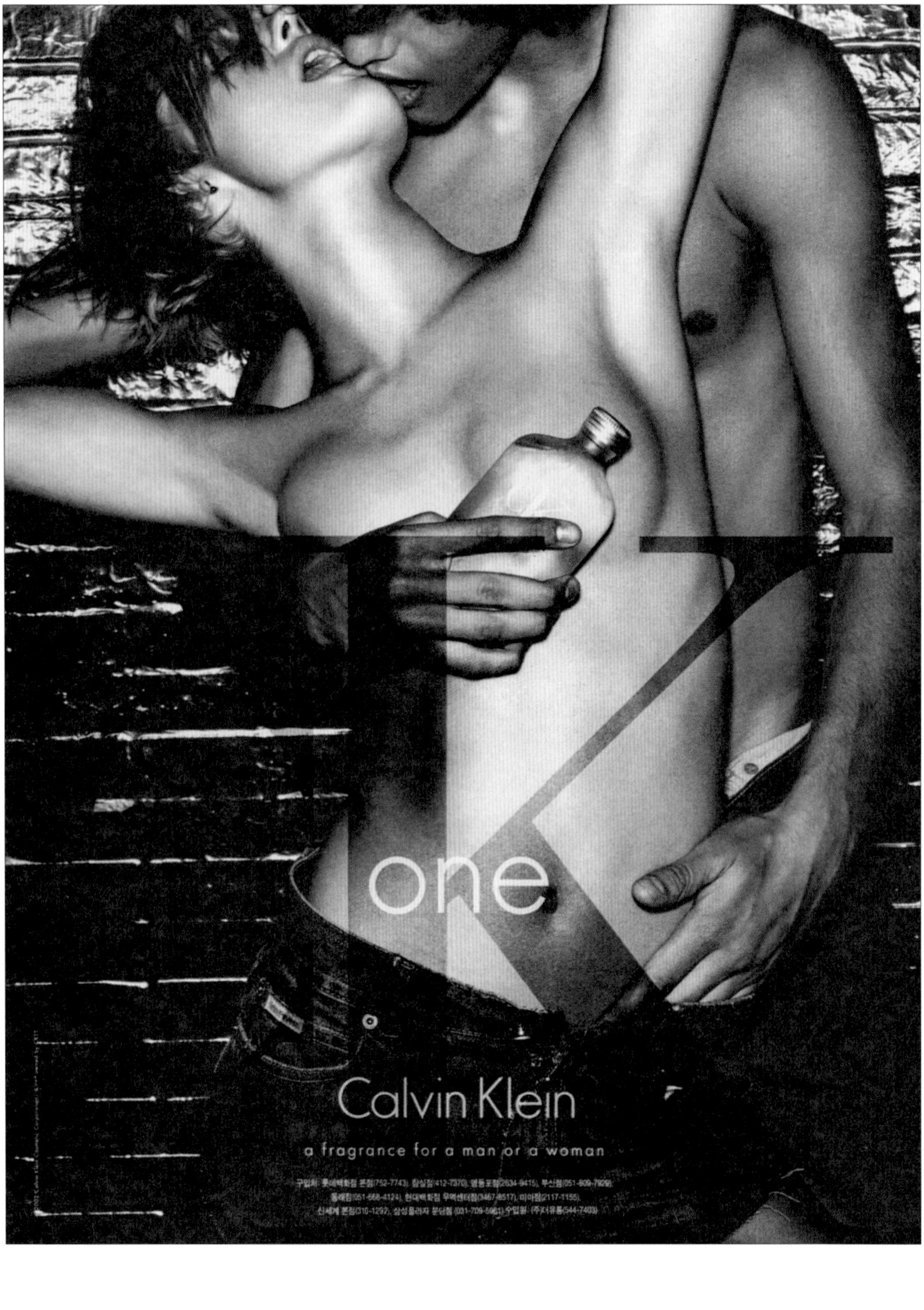
one
Calvin Klein
a fragrance for a man or a woman

Calvin Klein

Fashion은 Sex다

외설과 예술 사이

예전에 평소 똑똑해 보이던 한 여자 탤런트가 '위안부 누드' 라는 해괴망측한 걸 들고 나와 모두를 분노하게 만든 적이 있다. 일본군 위안부 할머니들은 다시 한 번 과거 치욕의 역사에 치를 떨었고, '누드집을 진행한 사람들' 의 불손한 기획 의도에 울부짖었다. 국민의 분노도 극에 달했다. 급기야는 기획사와 탤런트 측이 국민과 위안부 할머니 앞에 무릎 꿇고 사죄했고, 마침내 예의 작품(?)을 소각하기에 이르러서야 진정 기미에 접어드는 듯했다.

그러나 불씨는 거기서 진화되지 않고 그 탤런트를 연예계에서 영원히 추방해야 한다는 네티즌들의 성난 목소리가 인터넷 사이트를 도배하다시피 했다. 그동안 연예계 주변에서는 일부 연예인들의 누드 열풍에 대해 '언젠가는 누가 다쳐도 다칠 것' 이라고 우려의 목소리가 있었던 것도 사실이다. 그런 우려처럼, 더 자극적이지 않으면 성공할 수 없다는 극단의 강박관념이 당시의 사고(?)를 저지르는 계기가 되지 않았나 싶다.

캘빈 클라인

누드는 아름답다. 그러나 치졸한 상업주의와 야

합할 때 아름다움이 아니라 추함으로 전락하고 만다. 물론 누드를 찍는 여자 연예인들은 젊은 날의 아름다움을 영원히 남기고 싶은 욕구와 그 아름다움을 팬들과 공유하고자 하는 의도에서 서비스한다고 주장한다. 그러나 누가 이런 주장을 액면 그대로 받아들이겠는가? "누구누구는 누드 찍어서 몇십억 벌었대!" 라는 소문과 유혹이 여자 연예인들을 벗게 하고 있는지도 모른다.

누드를 시도한 연예인들에 대한 평가도 다양하다. '아름답다' 는 칭찬에서부터 '돈의 노예' 라는 혹평까지 천차만별이다. 이런 반응은 아마도 광고나 영화, 문화상품 등 에로티시즘을 소재로 한 것들에 대한 평가에서도 마찬가지일 것이다. 어떤 건 외설이라고 매도되는가 하면, 어느 것은 예술로 승화되었다고 평가받기도 하기 때문이다. 결국 어떻게 접근하고 어떻게 표현했느냐에 따라 잣대가 달라진다는 사실에 주목해야 하는 것이다.

누드는 아름답다. 그러나 치졸한 상업주의와 야합할 때 아름다움이 아니라 추함으로 전락하고 만다. 광고나 영화 · 문화상품 등 에로티시즘을 소재로 한 것들에 대한 평가에서도 마찬가지일 것이다. 어떤 건 외설이라고 매도되는가 하면, 어느 것은 예술로 승화되었다고 평가받기도 한다.

브롱크스의 다섯 살배기 소년들

캘빈 클라인(Calvin Richard Klein)은 1942년 11월 뉴욕의 가난한 동네 브롱크스(Bronx)에서 태어났다. 헝가리에서 이민 온 레오 클라인과 오스트리아 이민자의 딸 플로라 스턴의 세 자녀 중 둘째였는데, 그가 태어난 동네는 동유럽과 아일랜드 그리고 이탈리아 이민자들이 힘겨운 노동으로 하루하루를 살아가는 곳이었다.

그의 외할머니는 당대에 알아주는 재봉사로 조그만 양복점을 꾸려갔는데, 어린 클라인이 그곳에 자주 놀러 가면서 아마도 외할머니의 재주가 손자에게 대물림된 것은 아닌가 싶다.

한편 클라인의 동업자 배리 슈와츠(Barry Schwartz)도 그의 집에서 불과 몇 블록 떨어진 곳에서 살았는데, 가정형편은 별반 다르지 않았다. 다섯 살부터 친구로 지낸 그들은 어린 나이에도 어떻게 하면 돈을 벌 수 있는지에 대해서 의논했다고 한다. 결국 그들의 이런 모의(?)는 바야흐로 패션 제국 캘빈 클라인을 건설하는 초석이 되었다고 해도 과언이 아닐 것이다.

이 지역 사람들은 특히 교육열이 대단했다. 캘빈 클라인도 훗날 걸출한 인물을 줄줄이 배출한 PS 80에 다녔으며, 동창으로는 그 유명한 랄프 로렌, 그리고 캘빈 클라인의 첫 부인 제인 센터 등이 있다. 물론 랄프 로렌은 그보다 4살 위였기 때문에 학교를 다니면서 만난 일은 없지만 이후 미국을 대표하는 패션 디자이너로서 자존심을 건 승부를 펼치기도 했다. 여기서 캘빈 클라인의 성적은 우수했다고 한다. 특히 미술에 탁월한 끼를 발휘해 학교 5층 복도에 벽화를 그려달라는 주문을 받기도 했는데, 그의 작품은 그가 학생들에게 거의 신적인 존재로 보이게 했다.

고등학교는 동네를 떠나 맨해튼의 산업미술고교(High School of Industrial Art)로 진학했는데, 동네에서는 비범한 학생으로 떠받들어졌지만 고등학교 시절은 그리 돋보이지는 못한 듯하다. 그리고 고등학교를 졸업한 후 부모는 대학진학을 원했지만 그는 패션 디자이너의 꿈을 키우기 위해 FIT(Fashion Institute of Technology)로 방향을 바꿔 휴학과 아르바이트를 번갈아 하면서 1963년에 졸업하게 되었다.

그는 졸업하자마자 이곳저곳을 옮겨가며 디자이너로서의 자질을 키우다 아버지로부터 1만 달러를 빌려서 본격적으로 자기 사업에 뛰어들었다. 1968년 3월, 맨해튼 7번 애비뉴에 있는 요크호텔의 엘리베이터 바로 앞쪽에 위치한 613호실에 거의 구멍가게 수준의 사무실을 오픈했는데, 이것이 오늘날 캘빈 클라인의 전신이 되었다.

누구나 그러하듯 캘빈 클라인과 배리 슈와츠의 원대한 꿈과는 반대로 처음에는 목구멍에 풀칠하기도 어려웠다. 그러던 어느 날, 본위트 테일러 백화점의 상품부장인 돈 오브라이언(Don O' Brien)이 층을 잘못 알고 엘리베이터에서 내리자마자 그의 쇼룸에 들어왔다. 그러더니 매장을 둘러보고는 디자이너를 성공시킬 수도, 파멸시킬 수도 있을 만큼 영향력이 큰 커스틴(Mildred Custin)에게 샘플을 보내라고 했으니, 그것이 성공으로 달리는 고속철이 되리라고는 캘빈 클라인 본인도 짐작조차 하지 못했을 것이다. 커스틴은 캘빈에게 독점 공급을 조건으로 1차로 5만 달러어치를 주문했다. 당시로는 어마어마한 액수인 5만 달러. 하지만 그것은 단지 시작에 불과했다. 산지사방에서 그의 옷에 반한 바이어들이 주문에 주문을 거듭하기 시작했던 것이다.

〈광고 1〉

〈광고 2〉

〈광고 3〉

“나와 캘빈 사이에는 아무것도 없어요”

캘빈 클라인에게 성공은 예상외로 빨리 찾아왔다. 금전적으로도 성공했지만, 1973년에 최연소 나이로 미국 패션비평가들이 수여하는 코티상을 받았고, 1983년과 1986년에는 미국패션디자이너협회(Council of Fashion Designers of America) 여성복 분야의 상을 수상했으며, 1993년에는 여성복과 남성복상을 동시에 받는 최초의 디자이너로 등극하는 영예를 안기도 했다. 또한 1996년에는 뉴욕아트디렉터스클럽(Art Directors Club)에서 그의 독보적 광고활동에 대한 매니지먼트 메달을 받기도 했다.

한편 그는 1976년에 청바지를 출시했는데, 그것은 그야말로 완전 실패작이 되고 말았다. 준비를 소홀히 한 것이 가장 큰 문제였다. 이런 그에게 패션회사 퓨리턴 패션에서 라이센스 계약 의뢰가 들어왔다. 디자인과 광고는 캘빈 클라인이 맡고, 생산은 퓨리턴에서 하는 조건이었다. 그에 따라 1978년에 청바지를 출시하자마자 20만 장이나 팔리는 기록을 세웠다. 이때 타임스 스퀘어에 모델이 엉덩이를 쑥 내밀고 있는 대형 사이즈의 옥외광고물을 설치하기도 했는데(〈광고 1〉), 이에 여성단체들이 술렁이기 시작했다.

하지만 그것은 1980년에 터진 15세 소녀 브룩 쉴즈(Brooke Christa Shields)의 광고에 비하면 아무것도 아니었다. 진(jean) 시장의 경쟁이 치열해지자 캘빈 클라인은 TV광고를 집행해서 경쟁사들의 기선을 제압하고자 했는데, 15세의 쉴즈가 모델로 기용된 이 광고는 논쟁의 회오리를 일으키며 거센 항의를 받기도 했다.

15세의 쉴즈는 천연스럽게 도발적으로 속삭였다.

"독서가 영혼과 맞닿아 있다면 캘빈 진은 내 몸과 맞닿아 있죠. 내 옷장엔 캘빈 진이 일곱 벌이나 있어요. 만약 그들이 말을 할 줄 안다면 난 타락하고 말 거예요. 돈이 생기면 캘빈을 사요. 그 나머지 돈으로는 집세를 냅니다."

그리고 마침내 문제의 그 유명한 카피가 이어진다.

"나와 캘빈 사이에 뭐가 있는지 아세요? 아무것도 없어요(What comes between me and my Calvins? Nothing)."

"독서가 영혼과 맞닿아 있다면 캘빈 진은 내 몸과 맞닿아 있죠. 내 옷장엔 캘빈 진이 일곱 벌이나 있어요. 만약 그들이 말을 할 줄 안다면 난 타락하고 말 거예요. 돈이 생기면 캘빈을 사요. 그 나머지 돈으로는 집세를 냅니다." "나와 캘빈 사이에 뭐가 있는지 아세요? 아무것도 없어요(What comes between me and my Calvins? Nothing)."

광고가 나가자마자 그 다음 주에 청바지가 무려 40만 장 이상 팔리는 대기록을 수립했지만, 여론의 질타와 여성단체의 분노, 교육자들의 저항이 봇물 터지듯 쏟아졌다. 그러나 이런 우려와 분노에도 아랑곳하지 않고 옷은 한 달 만에 200만 장 이상 팔리는 이변을 낳았다. 광고에 대한 질타가 오히려 수많은 청소년들의 호기심을 자극한 셈이 되었고, 방송 보도와 신문에서의 논쟁이 오히려 광고 역할을 수행하는 아이러니한 상황이 벌어진 것이다. 연간 30억 달러의 판매액을 가능하게 한 사건(?)의 발단은 바로 여기서 비롯되었다고 평가할 만하다.

결국 오늘의 캘빈 클라인의 성공을 만든 것은 바로 광고였다. 아니, 더욱 엄밀히 말한다면 광고보다 더 효과적인 홍보수단은 미국 언론의 호들갑이었다. 섹스어필 광고를 집행할 때마다 언론의 비난기사와 사회단체들의 분노의 목소리가 쏟아짐으로써 오히려 회사 입장에서는 퍼블리시티 효과를 톡톡히 본 것이다. 이처럼 은밀한 광고전략이 담긴 캘빈 클라인의 광고들은 오늘도 지구촌 곳곳에서 수많은 화제를 불러일으키면서 매스컴의 주목을 받고 있다.

캘빈 클라인은 1995년에 새로운 청바지 캠페인을 전개했는데, 어린 남녀 모델들을 너무나 당혹스러울 정도로 자극적으로 표현하여 문제가 되었다.

흰 속옷을 다 드러낸 채 다리를 벌리고 있는 앳된 소녀의 모습과(〈광고 2〉), 미소년이 짧은 청바지 사이로 흰 팬티를 드러내 놓은 광고(〈광고 3〉)가 나가자 의도적으로 어린이 포르노를 광고에 이용했다는 비난의 화살이 쏟아졌다. 특히 타임스 스퀘어에 내걸린 옥외광고물은 어린이 포르노라는 이유로 시민단체들의 거센 비난을 받았다(〈광고 2〉). 더 치명적인 것은 《뉴욕 데일리》가 모델 중에 미성년자가 있다는 사실을 폭로한 것이었는데, FBI가 수사에 나서는 홍역을 치르고서야 광고를 내렸다.

사건이 커지자 캘빈 클라인은 《뉴욕 타임스》의 전면광고를 통해 광고를 일체 중단한다는 성명서를 게재하면서 "이번 광고의 의도는 오늘을 사는 젊은이들의 강한 개성과 독립성을 표현하기 위함"이라고 변명했다.

그동안 광고가 논란거리가 되어도 중단하거나 사과하지는 않았지만 그때는 사태의 심각성 때문인지 광고를 중단하고야 만 것이다. 그럼에도 불구하고 캘빈 클라인의 입장에서는 도덕적 치명상을 입었다기보다는 매스컴들의 대대적인 보도가 오히려 광고를 해준 셈이 되어 톡톡히 재미를 보았다고 할 수 있다.

문화가 된 언더웨어

진 시장에서의 성공에 자신감을 얻은 캘빈은 1982년, 드디어 언더웨어 시장에 뛰어들었다. 먼저 남성 언더웨어를 출시했는데, 타 제품보다 고가에 판매했지만 대성공을 거두었다.

광고는 우선 올림픽 장대높이뛰기 선수였던 톰 힌티너스(Tom Hintinaus)가 파란 하늘을 배경으로 우람한 근육과 섹시함을 한껏 발휘한 것을 선보였다(〈광고 4〉). 특히 버스 대합실에 붙인 포스터들은 붙여 놓기가 무섭게 사람들이 훔쳐가는 기현상을 빚기도 했는데, 이는 캘빈 클라인의 인기를 반영한 결과로 보인다. 그리고 남성용에 이어 여성용도 출시했는데 언더웨어 사업은 캘빈 클라인이 거둔 성공의 정점이라고 말할 수 있을 것이다.

캘빈 클라인의 언더웨어는 미국 문화의 일부가 되었다고 해도 과언이 아니다. 그녀의 딸인 마시 클라인은 "남자와 잘 때마다 그 남자의 팬티에 새겨진 아빠의 이름을 봐야 한다"라고 불평할 정도였다. 생각해 보라. 분위기 잡고

오늘의 캘빈 클라인의 성공을 만든 것은 바로 광고였다. 아니, 더욱 엄밀히 말한다면 광고보다 더 효과적인 홍보 수단은 미국 언론의 호들갑이었다. 섹스어필 광고를 집행할 때마다 언론의 비난 기사와 사회단체들의 분노의 목소리가 쏟아짐으로써 오히려 회사 입장에서는 퍼블리시티 효과를 톡톡히 본 것이었다.

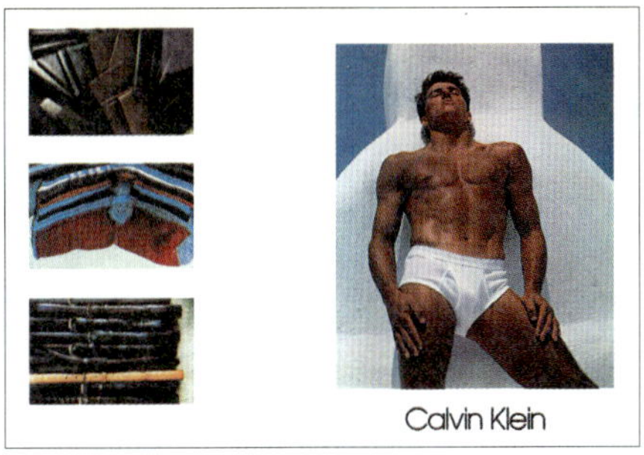

〈광고 4〉

〈광고 5〉

〈광고 6〉

〈광고 7〉

〈광고 8〉

남자와 뜨거운 밤을 즐기려는데, 아버지의 이름을 남자의 팬티에서 보게 된다면 마치 그의 아버지가 야단치는 듯한 느낌이 들지 않을까?

이처럼 캘빈 클라인의 언더웨어는 수많은 청춘 남녀의 '유니폼'이 되어 판매율이 수직상승을 이루었는데, 1985년에는 마이클 J. 폭스 주연의 영화 〈Back to the Future〉에 소개되면서 이윽고 타깃에게 잊혀지지 않는 하나의 기호로 자리잡았다.

프랑스의 학자 장 보드리야르(Jean Baud-rillard)는 "팔리는 브랜드가 되기 위해서는 그 브랜드가 하나의 기호가 되어야 한다"라고 주장했다. 캘빈 클라인의 언더웨어는 이 주장에 가장 적합한 샘플 케이스가 아닌가 싶다. 요즘처럼 성이 개방된 시대에 언더웨어는 더 이상 '언더'가 아니고 패션의 일부분이 되었다. 이것은 캘빈 클라인이 언더웨어 사업에 뛰어들면서 의도했던 바이기도 하다.

그는 언더웨어가 더 이상 안에 갇혀 있지 않고 자연스럽게 밖으로 나올 것이

〈광고 9〉

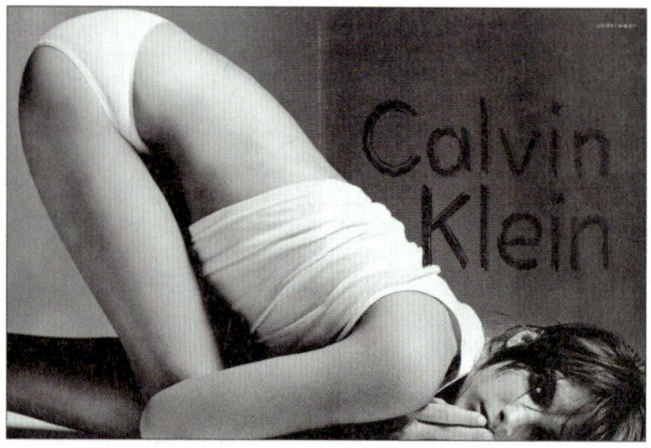

〈광고 10〉

〈광고 11〉

〈광고 12〉

〈광고 13〉

〈광고 14〉

라는 확신을 가진 몇 안 되는 디자이너 중 한 사람이었다. 그래서 언더웨어를 패션 상품으로 개발했고, 그의 이런 의중은 적중했다. 젊은이들은 그들의 '유니폼' 인 캘빈 클라인을 입고 서로의 사랑을 확인한다. 이런 측면에서 캘빈 클라인 언더웨어는 바로 섹스라는 기호를 대표한다고 볼 수 있다(〈광고 4~13〉).

'원초적 본능' 으로 정상에

장 보드리야르(Jean Baudrillard)는 "팔리는 브랜드가 되기 위해서는 그 브랜드가 하나의 기호가 되어야 한다" 라고 주장했다. 캘빈 클라인의 언더웨어는 이 주장에 가장 적합한 샘플 케이스가 아닌가 싶다.

캘빈 클라인은 향수로 더욱 유명세를 탔다. 시대 흐름이나 이슈에 부합한, 가장 트렌디한 향수를 개발할 뿐만 아니라, 감히 상상할 수도 없는 광고 비주얼로 시선을 사로잡기 때문이다.

1985년에 출시된 옵세션(Obsession : 강박관념)은 캘빈 클라인 광고 역사상 가장 큰 외설 시비에 휩싸인 작품을 선보여 또 한 번 뜨거운 반응을 일으켰다. 성행위를 연상시키는 그림이나 전라의 모델들이 엉겨 있는 모습의 광고는 일대 충격이고 사건이었다. 특히 아직 소녀의 이미지가 물씬 풍기는 케이트 모스(Kate Moss)를 전라의 모습으로 기용해 일대 센세이션을 일으켰다(〈광고 14〉).

그러나 그것은 하나의 신호탄에 불과했다. 섹스 장면을 그대로 연상케 하는 후속 광고들은 지금까지의 그 어떤 광고와도 차원이 달랐다. 대개 섹스어필 광고는 소비자의 관음증을 자극하는데, 이 광고들은 그 정도를 훨씬 넘겼음에도 불구하고 저속하지 않고 한 편의 예술작품을 감상하는 느낌이 들게 했다. 하지만 소비자들의 이런 반응과는 무관하게 〈광고 15~17〉은 너무 야하다는 이유로 광고 게재거부 소동까지 일어나는 홍역을 치르기도 했다.

광고에서의 과감하고 파격적인 시도는 매스컴으로부터 질타를 받기는 했지만, 그것이 캘빈 클라인의 발목을 잡지는 못했다. 특히 옵세션 광고는 에로티시즘이 예술로 승화할 수 있다는 증거를 보여준 작품으로 평가하는 전문가들이 많다. 또한 1989년에는 미국인 24,000명을 대상으로 한 조사에서 '가장 좋게 기억되는 인쇄광고' 에 선정되는 영예를 안기도 했으며, 이후 4년 연속 기

〈광고 15〉

〈광고 16〉

〈광고 17〉

〈광고 18〉

억률 1위 광고 자리를 차지하기도 했다. 다른 광고와 달리 포르노그래피에 해당하는 비주얼이면서도 추하지 않고, 여자들이 남자들의 성의 노예로 보여지지 않으며, 그 자체로 감상하고 싶은 예술작품으로 느껴지도록 만들었다는 호평을 받았다.

이 광고에 대해서 캘빈 클라인은 "광고는 나의 즐거움이다. 내가 지금 하고 있는 일은 어느 정도 옵세션(강박관념)이지만, 고백하건대 광고를 자유롭게 생각하는 것이 즐겁다. 세상 사람들은 내가 행하고 있는 이 에로티시즘을 포르노라고 생각하지 않는다"라며 세인들의 부정적인 평가에 쐐기를 박았다.

그는 1988년에는 켈리와의 두 번째 결혼을 자축하는 의미에서 향수 이터니티(Eternity)를 선보였다. 그런데 기존 캘빈 클라인 광고와 어프로치가 180도 다른 것은 이것이 최초이자 마지막이 아닐까 생각된다(〈광고 18~20〉).

1994년에는 씨케이 원(ck one)이 은은하고 부담 없는 녹차향 향수로 출시되

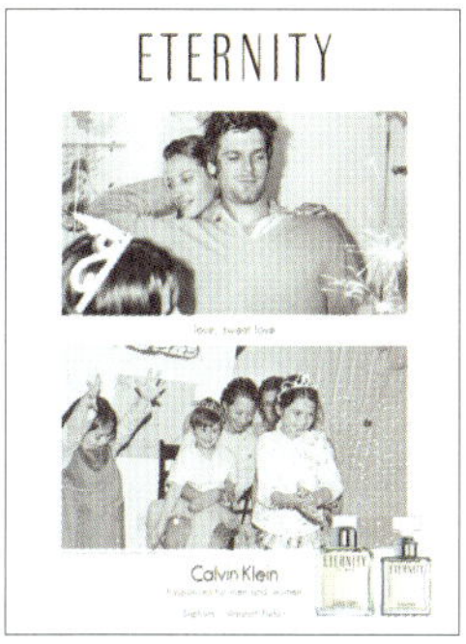

〈광고 19〉

〈광고 20〉

〈광고 21〉

〈광고 22〉

〈광고 23〉

어 전 세계에 또 한 번 캘빈 클라인의 이름을 부각시켰다. 특히 이 제품은 최초로 유니섹스 향으로 개발되어 전 세계 연인들로부터 커플향이라는 개념으로 사랑받았다. 또한 1998년에 자기 이름을 브랜드에 걸고 내놓은 트루스 캘빈 클라인(Truth Calvin Klein)은 고급스러운 향으로 마니아 팬들을 확보했다(〈광고 21~23〉).

뉴욕이 훌륭한 101가지 이유

캘빈 클라인은 미국이 낳은 가장 위대한 패션 디자이너 중 한 사람이라고 해도 과언이 아니다. 연간 30억 달러에 이르는 매출을 올리는 패션 디자이너이며, 누구보다 동물적인 비즈니스 감각을 갖춘 비즈니스맨이고, 누구보다도 광고를 가장 잘 이용한 이미지 메이커로, 그와 견줄 만한 사람은 아무도 없다

〈광고 24〉

〈광고 25〉

〈광고 26〉

〈광고 27〉

〈광고 28〉

옵세션(Obsession: 강박관념)은 캘빈 클라인 광고 역사상 가장 외설적인 시비에 휩싸인 작품을 선보여 또 한 번 뜨거운 반응을 일으켰다. 성행위를 연상시키는 그림이나 전라의 모델들이 엉겨 있는 모습의 광고는 일대 충격이고 사건이었다. 이 옵세션 광고는 에로티시즘이 예술로 승화할 수 있다는 증거를 보여준 작품으로 평가하는 전문가들이 많다.

고 해야 할 것이다.

어느 광고인은 "광고 속의 섹스는 20분 안에 죽는다"라고 선언적으로 말했다. 20분 안에 기억 속에서 사라질 뿐만 아니라, 섹스는 기억하더라도 브랜드는 까맣게 잊어버린다는 것이다. 그러나 이런 주장도 캘빈 클라인의 광고에서는 철저하게 예외의 법칙으로 존재한다. 많은 소비자들은 광고를 한 번 보는 것만으로도 브랜드를 기억했고, 결국은 자신의 지갑을 열었다. 그만큼 캘빈 클라인의 섹스어필 광고는 노련했고, 또한 강한 흡인력을 가지고 있었던 것이다.

섹스어필 광고에 대한 캘빈 클라인의 견해는 단호하다.

"유능한 크리에이터들과의 작업은 언제나 나를 흥분시킨다. 광고의 경우 언제나 그렇다. 무엇인가 관능적인 것을 표현하는 데 있어 우리는 항상 마지노선을 목표로 한다. 크리에이티브한 사람들은 누구나 위험한 선을 따라 걷고 싶어하기 때문이다."

이 말대로 그는 언제나 광고에서 보통 사람들이 상상하는 것 이상의 마지노선을 표현했다. 광고라는 것은 기본적으로 놀라움이나 차별화가 없으면 잊혀진다는 것을 알았기 때문일 것이다. 이렇듯 기존의 모든 고정관념을 깨고 도발적인 아이디어로 승부하고자 했던 캘빈 클라인의 전략은 소비자들의 눈높이에 그대로 적중하며, 1984년에는 《뉴욕 타임스》가 뽑은 '뉴욕이 훌륭한 101가지 이유'의 리스트에 등재되는 영예를 안기도 했다. 그가 시도한 수많은 광고들은 일종의 스캔들 기법으로, 광고가 집행되자마자 바로 사회적 핫이슈로 대두되었고, 뉴스 메이커 역할을 톡톡히 했다(〈광고 24~28〉).

앞서 언급한 대로 대부분의 회사들은 이런 소비자들의 저항과 언론의 까발리기식 비판에 힘없이 쓰러졌지만, 캘빈 클라인은 오히려 그것의 힘으로 정상의 이미지를 얻는 데 성공한 특이한 경우라고 할 수 있다.

참조:
리사 마시(Lisa Marsh), 박미영 역, 《캘빈클라인 : 브랜드 · 디자인 · 광고의 유혹(The House of Klein)》, 루비박스, 2003

VERSACE

VERSACE

클래식한 섹시미로 패션史를 다시 쓰다

지아니 베르사체(Gianni Versace)는 조르지오 아르마니(Giorgio Armani), 지안프랑코 페레(Gianfranco Ferre)와 함께 이탈리아가 낳은 3대 패션 디자이너로 추앙받고 있다.

그는 1946년 이탈리아의 남부 칼라브리아에서 2남 1녀 중 둘째로 태어났다. 형인 산토와 여동생 도나텔라는 형과 여동생이라는 가족구성원의 단계를 넘어 베르사체 브랜드를 구성하는 패밀리 비즈니스의 멤버로 함께하고 있다. 이 3남매는 주문 드레스를 주로 만드는 쿠튀리에르(Couturiere)였던 어머니의 작업실을 들락거리면서 자연스럽게 '패션 키즈'로 성장했다.

3남매의 끈끈한 패밀리 비즈니스

베르사체 역시 패밀리 비즈니스로 경영되고 있다. 1981년 베르사체가 설립되어 오늘날까지 전속력으로 성장할 수 있었던 것은 지아니 혼자의 힘이 아니라 경영학을 전공한 형 산토의 관리능력, 실용성과 세련미, 그리고 여성미를 내세운 여동생 도나텔라의 도움으로 이뤄졌다고 해도 과언이 아닐 것이다.

이탈리아의 대부분의 패션기업들이 그렇듯이 베르사체 역시 패밀리 비즈니스로 경영되고 있다. 1981년 베르사체가 설립되어 오늘날까지 전속력으로 성장할 수 있었던 것은 지아니 혼자의 힘이 아니라 경영학을 전공한 형 산토의 관리능력, 실용성과 세련미, 그리고 여성미를 내세운 여동생 도나텔라의 도움으로 이뤄졌다고 해도 과언이 아닐 것이다.

형 산토는 1944년에 태어나 경영학을 전공하고 처음에는 회계회사를 차려 운영할 정도로 능력이 있었다. 그러나 동생 지아니가 본격적으로 사업을 시작

지아니 베르사체

베르사체

베블런의 저서 《유한계급론》

한 1977년에 밀라노로 이사해 동생 회사의 경영 전반에 참여하기 시작했고, 덕분에 지아니는 경영은 형에게 맡기고 오직 디자인에만 전념할 수 있었다. 지아니의 끊임없는 패션에 대한 열정도 바로 이러한 토양 위에서 비롯되었다고 할 수 있다.

여동생인 도나텔라는 언어학을 전공했는데, 그의 오빠 지아니와 처음부터 함께한 동반자였다. 그녀는 오빠가 다소 소홀했던 모던하고 시크(Chic)한 면을 강조한 패션을 선보여 일상생활에서 소화하기 쉬운 옷을 선사했다는 평가를 받기도 했다.

그녀는 베르사체 브랜드의 창의성과 트렌드에 대한 책임을 지고 있으며, 특히 사진과 광고캠페인에 주도적인 역할을 수행했다. 그녀는 항상 지아니 곁에서 회사 전반에 걸친 의사결정에 참여하면서도, 아동복인 영 베르사체(YOUNG VERSACE)와 라이센스 제품, 액세서리 컬렉션에서 발군의 실력을 뽐내며, 1993년부터는 자신의 이름으로 베르수스 라인을 런칭하기도 했다. 또한 그녀는 사교계에서도 알아주는 선수(?)였다. 스팅, 마돈나, 존 본조비 등과 같은 스타들과 우정을 나누었으며, 필요할 때는 그들을 베르사체 제품의 홍보대사로 활용하는 수완을 발휘하기도 했다. 특히 지아니가 1997년 7월 마이애미비치 자택 앞에서 살해당하자 많은 사람들이 베르사체의 앞날을 걱정했던 것과는 달리 그녀가 베르사체를 주도적으로 이끌어가면서 지아니 시절의 브랜드 명성을 잘 지켜가고 있다. 이렇게 3남매는 서로에 대한 신뢰를 바

메두사의 얼굴을 똑바로 쳐다본 사람은 그대로 돌처럼 굳는다는 그리스 신화에서 힌트를 얻어, 자기 옷을 바라보는 사람을 압도하겠다는 야심으로 이러한 로고를 택한 듯하다. 메두사 로고는 넘치는 자유와 아름다운 힘의 원천을 상징하며 베르사체 미학의 정체성이 되었다.

탕으로 베르사체를 최단시간 내에 최고의 패션그룹으로 성장시켰다.

패션계의 영원한 이단아

대학에서 건축학을 전공한 지아니는 밀라노에 가서 패션과 텍스타일을 공부했다. 이탈리아가 낳은 3대 디자이너, 즉 조르지오 아르마니, 지안프랑코 페레와 함께 '3G'로 불리기도 하는 그는 그 누구도 흉내낼 수 없는 호기심과 도전정신으로 패션계의 이단아로 불렸다. 통속적 구속상태를 거부하는 자유정신으로 전 세계 패션디자이너들에게 늘 영감을 불어넣으며 새로운 변화의 진원지가 되기도 했다. 그런 자유정신은 끊임없이 분출하였고, 이런 그의 크리에이티브 철학은 패션사에 길이 남을 유산으로 기록되었다.

1966년부터 프리랜서 디자이너로 활동하던 그는 1972년 프레타 포르테(Pret-a-porter = Ready-to-wear : 기성복) 브랜드인 '제니'의 디자이너로 스카우트되어 왕성하게 작품을 발표했다. 그러나 그의 뛰어난 재능과 패션에 대한 뜨거운 열정은 그를 다른 사람 밑에서 일하게 내버려두지 않았다. 이에 1978년, 드디어 자신의 이름으로 최초의 컬렉션을 선보였으니, 그리스 신화에 나오는 메두사 로고를 사용하기 시작한 것도 이때였다. 메두사의 얼굴을 똑바로 쳐다본 사람은 그대로 돌처럼 굳어 버린다는 그리스신화에서 힌트를 얻어, 자기 옷을 바라보는 사람을 압도하겠다는 야심으로 이러한 로고를 택한 듯하다. 메두사 로고는 넘치는 자유와 아름다운 힘의 원천을 상징하며 베르사체 미학의 정체성이 되었다. 특히 황금빛 메두사 로고는 선글라스와 액세서리에 적용되어 큰 인기를 얻었다.

이탈리아를 평정한 지아니 베르사체는 파리에 진출해 오트 쿠튀르(Haute Couture : 주문맞춤복)에 도전했다. 베르사체의 화려하고 실험적이며 섬세한 옷들은 바로 오트 쿠튀르를 흥분시키기에 충분했으니, 베르사체가 세계적 명성을 얻은 것도 바로 이즈음이다.

메두사를 로고로 활용한 데서도 연상할 수 있듯이 그는 그리스 · 로마시대에 특별한 관심을 가지고 있었다. 실제 그는 생전에 늘 "그리스 · 로마시대의 아름다운 미술품을 보면서 얻은 영감은 언제나 내 머릿속에 있다"라고 토로하기도 했는데, 그의 디자인 영감이 바로 그리스 · 로마라는 클래식에서 비롯되었음을 알 수 있는 대목이다. 그는 이러한 패션 철학으로 클래식한 관능미를 줄기차게 시도했는데, 이런 말을 하기도 했다.

"베르사체 옷을 입을 수 있는 여자는 연인이나 정부가 될 수 있다."

몸의 실루엣을 과감하게 살리는 디자인과 파격적인 컬러를 소화할 수 있는 여자라면 섹시한 아름다움을 표현할 수 있기 때문이다.

그는 또 패션은 물론, 미술 등에도 관심을 쏟았고 호텔업에 진출하기도 했다. 넘치는 열정과 천재성을 주체할 수 없었던 것이다.

그는 1982년 오키오 도로상과 오스카 패션상을 수상하는 영예를 안았다. 전 세계 200여 개의 부티크 및 400여 개의 아울렛에서 6,000여억 원의 매출을 올리며 승승장구하던 지아니는 1997년 7월 15일 그와 동성애를 즐기던 쿠나난(Andrew Counanan)에게 자택 앞에서 총기로 살해당하는 비운의 드라마로 생애를 마쳤다. 그의 갑작스런 죽음에 전 세계인이 충격받고 분노했음은 물론이다. 특히 이탈리아는 위대한 디자이너의 죽음 앞에 애도를 표했고, 그의 장례식 날에는 유럽의 전 부티크들이 문을 닫아 천재의 비극적 죽음에 조의를 표시했다.

베르사체는 이제 더 이상 패션 브랜드의 이름이 아니다. 베르사체는 브랜드를 뛰어넘어 끊임없는 자유에 대한 동경이요, 도발적 젊음에 대한 상징으로 자리잡고 있다.

'Veblen Effect'로 패션 왕국 건설

미국의 경제학자 베블런(Thorstein B. Veblen)은 저서 《유한계급론(*The Theory of the Leisure Class*)》에서 '베블런 효과(Veblen Effect)'를 설파했다. 신분제도가 사라진 현대에는 사람들이 자신의 신분을 나타내기 위해 과시적 소비를 하게 된다고 주장한 데서 '베블런 효과'가 유래됐다. 누가 더 잘 살고, 누가 더 신분이 높은지 사람들이 구별하기 어려워지기 때문에 뭔가 쉬운 베블런 효과는 '남과 다르다' 는 의식을 갖고 살기 위해서 남들이 살 수 없는 고가의 물건을 구매하거나, 소유 자체를 통해 '나는 너희와는 다르다' 라는 선민의식을 갖게 된다는 것을 말한다. 즉, 대중이 잘 가는 곳, 대중이 즐겨 입는 옷, 대중이 좋아하는 브랜드는 철저하게 피한다는 것이다.

방법을 통해 계급을 형성하려 한다는 것으로서, 비교적 쉬운 방법인 소비를 통해 자기의 우월적 신분을 과시하고 자기만의 특화된 이미지를 만든다는 것이다. 즉, '남과 다르다' 는 의식을 갖고 살기 위해서 남들이 살 수 없는 고가의 물건을 구매하거나, 소유 자체를 통해 '나는 너희 무리들과는 다르다' 라는 선민의식을 갖게 된다는 것이다. 한국이나 일본처럼 땅덩어리가 좁은 나라에서 명품 열풍이 부는 이유도 바로 여기에 있다고 할 수 있다. 또한 이와 비슷한 개념으로 '백로(白鷺)효과' 를 말할 수 있겠는데, 이는 '까마귀와는 다르다' 는 특권의식이다. 즉, 대중이 잘 가는 곳, 대중이 즐겨 입는 옷, 대중이 좋아하는 브랜드는 철저하게 피한다는 것이다. 그래야 백로가 될 수 있으니까.

그런데 베르사체의 성공에는 이와 같은 '베블런 효과' 와 '백로효과' 가 톡톡히 한몫했음을 쉽게 짐작할 수 있다. 베르사체의 디자인이나 컬러의 느낌은 일반사람들이 쉽사리 접근하기 어렵다. 이것이 일부 특수층에서만 입는 효과를 거두어 명품으로서의 희귀성을 유지하며 대중의 부러움과 질시 속에서 판매고를 높이게 했다. 베르사체가 이러한 디자인 철학을 광고에서도 잘 활용하고 있음은 두말할 나위가 없다.

Sex & Surprise

베르사체의 광고는 경쟁 브랜드와는 철저하게 다른 어프로치를 한다. 쉽사리 흉내내거나 따라할 수 없는 그 무엇이 있다. "놀라게 하지 않으면 기억하지 않는다" 라는 광고계 철칙을 준수하고 있는 것이다. 베르사체 광고에는 매우 도발적이고, 사람들이 기억할 수 있는 장치들이 눈에 띈다. 베르사체의 광고는 '대조 효과(Contrast Effect)' 를 잘 활용해서 시선을 잡고 있다.

광고에서 어떤 자극을 제시하는 데 있어, 경쟁사의 광고가 가지고 있던 자극과는 전혀 다른 자극을 제시하면 쉽게 타깃들의 눈에 띌 가능성이 높아지게 마련인데, 베르사체 광고들은 이런 원칙을 준수함으로써 소비자들에게 파고들었다.

〈광고 1〉

〈광고 2〉

〈광고 3〉

〈광고 4〉

물론 베네통과 같은 극단의 방법을 활용하지는 않지만 패션광고에서 볼 수 있는 전형적 접근방식은 피하고 있다. 뭔가 새롭거나, 경쟁사보다는 한 걸음 빠른 트렌드를 만들어 결과적으로 광고에 시선을 잡아두는 효과를 거둔다. 크리에이티브의 큰 장치가 있는 것도 아니고 카피의 메시지가 사회에 반향을 일으킬 만큼 놀라운 것도 아니지만, 한 번 보면 그 잔상이 쉽게 지워지지 않는 특성을 지닌 광고, 그것이 바로 베르사체 광고이다.

베르사체의 광고를 보면 철저하게 경쟁 브랜드들과는 다른 어프로치를 하고 있다. 쉽사리 흉내내거나 따라할 수 없는 그 무엇이 있다. '놀라게 하지 않으면 기억하지 않는다'는 광고계 철칙을 준수하고 있는 것이다.

이런 특성은 베르사체 옷의 느낌과 비슷하다는 생각이 들게 한다. 베르사체 브랜드가 던지는 파격과 이단성이 광고에도 그대로 전이되고 있는 것이다. 아니면 역으로 광고가 브랜드의 이미지와 컨셉트를 리드하고 있는지도 모른다. 하지만 부인할 수 없는 사실 하나는 베르사체의 광고는 섹스와 놀라움이라는 요소를 잘 배합해 늘 신선하게 다가온다는 것이다. 시멘트와 모래가 물과 만나서 단단해지듯이, 베르사체도 섹스와 놀라움으로 견고하게 그 이미지를 키워가고 있다.

〈광고 1, 2, 3, 4〉를 보면 베르사체가 표방하는 패션 철학을 간접적으로 느낄 수 있다. 무표정하게 서 있는 남자들 속에서 왠지 일상으로부터의 탈출을 꿈꾸는 듯한 여자의 모습이 대조적이다. 뭔가를 갈구하는 여자의 표정과 마치 경호원 같은 남자들의 표정이 극적 대비감을 준다. 남자들은 규율과 억압이라는 코드로 해석되며, 여자들은 그 억압에서 벗어나려는 몸부

〈광고 5〉

〈광고 6〉

〈광고 7〉

〈광고 8〉

〈광고 9〉

〈광고 10〉

림으로 해석된다. 또한 광고에 보이는 문은 여자들에게는 욕망의 통과의례요, 자유로의 비상구로 느껴지게 한다. 베르사체가 꿈꾸어 왔던 억압으로부터의 자유, 일상으로부터의 탈출 등이 강렬하게 느껴지는 광고이다.

〈광고 5~8〉은 동성애라는 코드를 이용해 주목받은 작품이다. 메인 모델들은 정상적으로 보이지만 상대들은 철저하게 등을 돌리거나 머리 부분이 트리밍되어 보이지 않는다. 그래서 아직 '커밍아웃' 하기에는 이른 동성애에 대한 인식 때문에 이런 시도를 했다는 해석과, 등을 돌리고 있는 여자는 정면을 바라보고 있는 여자의 내면의 욕망을 표현한 것이라는 해석으로 엇갈리기도 했다. 그러나 남자가 등장하는 〈광고 9〉나 〈광고 10〉은 여자의 내면으로 보기에는 무리가 있어 보이며, 동성애와 사랑에 대한 베르사체식 해석으로 보는 것이 더 일리가 있어 보인다. 이 시리즈는 배경이 모두 침실이어서 섹스라는 무기를 의도적으로 활용했다는 강한 인상을 준다. 뭔가를 강하게 응시하는 모델들의 시선과 광고의 컬러 톤이 묘한 여운을 던진다. 특히 컬러의 톤이 밝게 처리되지 않고 중간 컬러로 데카당스(Decadence)적인 느낌을 주어 보는 사람으로 하여금 빠져들게 하는 힘이 있다.

무엇보다 베르사체 광고에는 매우 도발적이고, 사람들이 기억할 수 있는 장치들이 눈에 띈다. 베르사체의 광고는 '대조 효과(Contrast Effect)'를 잘 활용해서 시선을 잡고 있다.

〈광고 11~14〉는 베르사체가 여타 경쟁사와는 다른 자극을 통해 브랜드를 기억시키는 전략의 극단을 보여주는 것으로 베르사체 광고 중 가장 파격적이고 섹스어필한 시리즈이다. 실제 완전 나체의 모습이 등장해서 논란이 일기도 한 광고들로서, 나체이거나 언더웨어를 벗고 있는 모습을 자극적으로 연출해 젊은이들을 사로잡았다. 앞서 설명한 시리즈와는 다르게 이 광고의 컬러 톤을 보면 거의 원색에 가깝다. 레드 컬러와 클로즈업된 모델들의 비주얼이 타깃을 자극하고 흥분시킨다.

〈광고 15, 16〉은 모델들의 행위를 마치 동영상으로 보는 듯한 착각을 불러일으킨다. 막 바지를 내리는 모델의 모습을 연출해서 그 다음을 연상하도

〈광고 11〉

〈광고 12〉

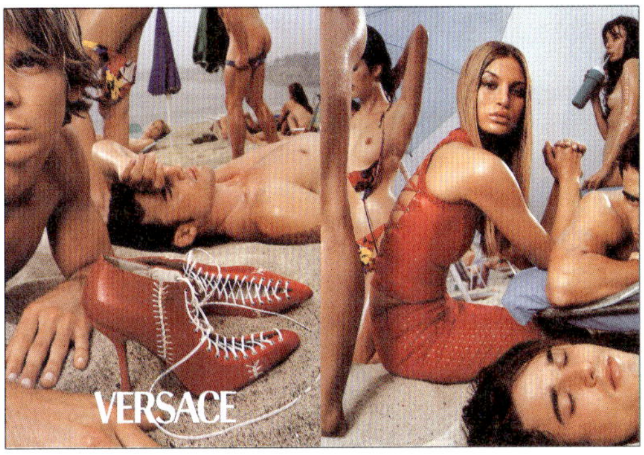

〈광고 13〉

〈광고 14〉

〈광고 15〉

〈광고 16〉

록 한 교묘함이 돋보인다. 또한 이 광고는 관음증을 이용한 듯하다. 마치 아파트 안을 망원경으로 들여다보고 있는 듯한 느낌이 들게 한다. 수많은 패션 광고들이 섹스 코드를 이용하고 있지만, 베르사체는 이처럼 뭔가 다른 장치를 덫으로 놓아 소비자가 걸려들게 한다.

〈광고 17~22〉는 지아니 베르사체의 뒤를 이은 동생 도나텔라의 패션 개념이 주를 이룬다. 광고에서 여성적인 아름다움과 더불어 일상에서도 입을 수 있는 실용성을 강조한 디자인을 소개한다. 다만 'VERSACE' 로고를 벽면에 크게 장치해 놓고 그 앞에서 모델들이 포즈를 취한 광고들을 보면 베르사체만의 도발성을 잃고 있다는 아쉬움이 남는다. 광고로서의 매력은 떨어지지만 베르사체의 달라진 디자인 철학을 광고를 통해 충분히 알 수 있다.
그런데 광고에 대한 매력도가 떨어짐과 마찬가지로 현재 베르사체는 심한 경영난을 겪고 있는 것으로 알려져 베르사체 마니아들을 안타깝게 하고 있다. 역시 베르사체는 과거, 소수를 위한 실험적이고 자유분방한 정신을 표방하는 포지셔닝을 하고 있을 때가 정상의 위치였음을 알 수 있다.

〈광고 23~27〉은 2003년에 집행된 시리즈인데, 1997년 지아니가 사망하기 전으로 회귀하는 듯한 인상을 물씬 풍긴다. "역시 베르사체다!"라는 탄식이 나올 만한 디자인과 소재를 모델들의 묘한 포즈와 과감한 디자인으로 충실히 전달하며 마니아를 자극한다. 모델의 연출과 컬러 톤을 보면 전성기의 베르사체가 연상되니 베르사체는 아마도 자기 브랜드가 지닌 아이덴티티를 다시 찾아가는 것 같다. 광고로 마니아들에게 다시 손짓을 하고 새로운 고객들에게는 베르사체만의 정체성을 전달하려는 것이다.

광고에서 어떤 자극을 제시하는 데 있어, 경쟁사의 광고가 가지고 있는 자극과는 전혀 다른 자극을 제시하면 쉽게 타깃들의 눈에 띌 가능성이 높아지게 마련인데, 베르사체 광고들은 이런 원칙을 준수함으로써 소비자들에게 파고들고 있는 것이다.

〈광고 28〉은 베르사체만의 자극적인 어프로치로 시선을 사로잡는다. 많은 향수 브랜드들이 섹스어필 기법을 이용해 자극하고 있지만 베르사체는 좀 더 원색적인 것이 특징이다.

〈광고 17〉

〈광고 18〉

〈광고 19〉

〈광고 20〉

〈광고 21〉

〈광고 22〉

〈광고 23〉

〈광고 24〉

〈광고 25〉

〈광고 26〉

〈광고 27〉

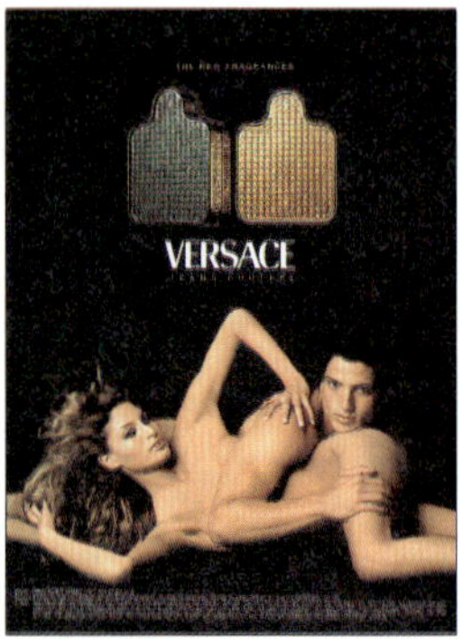

〈광고 28〉

It's for Me

사람들에게는 저마다 'Favorite Friend'가 있듯이 'Favorite Brand'도 있다. 기쁠 때 생각나는 친구가 있고, 슬플 때 위로받고 싶은 친구가 있듯이 브랜드도 같은 역할을 한다. 사람들은 누구나 즐거운 추억을 떠올리면, 그 추억을 함께 나눈 친구가 보고 싶어지기 마련이고, 그럴 때면 곧바로 그 친구에게 전화를 걸거나 메신저에 로그인 해서 대화를 나누게 된다. 이런 소비자 행동이론 측면에서 베르사체를 대입해 보면 아마도 다음과 같은 과정을 거치게 될 것이다.

크리에이티브의 큰 장치가 있는 것도 아니고 카피의 메시지가 사회에 반향을 일으킬 만큼 놀라운 것도 아니지만, 한 번 보면 그 잔상이 그리 쉽게 지워지지 않는 특성을 가진 광고, 그것이 바로 베르사체 광고다.

이런 상상을 한번 해보자.

한 여자가 오늘 성대한 파티에 초대를 받았다. 우선 어떤 옷을 입고 나가야 눈에 띌 것인가를 생각하게 된다. 그녀는 거기서 멋진 남자를 만나고 싶다고 생각한다. 남들보다 멋지고 섹시하게 보임으로써 온몸에 시선을 받고 싶다는 욕망을 강하게 느낀 그녀는 옷장을 뒤질 것이다. 그래서 고른 옷이 베르사체였다. 그리고 그날 파티는 대단한 성공을 거두었다. 그날부터 그녀에게 가장 잘 어울리는 옷은 베르사체가 될 것이며, 파티와 같은 화려함과 남녀의 상열지사(相悅之詞)를 생각하면 반사적으로 그녀는 베르사체를 입게 될 것이다. 베르사체가 존재할 수 있는 이유가 바로 여기에 있다. 그리고 이런 소비자가 있는 한 베르사체는 지금의 어려움을 무사히 극복할 것이라 본다.

VICTORIA'S SECRET

Victoria's Secret

이너웨어시장을 달군 성공의 비밀, '매스티지 마케팅'

한국은 지금 매스티지 마케팅 열풍

최근 중산층을 대상으로 대중적 제품(Mass Product)과 명품(Prestige Product)의 중간에 위치한 중고가 제품을 판매하는 '매스티지(Masstige)' 마케팅이 좋은 반응을 얻고 있다.

매스티지는 Mass와 Prestige의 합성어로, 불황의 여파로 수입은 줄었지만 소비의 질은 결코(?) 낮추기 싫어하는 소비자의 인사이트에 부합해 국내외에서 많은 성공 사례를 낳고 있는 새로운 마케팅 개념이다. 이런 마케팅 현상이 전 세계적으로 확산되자 전통 명품 브랜드들도 앞다투어 매스티지 시장에 뛰어들고 있다.

프라다(PRADA)는 세컨드 브랜드인 미우미우(miu miu)를 진작부터 키워 또 하나의 명품 반열에 오르게 했다. 원래 이 브랜드는 프라다의 창립자인 마리오 프라다의 손녀 미우치 프라다가 론칭했는데, 고객들이 느끼는 품질과 디자인 컨셉트는 프라다와 비교해 전혀 손색이 없으면서 가격은 30% 정도 저렴해 패션 리더들의 각광을 받고 있다. 조르지오 아르마니도 세컨드 브랜드인 아르마니 익스체인지를 오래 전에 론칭해, 가격에 부담을 느꼈던 젊은 타깃에게서 폭발적 인기를 얻었다. 또한 마크 제이콥스(Mark Jacobs)는 마크 바이 마크 제이콥스로 실용성을 강조했고, 도나 카란도 일찍이 이 시장을 겨

냥해 DKNY를 전략적으로 키우고 있다. 사실 이런 경향은 고가의 명품을 소유하고자 하는 젊은층의 증가와 그에 발맞춰 그들의 감각에 어필하는 제품을 출시하려는 기업의 전략이 맞아떨어진 결과로 보인다.

이와 같이 시장에서 매스티지 열풍이 일어나자 국내에서도 화장품과 패션에서 제일 먼저 이 시장에서 우위에 서기 위한 치열한 싸움이 벌어지고 있다.

화장품 분야에서는 라네즈가 선두에서 매스티지 마케팅을 전개하고 있고, LG생활건강도 수려한 및 이자녹스 브랜드로 소비자를 공략중이다. 한국화장품 A3F(on)은 주름 개선 제품을 출시해 브랜드에 대한 고급 이미지를 유지하면서 실용성을 중시하는 중산층에게 어필하는 상황이다. 이를 보면 한국의 화장품 업계는 외국의 명품 화장품과 맞서 싸워 우리 브랜드가 살아남기 위해서 브랜드 이미지는 고급을 지향하면서 경쟁력 있는 가격대로 버티는 매스티지가 하나의 방법이라고 생각하는 듯하다.

이와 맥을 같이해 패션계에서도 매스티지 마케팅에 대한 실험은 꾸준히 지속되고 있다. 한국 패션업계는 3M, 즉 'Metro-Sexual' · 'Matchless' · 'Masstige'가 한동안 한국 패션업계의 큰 화두가 될 것이라는 예측을 내놓았는데, 실제로 LG패션, 제일모직 등과 같은 패션회사에서는 이에 발맞춰 대중적 명품을 선보이고 판매 촉진에 나섰다. 이제 소비자들이 포멀하며 고가인 전통 명품 브랜드보다는 신세대 감각에 맞고 가격 부담도 덜한 제품에 자연스럽게 열광하리라 판단한 것이다.

이런 매스티지 열풍은 한국 시장을 뜨겁게 달구면서 심지어 식품업계에도 번져 유기농 와인, 유기농 채소는 물론 베이커리, 선식, 음료시장에 이르기까지 그 불길이 옮겨가고 있다.

한편 미국의 경제전문지 《하버드 비즈니스 리뷰》*(HBR)*는 얼마 전 "미국 소비시장에서 매스티지 제품에 대한 수요가 크게 증가하고 있다"라고 하면서, "전체 소비시장의 19% 정도를 차지하는 미국의 전형적 중산층은 품질과 감성적 만족 두 가지를 모두 충족시키기 위해 매스티지 제품을 꾸준히 구매하는 것으로 나타났다"라고 전했다. 또 "매스티지는 패션과 가방뿐만 아니라 가구, 식품, 생활용품, 가전제품에 이르기까지 산업 전반에 걸쳐 널리 확장되고 있다"라고 덧붙이기도 했다. 이를 통해 우리나라뿐만 아니라 미국에서도 매스티지 열풍이 일고 있음을 다시 한 번 확인할 수 있다.

매스티지 마케팅의 성공 요건

매스티지는 Mass와 Prestige의 합성어로, 불황의 여파로 수입은 줄었지만 소비의 질은 결코(?) 낮추기 싫어하는 소비자들의 인사이트에 부합해 국내외에서 많은 성공 사례를 낳고 있는 새로운 마케팅 개념이다.

매스티지 마케팅의 일반적인 특성은 몇 가지로 요약할 수 있다.
첫째, 매스티지 마케팅에서 단지 명품보다 가격이 낮다는 것이 충분조건은 아니다. 명품 브랜드의 높은 가격과는 달리 합리적 가격이지만 일정 부분 명성과 품질이 보장돼야 성공할 수 있다. 명품 브랜드가 희소성을 내세운다면, 매스티지는 고가이지만 다량으로 판매되는 경향을 띤다. 또한 명품과 대중제품 사이에 있기 때문에 소비자들이 크게 저항감을 갖지 않고 구입할 수 있는 접근 용이성을 지닌다. 따라서 매스티지 제품이 성공할 수 있는 최적의 조건은 '명품과 대중제품 간의 가격 차이가 현저히 크고, 소비자가 느끼는 감성적 가치의 차이가 적을 경우'라고 말할 수 있다.
둘째, 명품 브랜드는 과시적 소비성향이 강하게 반영되는 반면에 매스티지는 동류의식을 느끼게 함으로써 동질감과 자긍심을 함께 누리게 하는 특성이 있다. 예를 들어 디젤 청바지와 코치(Coach) 가방은 젊은층에게 자기네만이 향유할 수 있는 브랜드요, 하나의 코드로 인식되어 소비가 지속적으로 증가하고 있다.
셋째, 매스티지 열풍으로 기업들이 구매력 있는 중산층 소비자의 소비형태가 고급화, 다양화된다는 점에 촉각을 세운다는 것이다. 일반 제품으로는 수익 창출이 어렵고, 명품 브랜드에 대한 이탈현상이 일어날 수 있기 때문에 매스티지 제품은 폭발성을 지니고 있다고 본다. 따라서 기업은 중산층의 입맛에 맞는 제품, 즉 실속형 고급 소비수요를 충족시킬 제품에 대한 연구와 투자를 아끼지 않아야 한다는 것이다.
마지막으로, 매스티지 제품을 출시할 때는 사회적 유행이나 구전효과를 통한 조기확산 전략이 필수다. 명품으로 성공하려면 막대한 마케팅 비용과 시간이 들지만, 매스티지 제품은 소비자 상호간의 유대성이 높고 가격 또한 합리적

〈광고 1〉

〈광고 2〉

〈광고 3〉

이므로, 제품과 관련한 그럴듯한 화제를 만들어 유포하면 금세 유행하는 이점이 있기 때문이다.

애인에게 선물하고 싶은 속옷 브랜드 1위

빅토리아즈 시크릿(Victoria's Secret)은 세계의 패션 리더들에게 자기만이 간직한 은밀한 비밀로 인식될 만큼 인기 있는 이너웨어다. 브랜드 네임에서 연상되듯, 이른바 '잘 나가는 여자들의 비밀병기(?)' 가 되어 매출 곡선 또한 하늘로 치솟고 있다.

빅토리아즈 시크릿은 1990년에 설립된 애송이 브랜드에 불과하다. 그러나 지금 이 브랜드를 애송이라고 부르는 사람은 아무도 없다. 비록 회사와 브랜

〈광고 4〉

〈광고 5〉

〈광고 6〉

드의 역사는 다른 브랜드와 비교해 매우 짧지만, 그들이 이룬 마케팅 성공은 그 어떤 브랜드도 흉내 낼 수 없을 정도로 위대하기 때문이다.

특히 1998년 미국 광고시장에서 가장 비싼 시간대인 수퍼볼 중계방송에서 빅토리아즈 시크릿이 대형사고(?)를 쳐 화제가 되었다. 박진감 넘치는 경기가 끝나갈 무렵, 빅토리아즈 시크릿은 '지금 이 시간에 자사 브랜드의 슈퍼모델 선발대회가 인터넷으로 생중계되고 있다'라고 광고한 것이다. 광고가 나가자마자 수백만 명이 동시에 접속하는 바람에 사이트가 몇 차례나 다운되는 사태가 벌어질 정도였다. 이 광고로 빅토리아즈 시크릿은 전국적인 거물로 태어나며 수많은 사람들의 뇌리에 아름답고 뇌쇄적인 충격을 새겨 놓았을 것이다.

이런 상상은 바로 매출로 연결되었고, 매장 방문자 수의 급증으로 회사는 즐

《하버드 비즈니스 리뷰》(HBR)는 "전체 소비시장의 19% 정도를 차지하는 미국의 전형적 중산층은 품질과 감성적 만족 두 가지를 모두 충족시키기 위해 매스티지 제품을 꾸준히 구매하는 것으로 나타났다"라고 전했다.

〈광고 7〉

〈광고 8〉

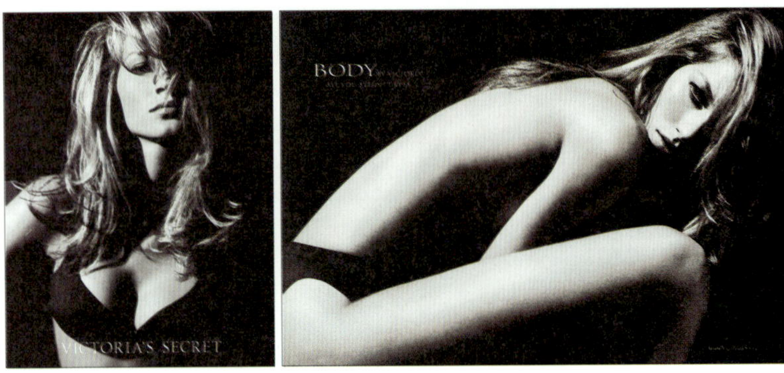

〈광고 9〉

거운 비명을 지르기에 이르렀다. 매장 방문자 수의 성비는 1 대 9 정도로 여성이 압도적이었으나 이제는 4 대 6으로 남성의 비율이 증가일로에 있고, 특히 사이트 방문자는 완전히 역전된 6 대 4의 비율을 유지하게 되었다. 이는 남자가 여자에게 선물하기 위해 정보를 검색하거나 실제 구입해 선물하는 경우가 늘어났기 때문인 것으로 분석한다. 빅토리아즈 시크릿은 섹시하고 도발적이며 여성스럽고 아름다운 디자인 컨셉트로 미국의 한 유력 설문조사에서 남자들로부터 자기 애인에게 선물하고 싶은 속옷 브랜드 1위로 뽑히는 영광을 안기도 했다.

이런 인기를 반영이라도 하듯 2005년 발렌타인데이에 뉴욕에서 열린 란제리쇼에는 브라질 출신의 모델 지젤 번천을 비롯해 타이라 뱅크스, 나오미 캠벨, 캐롤리나 쿠르코바 등 내로라하는 스타들이 대거 등장해 여자들의 정신을 쏙

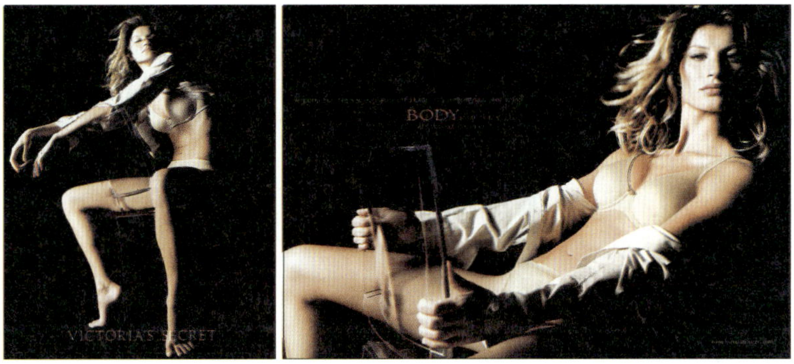

〈광고 10〉

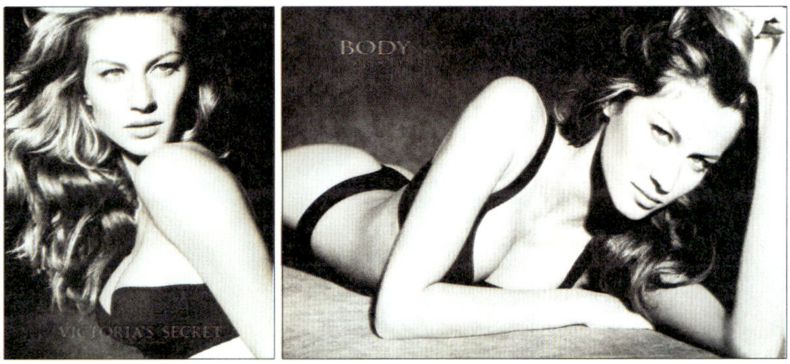

〈광고 11〉

빅토리아즈 시크릿은 섹시하고 도발적이며 여성스럽고 아름다운 디자인 컨셉트로 미국의 한 유력 설문조사에서 남자들로부터 자기 애인에게 선물하고 싶은 속옷 브랜드 1위로 뽑히는 영광을 안기도 했다.

빼놓기도 했다. 많은 슈퍼모델이 앞다퉈 빅토리아즈 시크릿의 모델로 캐스팅되기를 원했는데, 그 행운은 도발적인 이미지로 명품 브랜드 디자이너들이 가장 선호하는 체코 출신 모델 캐롤리나 쿠르코바의 몫이 되었다. '한걸음에 수백 달러를 버는 여자' 또는 '에스토니아에서 가장 부자 소녀' 라는 별명을 가진 그녀는 모델로 선정되자 곧바로 수많은 여자들로부터 부러움과 질투를 한몸에 받았다.

빅토리아즈 시크릿은 또한 영화 PPL에도 적극적이어서 〈맨인블랙〉의 여자 주인공이 섹시한 몸매를 드러낼 때 입고 나와 뭇 여자들의 탄성을 자아냈다. 한국 영화 〈싱글즈〉에서도 엄정화가 입고 나와 화제를 낳았다.

〈광고 12〉

〈광고 13〉

〈광고 14〉

광고로 명품 이미지 창출

빅토리아즈 시크릿은 기존 속옷시장이 간과한 여성의 미적 니즈를 간파한 후 매장 분위기를 명품 매장 못지않게 이노베이션하고, 제품의 품질을 향상시키며, 여자들이 선호할 감성적 어필에 주력한 Body By Victoria를 출시해 대성공을 거뒀다. 경쟁사들이 전혀 신경 쓰지 않은 시장을 발견하고, 고급 이너웨어인 라펠라(La Perla)와 중가 브랜드 메이든 폼(Maiden Form) 사이에서 합리적인 가격과 섹시한 디자인을 내세운 제품을 출시해 전 세계 란제리시장의 변화를 선도한 것이다. 이런 매스티지 전략이 바로 짧은 역사에도 불구하고 빅토리아즈 시크릿을 속옷 브랜드의 강자로 부상시키는 계기가 되었다.

광고〈1~11〉에서 볼 수 있듯이 Body By Victoria는 여성이 속옷에 기대하는

〈광고 15〉

〈광고 16〉

〈광고 17〉

Body By Victoria는 여자들이 속옷에 기대하는 감성적 느낌을 강하게 표출해 명품 브랜드의 광고와 비교해도 고급스러움이 전혀 떨어지지 않는다.

감성적 느낌을 강하게 표출해 명품 브랜드의 광고와 비교해도 고급스러움이 전혀 떨어지지 않는다. 오히려 그 어떤 브랜드보다 고급 브랜드처럼 인식될 수 있게 전개한다.

이런 전략적 접근에 힘입어 빅토리아즈 시크릿은 주 타깃인 여성은 물론 이를 선물하려는 남성의 비상한 관심을 끌고 있다. 세일기간이나 발렌타인데이, 크리스마스 시즌에 계산대에 길게 줄 선 남성들을 보는 것이 더 이상 이상해 보이지 않을 정도이다. 더욱이 스포츠나 야외활동이 늘어나고 성문화가 개방되면서 속옷을 노출하는 기회가 많아져 자기의 개성을 나타내는 수단의 하나로 속옷을 활용하는 젊은층이 늘어난 것도 매출곡선 급상승의 촉매가 되기도 했다.

결국 명품이 가진 고급스러움과 세련된 디자인, 그리고 인터넷과 패션쇼 등

〈광고 18〉

〈광고 19〉

〈광고 20〉

을 통한 IMC(Integrated Marketing Communication) 차원의 마케팅 활동, 그리고 무엇보다 매력적인 가격조건이 소비자를 빅토리아즈 시크릿의 절대 고객으로 남게 한 요인이라 할 수 있다.

빅토리아즈 시크릿은 Body By Victoria의 성공에 힘입어 지속적으로 후속작품을 만들어 냈다. 특히 Very Sexy 라인은 기존 제품과 다르게 여성적 부드러움과 과감한 디자인으로 크게 어필하고 있다.

광고〈12~22〉도 소비자의 인사이트를 이용해 좀더 노골적 포즈와 컬러 느낌으로 눈길을 끈다. 빅토리아즈 시크릿은 매스티지 마케팅의 성공요건이라 할 수 있는 지속적 시장조사와 상품개발을 통해 소비자들의 감각과 취향 변화에 한 발짝 먼저 다가가야 한다는 원칙을 지키고 있다. 또한 경쟁사에서 모방제품이 나와도 소비자가 자사 브랜드에서 느끼는 감성적 만족도 따라올 수 없

〈광고 21〉

〈광고 20〉

매스티지 마케팅의 성공요건이라고 할 수 있는 지속적 시징조사와 싱품개빌을 통해 소비자의 감각과 취향 변화에 한 발짝 먼저 다가가야 한다는 원칙을 지킨다.

게 하는 길이 지속적 발전의 원동력임을 아는 듯하다. 이에 따라 소비자가 현재 라인에 싫증이 날 만하면 후속제품으로 다시 고객을 잡는 방법으로 고객관리를 하고 있는 것이다. 그리고 새로운 라인을 론칭할 때마다 광고의 디자인 컨셉트나 표현에 있어 완전히 다른 이미지를 창출해 브랜드 이미지 관리를 체계적으로 하고 있다.

MARC JACOBS

Marc Jacobs

그의 또 다른 이름, 실험정신과 차별

2004년 브랜드 가치 세계 44위에 오른 루이뷔통은 오늘날 제2의 전성기를 맞이했다. 파리 샹젤리제 대로에 있는 루이뷔통 매장에서는 일본과 한국 등 아시아계 쇼핑 인파가 항상 길게 줄을 서서 기다리는 진풍경을 목격할 수 있다. 비단 이 매장만 그런 것이 아니다. 세계인의 패션 아이콘이라고 할 수 있는 뉴욕의 소호나 이탈리아 밀라노의 몬테 나폴레오네(Monte Napoleone), 홍콩, 도쿄 등 어떤 곳이라도 루이뷔통 매장은 항상 고객들로 발 디딜 틈이 없을 정도다.

하지만 루이뷔통은 한때 트렁크 브랜드로 이미지가 고착되어 힘겨운 마케팅 전쟁을 치러야 했다. 그 루이뷔통을 완벽하게 부활시킨 사람이 바로 마크 제이콥스(Marc Jacobs)이다.

150년 전통의 루이뷔통을 바꾸다

1997년 루이뷔통의 회장 아르노(Bernard Arnault)는 브랜드 리뉴얼을 위한 중대한 결심을 발표했다. 칼 라거펠트, 존 갈리아노, 톰 포드, 마이클 코어스 등 쟁쟁한 디자이너 대신 불과 서른네 살의 마크 제이콥스에게 수석디자이너 자리를 맡긴 것이다. 천재적 가능성은 있었지만 이제 막 자기 이름의 브랜드를 론칭한 그에게 아르노 회장은 도박을 건 것이다. 아르노 회장은 루이뷔통의 고정된 이미지를 바꾸기 위해서 혁명에 가까운 변화가 없이는 고객으로부터 영원히 멀어질지 모른다는 강박관념에 시달리고 있었다. 이런 그의 승부수는 그대로 들어맞았다. 여행 트렁크라는 무거움을 훌훌 떨쳐버리고, 첨단 유행 브랜드로 완전히 탈바꿈하는 데 성공을 거둔 것이다.

마크 제이콥스는 그때 상황을 이렇게 말한다.

"루이뷔통은 자극적인 변화가 필요했다. 기성복 컬렉션을 통해 고객층을 젊게 하고 브랜드에 활기를 불어넣어야 했다. 그전까지 여행 가방이라는 좁은 길을 걸어왔기에 길을 넓히기 위해서는 옷을 내세워야 했다."

마크 제이콥스는 1년 후에 선보인 첫 컬렉션을 통해 자신의 판단이 정확했음을 증명했다. 지금까지의 루이뷔통에서는 상상할 수도 없는 파격적 디자인과 소재는 관객을 열광시키기에 충분했다. 관객은 환호성을 질렀고, 매장에서는 고객이 줄을 서기 시작했다. 그는 예술성과 상업성의 경계를 교묘하게 넘나들며 두 마리 토끼를 잡는 데 성공을 거둔 것이다.

그는 경쟁 브랜드들이 로고를 최대한 숨기는 전략을 구사하는 데 반해 역으로 의상과 구두, 백, 액세서리 등 모든 아이템에 로고를 과감하게 도입, 150년 전통의 문양을 재현해 차별화했다.

루이뷔통 아르노 회장의 도박은 그렇게 세상의 우려를 통쾌하게 뒤집는 결과를 가져왔다. 루이뷔통의 성공과 함께 론칭한 지 10년도 안 된 브랜드 'Marc Jacobs' 도 순항을 계속하고 있다. 사람들은 이를 무심히 부러워할 뿐이지만, 그 성공의 치열함을 들여다보면 마크 제이콥스의 천재성이 이제 제대로 빛을 발하는 것을 알 수 있을 것이다.

아마추어와 프로로서의 마크 제이콥스

마크 제이콥스의 이력을 보면 천재의 비범함을 엿볼 수 있다. 그는 1963년 뉴욕 출생으로, 출생지 자체가 그의 감수성을 키우는 데 커다란 공헌을 했다고 해도 과언이 아닐 것이다. 1981년 'High School of Art and Design' 을 졸업하고, 디자이너의 꿈을 키우기 위해 대학을 'Parsons School of Design' 으로 결정했다. 아마도 이 두 가지의 선택이 오늘날의 마크 제이콥스를 존재케 하는 계기가 되었을 것이다.

"루이뷔통은 자극적인 변화가 필요했다. 기성복 컬렉션을 통해 고객층을 젊게 하고 브랜드에 활기를 불어넣어야 했다."

그는 대학 재학중 페리엘리스 골드 팀블상과 체스터 와인버그 골드 팀블상을 연거푸 수상하고, 그 기세를 몰아 '올해의 디자인상' 을 수상하는 영예를 안기도 했다. 1987년에는 그해 패션산업계에 가장 높은 공헌과 활동을 한 디자이너에게 수여하는 상인 CFDA(Council of Fashion Designers of America)를 최연소로 거머쥐었다. 그리고 놀랍게도 디자이너로서 한 번 받기도 힘든 이 상을 1992년에 다시 한 번 수상해 진가를 유감없이 발휘했다.

물론 화려한 수상경력이 사업성공의 결정적 요인은 아니지만, 제이콥스의 잠재력을 눈여겨본 페리엘리스는 그를 1989년 부회장으로 영입해 디자인에 관한 전권을 맡겼다. 그러나 초반에 그는 너무 앞선 실험정신으로 실패의 고배를 마셔야 했다. 엄청난 대가를 치르면서 아마추어와 프로의 차이를 배운 셈이라고 할까.

하지만 활기왕성한 그에게 한두 번의 실패가 결코 좌절을 의미하지는 않았다. 오히려 쓰라린 경험은 또 다른 도전을 위한 기폭제가 되어 여성복에서 수많은 실험을 할 수 있게 했다. 이는 페리엘리스나 마크 제이콥스 자신에게 성공과 자신감을 동시에 안겨주었을 뿐만 아니라 마크 제이콥스에게는 독립에 대한 꿈을 키우게 했다.

마침내 1993년, 마크 제이콥스는 친구인 로버트 듀피와 함께 '마크 제이콥스 인터내셔널(Marc Jacobs International)' 을 설립했다. 이어서 1995년에 'Marc Jacobs Look' 을, 다음 해엔 남성복 컬렉션을 선보였으며, 1997년에는 루이뷔통의 수석디자이너로 영입되면서 그의 브랜드 가치가 전 세계적으로 인정받자 뉴욕 소호에 첫 여성복 매장을 열었다. 또한 2000년에는 남녀 핸드백과 구두 등의 가죽 아이템을 선보였고, 다음 해에는 입고 싶지만 높은 가격 때문에 접근하지 못하는 마니아를 위한 세컨드라인으로 유니섹스 모드인 'Marc by Marc Jacobs' 를 론칭해 갈채를 받았다. 계속되는 성공에 힘입어 같은 해 6월에는 여성용 향수를, 2002년 봄에는 남성용 향수를 론칭해 호평받았다.

이런 성공의 이면에 존재하는 브랜드 철학은 한마디로 '과감한 실험정신' 으로 요약할 수 있다. 기존 브랜드에서는 볼 수 없었던 이색적인 소재와 컬러를 사용하고, 그런지 룩과 빈티지 룩을 고급스럽게 포장한 신선함이 고객들로부터 끊임없는 관심과 찬사를 받게 했다.
특히 2003년 춘하 뉴욕컬렉션에서는 1950년대 미국을 연상시키는 페미닌 룩으로 9 · 11 테러의 후유증을 앓던 미국인에게 자부심과 긍지, 그리고 그들만이 공감할 수 있는 향수를 불러일으켜 박수갈채를 받기도 했다.

미국 패션의 자존심

"실용성과 단순미를 상징하던 미국 컬렉션이 감성적으로 변하고 있다."
최근 미국 패션계를 평가하는 많은 사람들이 이구동성으로 하는 말이다. 그리고 그 변화의 중심에 마크 제이콥스가 있음을 부인할 사람은 많지 않을 것이다. 그는 뉴욕에서 전개하는 자신의 브랜드와 명품 브랜드인 루이뷔통을 통해 자신만의 패션철학을 부각시키고 있다. 특히 미국 패션계에서의 그의 위치는 절대적이라고 할 수 있다. 그는 미국의 이미지를 '디자이너의 변방에서 중심' 으로 옮겨 놓았고, 발표하는 컬렉션마다 수많은 화제와 찬사를 몰고 다녔다.

그는 언제나 새로운 트렌드를 선보였고, 전통에 얽매이지 않고 늘 자유로운 감각과 실험적인 정신을 패션에 접목했다.

사실 페리엘리스에서 일할 때만 해도 마크 제이콥스를 인정하는 사람은 그리 많지 않았다. 당시 선보인 파격적인 그런지 룩은 비록 패션계에서는 역사적 사건으로 기록하고 있지만, 소비자의 이해 부족으로 실패로 돌아갔다. 뿐만 아니라 루이뷔통에서의 첫 컬렉션에서도 악의에 찬 언론의 혹평을 들어야만 했다. 그러나 그는 지금까지 자기가 배운 기존의 디자인 감각에 대한 유혹을 뿌리치고 언제나 새로운 트렌드를 선보였고, 그에 대한 질타의 소리가 커지면 커질수록 달궈진 쇠처럼 단단해졌다. 전통에 얽매이지 않고 늘 자유로운 감각과 실험정신을 패션에 접목했다. 그의 브랜드를 미국의 대표 브랜드이자 자존심으로 키운 것이나, 150년 전통의 루이뷔통을 혁신한 것 모두 지칠 줄 모르는 실험정신과 배짱이 있었기에 가능했다.
최근 *FACE*에서 발표한 '패션계에서 가장 영향력 있는 디자이너 100명' 의 명

〈광고 1〉

단에서 마크 제이콥스는 쟁쟁한 아르마니 · 베르사체 · 톰 포드 등을 제치고 당당히 1위에 올라섰다. 이제 명실 공히 정상에 등극했고, 그의 이런 성공에 반기를 들 사람은 아무도 없을 것이다.

'이슈 메이킹 모델'을 이용한 크리에이티브

마크 제이콥스의 광고는 유르겐 텔러(Jucrgcn Tcller)라는 포토그래퍼가 유명 모델들과 함께 진행하고 있다. 사실 이 브랜드의 광고에 주목하게 된 것은 이 포토그래퍼가 그려내는 인물의 표정과 동작 때문이다. 모델이 지닌 장점과 광고하고자 하는 품목을 교묘하게 결합한 연출력이 뛰어나다.

〈광고 1〉의 모델은 스테파니 세이무어(Stephanie Seymour)로 일찍이 14세부터 모델계에 투신한 인물이다. 그녀는 《스포츠 일러스트레이티드》의 수영복 모델로 인기를 얻기 시작했는데, 군살 하나 없는 몸매는 전 세계 사람들의 시선을 끌기에 충분했고, 곧바로 빅토리아즈 시크릿의 모델로 캐스팅되는 영광을 안았다. 오른쪽 연속 페이지로 집행된 이 광고에서도 역시 그녀의 매력이 물씬 풍긴다. 다리에 아무 것도 걸치지 않고 신발만 신어서 모델의 섹시한 이미지를 신발로 전이했다.

〈광고 2〉에서는 영화 〈마이너리티 리포트〉에서 애거시라는 예언자로 강한 인상을 남긴 사만다 모턴(Samantha Morton)이 모델로 나온다. 영화에서 그녀는 단선적이고 강렬한 연기로 호평받았는데, 이 광고도 마치 영화의 한 장면처럼 묘한 긴장감을 불러일으킨다. 여기서 포토그래퍼가 인물에 포커싱하는 기존의 흔한 기법을 탈피해서 모델의 특징은 살리되, 제품과의 관련성을 철저하게 추구한 것에 점수를 주고 싶다.

〈광고 3〉도 같은 모델인데 표정 연기가 압권이다. 핸드백을 열고 소스라치게 놀라는 모습이나, 장난스러운 눈빛과 비틀어진 입술 모양이 패션광고에서는 흔히 볼 수 없는 모습이다. 이렇게 살아 있는 모델의 모습을 잡아낼 때 광고도 사는 것이다.

마크 제이콥스의 광고는 유르겐 텔러(Juergen Teller)라는 포토그래퍼가 유명모델들과 함께 진행하고 있다. 사실 이 브랜드의 광고에 주목하게 된 것은 이 포토그래퍼가 그려내는 인물의 표정과 동작 때문이다.

〈광고 4〉에서는 서른이 넘은 나이에도 불구하고 10대 소녀의 이미지를 간직한 위노나 라이더를 모델로 기용했는데, 거식증으로 구설수에 오르고 도벽으로 망신당한 그녀를 옹호하는 듯한 광고로 보이기도 한다. 그녀는 어린 나이에 일찍 데뷔한 탓인지 최근 정신적으로 다소 피폐해진 면이 나타났다. 특히 배우 조니 뎁과의 이별 후 그 증세가 더 심해지는 듯해 팬들을 안타깝게 했다. 그녀는 〈작은 아씨들〉에서 활달하고 적극적인 둘째딸로 호연했으며 조니 뎁과 공연한 〈가위손〉 같은 영화에서 청순하고 귀여운 이미지로 우리나라에도 팬이 많았는데, 얼마 전 옷을 훔치다 들킨 사건으로 스스로 얼굴에 먹칠했다. 미국판 〈연예가중계〉라 할 만한 〈인사이드 에디션〉이라는 프로그램에서는 꼬박꼬박 위노나 라이더 재판과정을 보여주었는데, 그녀는 처음에는 아예 훔치지 않았다고 주장하고, CCTV에 찍힌 자기 모습조차도 부인하다가 나중에는 새로 맡은 배역의 특성에 따라 옷을 훔치는 도둑질을 해보았다고 주장해 사람들을 어리둥절하게 만들었다.

〈광고 2〉

〈광고 3〉

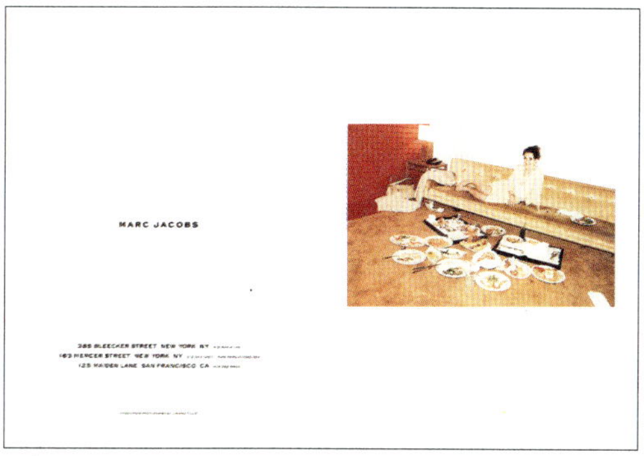

〈광고 4〉

〈광고 5〉

이 정도의 문제를 안고 있는 모델이라면 한국에서는 외면하게 마련이지만 마크 제이콥스는 오히려 그것을 즐기는 듯하다.

〈광고 5〉는 흡사 전성기의 비틀즈 모습을 연상시키며 가수들의 일상적인 모습을 여과 없이 보여준다. '잘 나가는 가수들도 이렇게 일상으로 돌아오면 광고를 보고 있는 당신과 전혀 다를 게 없다' 라고 말하는 것 같다. 광고는 일종의 환상을 심어주는 이미지 작업이기도 하지만, 이런 경우처럼 소비자가 '나와 똑같다' 라는 생각을 하도록 친근하게 다가갈 수도 있다.

〈광고 6~10〉은 〈엔젤 하트〉와 TV영화 〈위대한 유산〉 등에 출연했던 관록의 여배우 샬럿 램플링(Charlotte Rampling)의 사생활을 그대로 광고에 옮

〈광고 6〉

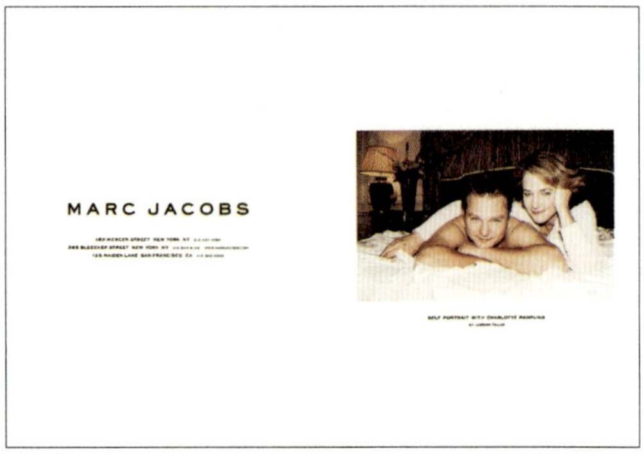

〈광고 7〉

〈광고 8〉

〈광고 9〉

겨 놓은 듯한 시리즈광고다. '샬럿 램플링의 자화상' 이라는 타이틀로 전개된 이 시리즈는 특별한 장치가 없음에도 불구하고 40~50대 고급 마니아에게 신선한 자극을 주었다. 소비자는 '나도 저렇게 아름답게 나이 먹을 수 있을까' 하는 부러움을 느끼며 세월이 흘러도 변함없는 사랑의 모습에 흠뻑 빠져들 것이다. 나이가 들면서 가장 두려운 것이 상대에 대한 무관심이라고 한다. 이런 두려움을 안고 사는 세대에게 이 광고는 얼마나 부럽고 닮고 싶은 모습으로 다가올까?

〈광고 11〉은 정치적 이슈를 광고에 접목했다. 세계적 기타리스트인 서스턴 무어(Thurston Moore)가 살인을 반대하고 전쟁을 혐오한다는 피켓을 든 채 강렬한 눈빛으로 세상을 주시한다. 그가 노래에 담은 메시지이기도

〈광고 10〉

〈광고 11〉

〈광고 12〉

〈광고 13〉

유명 연예인이나 섹스 심벌을 캐스팅하지 않고, 문제의식을 가지거나 당시에 이슈메이커 역할을 하는 인물을 섭외해 광고를 집행한다.

하고, 그의 철학이기도 한 살인과 전쟁에 대한 거부를 선언하는 듯하다.

〈광고 12~13〉은 설치작가이자 조각가인 레이철 페인스타인(Rachel Feinstein)의 천진난만한 모습을 광고에 담았다. 나이에 관계없이 너무나 밝고 활발한 그녀를 통해 마크 제이콥스는 삶의 긍정적 모습을 나타내고자 한듯하다.

〈광고 14~17〉은 미국의 유명한 구성 사진작가인 신디 셔먼(Cindy Sherman)의 이야기로 만들어진 광고이다. 미국 뉴저지 출신으로 현대 사진사에 중요한 자리를 차지한 그녀는 "나는 내 작품을 페미니즘 작품이나 정치적 선언이라고 생각해본 적이 없다. 하지만 분명한 것은 그 안의 모든

〈광고 14〉

〈광고 15〉

〈광고 16〉

〈광고 17〉

요소는 이 사회의 여성이라는 입장에서 관찰한 것이다"라고 주장했다.

신디 셔먼의 작품에서 보이는 특징은 '여성'과 '몸'이다. 신체라는 외부 이미지를 넘어서 여성 신체를 구성하는 내부 이미지를 묘사한 오브제 아트에 이르기까지 여성의 신체는 셔먼이 추구하는 작품 세계의 근원이다. 그녀는 남자의 시각으로 바라보는 여성의 '몸'에 대한 규정을 단순히 아름다움이 아닌 있는 그대로 또는 뒤에 감춰진 진실을 보여줌으로써 여성의 진정한 자아확립과 주체회복이라는 메시지를 전달하고자 한다. 그런 그녀이기에 광고에 나오는 모습 또한 여타 모델들이 연출하는 것과는 완전히 다르다. 그녀는 자기의 작품세계와 궤를 같이하듯 패션광고임에도 불구하고 오히려 불쾌감을 줄 수 있는 모습을 적나라하게 보여주었다.

광고에 등장하는 인물들을 보고 동일시 현상을 일으켜 구매로 이어지는 일반적 과정보다는 마크 제이콥스의 옷을 입는 사람들의 의식과 식견, 그리고 사회에 대한 책임의식까지도 염두에 둔 듯한 전략을 구사한다.

지금까지 본 바와 같이 마크 제이콥스는 그의 패션철학만큼이나 광고도 경쟁사들이 도저히 따라할 수 없는 방법으로 어프로치한다. 모델도 유명 연예인이나 섹스 심벌을 캐스팅하지 않고 문제의식을 가지거나 당시에 이슈메이커 역할을 하는 인물을 섭외해 광고를 집행한다.

광고에 등장하는 인물들을 보고 동일시 현상을 일으켜 구매로 이어지는 일반적 과정보다는 마크 제이콥스의 옷을 입는 사람들의 의식과 식견, 그리고 사회에 대한 책임의식까지도 염두에 둔 듯한 전략을 구사한다. 실제 마크 제이콥스의 유저들이 그런지는 별개의 문제이고, 이미지를 만드는 데 경쟁 브랜드들과는 다른 포지셔닝을 시도한 것이다.

TOD'S

치밀하게 계산된 차별화 전략, '평범함'

가지 않은 길

노란 숲 속에 길이 두 갈래로 났습니다.
나는 두 길을 다 가지 못하는 것을
안타깝게 생각하면서,
오랫동안 서서 한 길이 굽어
꺾여 내려간 데까지,
바라다볼 수 있는 데까지
멀리 바라다보았습니다.

그리고, 똑같이 아름다운 다른 길을 택했습니다.
그 길에는 풀이 더 있고
사람이 걸은 자취가 적어,
아마 더 걸어야 될 길이라고
나는 생각했던 게지요.
그 길을 걸음으로,
그 길도 거의 같아질 것이지만.

그날 아침 두 길에는
낙엽을 밟은 자취는 없었습니다.
아, 나는 다음날을 위하여
한 길은 남겨 두었습니다.
길은 길에 연하여 끝없으므로
내가 다시 돌아올 것을 의심하면서….

훗날에 훗날에 나는 어디선가
한숨을 쉬며 이야기할 것입니다.
숲 속에 두 갈래 길이 있었다고,
나는 사람이 적게 간 길을 택하였다고,
그리고 그것 때문에 모든 것이 달라졌다고.

미국의 시인 프로스트(Robert L. Frost, 1874~1963)의 시 〈가지 않은 길〉(The Road Not Taken)의 전문이다. 이 시를 읽을 때마다 한 길을 우직하게 걸은 모든 사람에게 박수를 보내고 싶어진다. 살아가는 데 있어 갈 수 있는 길이 참으로 많았을 터인데도, 오직 한 길만을 걸은 사람들의 인내와 깊이에 대해서 경의를 표하지 않을 수 없다. 유혹도 많았을 것이고 스스로 지칠 법도 한데 10년을 하루같이 자기의 길을 걸은 사람들의 이야기는 외경에 가까운 존경심을 갖게 한다.

특히 마지막 연에 있는 '나는 사람이 적게 간 길을 택하였다고, 그리고 그것 때문에 모든 것이 달라졌다고' 라는 구절에 가면, 다른 길에 대한 야릇한 호기심과 아쉬움이 있는 듯하면서도 결국 그 선택으로 인해 지금의 삶이 풍성하고 반듯한 듯해서 만족스럽지 않겠는가 하는 생각을 갖는다.

이런 의미에서 한 세기 이상 오로지 한 우물을 판 사람이 있다면, 감히 전문가의 반열에 들어섰다고 말할 수 있지 않을까? 다른 길을 갈 수 있었지만 꿋꿋하게 지금의 길이 자신의 길이고, 그 길은 자신만이 갈 수 있다는 확신과 신념. 그리고 거기에서 오는 자신감으로 자신의 인생을 모두 바칠 수 있는 굳은 의지. 심지어 자식의 자식에까지 대물림되어 전해지는 열정까지 가진 사람들. 이들은 세상을 감탄시키고, 결국 '장인' 이라는 최고의 존칭을 헌정받는다.

역사를 보면 이런 사람들과 가문에 의해서 문명이 발전하고, 인류에 영원히 빛날 유산이 만들어지는 듯하다. 특히 이른바 '명품' 의 반열에 오른 수많은 브랜드의(물론 어느 날 눈을 떠보니 유명해진 벼락출세도 있겠지만) 대부분은 이런 인고의 세월과 노력의 과정을 거쳐 만들어졌다고 해도 과언이 아닐 것이다. 그러한 외길을 한 세기 동안 변함없이 걷고 있는 브랜드가 이탈리아의 또 하나의 명품 구두, 토즈(TOD' S)다.

3대를 이은 장인정신이 명품으로

이른바 '명품' 의 반열에 오른 수많은 브랜드의 대부분은 이런 인고의 세월과 노력의 과정을 거쳐 만들어졌다고 해도 과언이 아닐 것이다.

토즈는 1917년 디에고 델라 발레(Diego Della Valle, 현 CEO)의 할아버지인 필리포 델라 발레(Filippo Della Valle)가 작은 구두점을 열면서 그 역사가 시작되었다. 그 당시 이탈리아에서는 솜씨 있는 제화기술자들이 대단한 긍지와 자부심으로 구두가게를 열고, 각자 그들만의 기술을 뽐내면서 자웅을 겨뤘다. 이런 흐름 속에서 신발 제조를 천직으로 여긴 몇몇의 제화기술자들이 꾸준히 경쟁하고 기술과 경험을 전수하는 가운데 오늘날까지 이르렀다. 물론 이런 경쟁 구도 속에서 세속적으로 성공한 사람이 있는가 하면, 경쟁의 참혹함과 유행이라는 바람에 쓰러진 사람도 있었다.

그 중에서 성공의 반열에 오른 브랜드 중 하나가 오늘날의 토즈다. 가내수공업으로 시작한 토즈는 필리포의 아들 도리노(Dorino)에 이르러 발전의 계기를 마련한다. 그는 아버지에게서 배운 기술을 토대로, 가죽의 중요성까지 깨달아 토즈를 한 단계 업그레이드하는 데 지대한 공헌을 했다. 그가 어렸을 때부터 가지고 논 장난감은 전부 아버지가 신발을 만들고 남은 가죽조각과 구두의 틀을 만들어 내는 모형이었다. 또래 아이들이 가지고 놀던 장난감과 도리노의 장난감은 전혀 달랐던 것이다. 그런 그에게 아버지가 무언으로 들려준 이야기는 아마도 '제품의 질을 높이기 위해서는 원단이 좋아야 한다' 라는, 가장 기본에 가까운 구두 철학이었을 것이다. '원단과 기본에 충실해야 한다' 는 제품 철학은 훗날 토즈가 크게 발전하는 초석이 되었음은 두말할 필요도 없다.

그러나 토즈의 비약적 발전은 창업자의 손자인 디에고가 사장에 취임하면서부터였으니, 3대에 걸친 장인정신이 비로소 열매를 맺은 것이다. 경쟁사들이 다들 자동화 시스템을 도입해 대량생산에 박차를 가할 때, 디에고는 선대로부터 익힌 섬세한 손기술과 누구도 흉내낼 수 없는 고품질의 원단을 사용하며 제품을 차별화했다. 그 결과 토즈는 현재 이탈리아는 물론 런던, 파리, 뮌헨, 베를린, 제네바, 아테네, 취리히, 이스탄불 등 유럽 각 지역에서 인기를 얻고 있고, 미국에서는 뉴욕의 메디슨 애비뉴와 비버리힐스, 샌프란시스코, 시카고, 라스베가스 등의 트렌드 세터에게 절대 신임을 얻었다.

좋은 가죽은 구두의 영혼

최고급 가죽원단으로 만들어진 토즈는 세련되고 심플한 디자인 컨셉트와, 미끄럼방지 고무로 덧댄 밑창으로 패션성과 실용성을 갖춘 명품으로 각광받았다. 토즈는 자사 브랜드의 특징을 살리기 위해 사내 조직 중 가장 중요한 부서로 '가죽원단 구매 및 관리부서' 를 꼽는다.

치열한 경쟁상황에서 경쟁사를 누르려면 마케팅이나 디자인 부문을 강화해야 할 것 같지만, 토즈의 생각은 좀 남다르다. 가공하고 꾸미고 소비자를 유혹하는 일보다 더 중요한 일은 구두를 만들기 전에 원자재를 철저히 선별하는 것이다. 이런 정신을 바탕으로 가공하지 않은 가죽을 고르는 일의 까다로움은 이미 패션계의 전설이 될 정도로 정평이 났다.

가죽의 원단을 고르면 수많은 단계를 밟아야 하는 염색과정을 거치는데, 이 과정은 철저히 베일에 가려진 채 그들만의 노하우가 전수된다. 사람이 직접 최상의 원단을 고르고 염색하는 과정은 백만 분의 일의 오차를 잡아내는 현대과학 시스템보다 더 정확하다는 것이다. 그리고 이렇게 까다로운 전문가들의 검사를 통과해야 비로소 토즈의 구두가 될 수 있는 자격을 얻게 된다. 그래서 토즈의 멤버들은 서슴지 않고 '좋은 가죽은 구두의 영혼' 이라고 말한다. 엄선된 가죽으로 신발의 본을 손으로 직접 자르고 각 부분을 바늘로 꿰매는 것부터 시작해 약 100여 번의 손길이 가고 나서야 한 켤레의 신발이 완성된다. 또한 모든 작업은 토즈가 정한 특별한 자격을 갖춘 장인들만이 할 수 있는 특전이며 영광이다.

유럽 왕가의 신발, Gommino

토즈의 생각은 좀 남다르다. 가공하고 꾸미고 소비자를 유혹하는 일보다 더 중요한 일은 구두를 만들기 전에 원자재를 철저히 선별하는 것이다.

클래식한 이탈리아 스타일로 언제 어디서나 신을 수 있는 '고미노(Gommino)' 로 알려진 신발은 지금까지도 마니아층이 두터운 히트 품목이다. 이 신발은 1950년대 차 안에서 신는 유행에서 디자인된 것인데, 시크하면서도 캐주얼한 모양으로 많은 인기를 얻었다. 특히 유럽의 왕실에서는 마치 왕가의 공식 신발처럼 이를 하나쯤 가지지 않은 왕가가 없을 정도였다. 이런 인기에 힘입어 고미노는 왕족이나 재벌가, 톱클래스의 영화배우 및 모델이 즐겨 신는 신발로 인기를 얻었다.

또한 발레리나 신발에서 영감을 얻은 '사브리나 신발' 은 발뒤꿈치에 있는 페블로 새로운 룩을 선보여 토즈의 독특함을 과시하기도 했으며, 2004년에 선보인 샌들은 가죽끈 힐부터 플랫 통까지 독특한 메탈 스타일로 구성되어 탄성을 자아냈다.

이렇게 구두로 승부를 건 토즈는 1997년부터 가방 컬렉션을 선보여 또 한 번 변신을 시도했다. 특히 론칭시 선보인 'D Bag' 은 스타일리시한 여성들의 패션 아이콘으로 떠오르기도 했는데, 이는 토즈의 변신이 소비자에게 놀라울 정도로 적중했다는 평가를 받는 계기가 되었다. 손으로 직접 가죽을 하나하나 커팅하고, 마지막 로고의 스티치까지 전과정이 수공으로 완성되어 클래식과 모던함이 완벽하게 조화된 이 가방은, 비즈니스는 물론 어떤 장소, 어떤 상황에도 완벽하게 조화를 이뤄 경쟁사들의 부러움을 사기도 했다.

또한 토즈의 야심작으로 출시한 '캔디 백' 은 양쪽을 조이는 장식용 끈이 있는 캔디 모양의 디자인으로 송아지 가죽의 부드러움이 특징이다. 이 백은 모

〈광고 1〉

〈광고 2〉

〈광고 3〉

양의 특이함과 부드러운 감촉으로 뭇 여성들의 관심을 끌어 또 하나의 히트작이 될 것으로 예상된다.

엄선된 가죽으로 신발의 본을 손으로 직접 자르고 각 부분을 바늘로 꿰매는 것부터 시작해 약 100여 번의 손길이 가고 나서야 한 켤레의 신발이 완성된다.

제품 중심의 크리에이티브

초기 토즈의 광고는 잘했다고 말하기는 어렵다. 여타의 광고가 남과 다르기 위해서 충격거리를 찾고, 뭔가 다른 비주얼로 소비자의 눈길을 잡으려고 하는 데 비해 토즈는 너무 평이하기 때문이다.
그러나 시리즈광고를 지속적으로 보면 토즈만의 특성을 발견하게 된다. 요란하지 않은 차별화 포인트가 다른 광고나 브랜드와 비교되어 기억되며, 판매로 연결됨을 알 수 있을 것이다. 어쩌면 토즈는 이런 치밀한 계산 속에, 강하

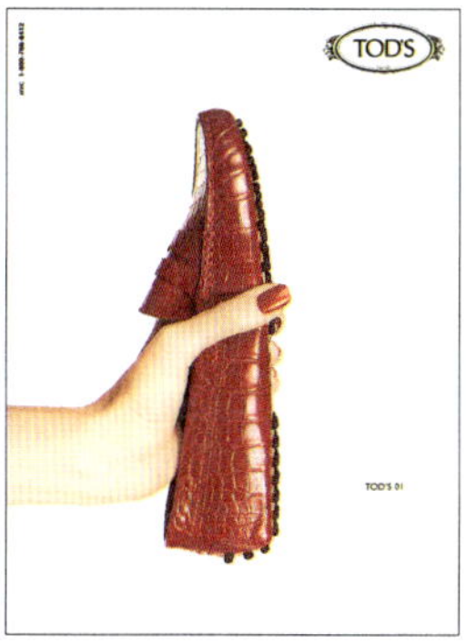

〈광고 4〉

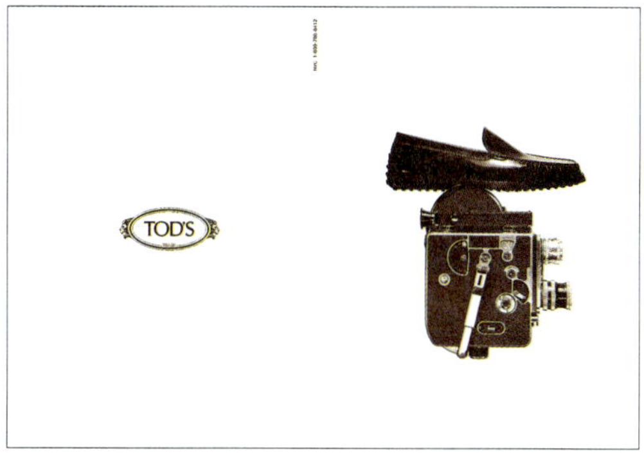

〈광고 5〉

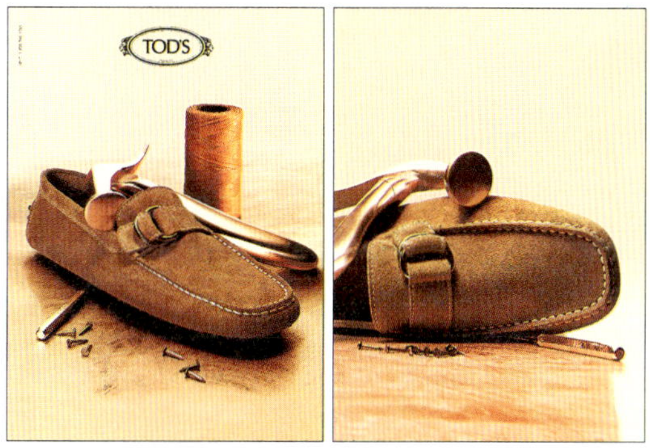

〈광고 6〉

고 반전이 있으며 비주얼의 충격이 큰 것보다는 제품에 눈이 가고 마음이 다가가게 하는 전략을 구사하는지도 모른다.

토즈의 광고에서 제품이 주인공이 되지 않은 것은 거의 없다. 그렇다고 딱딱하고 일방적인 광고주의 주장과 에고(Ego)만 있는 한방향 커뮤니케이션은 아니다. 제품이 중심이 되지만 소비자의 마음을 붙들고, 드라이할 것 같지만 숨어 있는 드라마가 있을 듯하며, 무엇보다 구두나 백의 실제 주인공이 연상되도록 한다.

〈광고 1, 2, 3〉은 멀티페이지로 집행된 광고인데 구두, 백과 연관된 컬러를 가진 소품을 이용해 시선을 잡는다. 구두, 핸드백과 같은 컬러의 미니카가 어우러지고, 같은 계열의 컬러로 구성된 볼링 핀과 볼이 제품을 기억시키

〈광고 7〉

〈광고 8〉

는 장치로 활용되었다.

〈광고 2〉에서는 모델의 얼굴은 과감하게 트리밍해서 보는 사람들로 하여금 제품에 관심을 기울이게 한다. 또한 제품과 매치되는 장난감이나 소품을 이용해 광고의 의도를 잘 전달한다.

〈광고 3〉은 키덜트(Kidult) 느낌으로 집행되었다. 광고를 구성하는 요소들이 분산되지 않고 제품을 강조하거나 돋보이게 하는 장치로 활용되었다.

〈광고 4, 5, 6〉은 제품을 더 극대화한 시리즈이다. 이 신발을 신고 있는 유저들의 직업군을 암시하는 비주얼과 손으로 정성을 다해 만든다는 것을

〈광고 9〉

〈광고 10〉

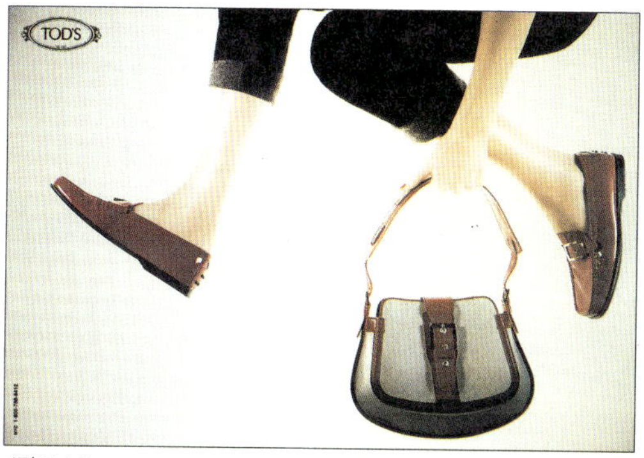

〈광고 11〉

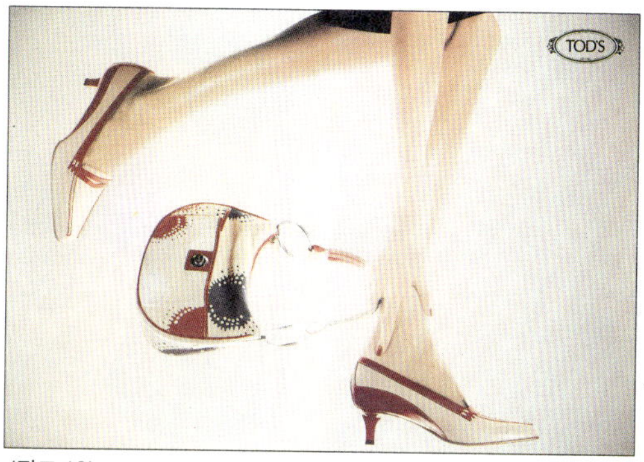

〈광고 12〉

시리즈 광고들을 보면 토즈만의 특성을 발견하게 된다. 요란하지 않은 차별화 포인트가 다른 광고나 브랜드와 비교되어 기억되며, 판매로 연결됨을 알 수 있다.

시위하듯 보여준다. 같은 명품이라고 해도 기계로 대량으로 만드는 경쟁 제품과 우리 제품과는 다르다는 것을 암시한다. 이런 광고를 보면 자기가 신으려는 브랜드를 결정을 하는 데 확신이 들게 하는 효과가 있으며 또한 '마이 브랜드화' 시키는 데 결정적 역할을 하리라는 믿음이 선다.
특히 〈광고 6〉은 왜 이 제품이 고가인지, 왜 꼭 한 번쯤 신어보고 싶은 신발인지 느낄 수 있도록 하여 소비자를 솔깃하게 한다.

〈광고 7~12〉는 주로 도심을 배경으로 활동하는 커리어우먼을 타깃으로 한 시리즈인데, 제품이 주인공이라는 철학은 그대로 준수한다. 제품을 소유한 사람들의 패션이나 주위 배경으로 직업을 알 수 있는 것을 이용해 이 시리즈광고는 철저하게 타깃지향적 어프로치를 시도한다.

〈광고 13〉

〈광고 14〉

〈광고 15〉

〈광고 16〉

또한 명품의 타깃 에이지가 낮아지면서 토즈도 톤 앤드 매너에서도 고급스럽지만 젊은 감각을 유지하는 특징을 보인다. 제품의 품질로서 우열을 가리기 어려운 현대 마케팅에서는 소비자가 원하는 이미지를 만들어 포지셔닝하는 것이 관건인데, 이런 측면에서 소비자 인사이트가 중요하게 여겨진다. 브랜드에 대한 소비자 인사이트를 찾아 뗄 수 없는 정서적 결속(Emotional Bonding)을 만들 때 브랜드 로열티가 생기고, 이렇게 형성된 소비자는 브랜드를 반복구매하는 열성팬이 된다.

토즈의 광고에서 제품이 주인공이 되지 않은 것은 거의 없다. 그렇다고 딱딱하고 일방적인 광고주의 주장과 에고(Ego)만 있는 한방향 커뮤니케이션은 아니다. 제품이 중심이 되지만 소비자의 마음을 붙든다.

〈광고 13~19〉는 앞의 시리즈와는 분위기를 바꿔 야외에서 만나는 토즈를 표현하고 있다. 앞의 시리즈광고가 도심을 배경으로 비즈니스와 도시적 세련미에 가까운 이미지를 연출했다면, 이 시리즈에서는 인생을 즐기며

〈광고 17〉

〈광고 18〉

〈광고 19〉

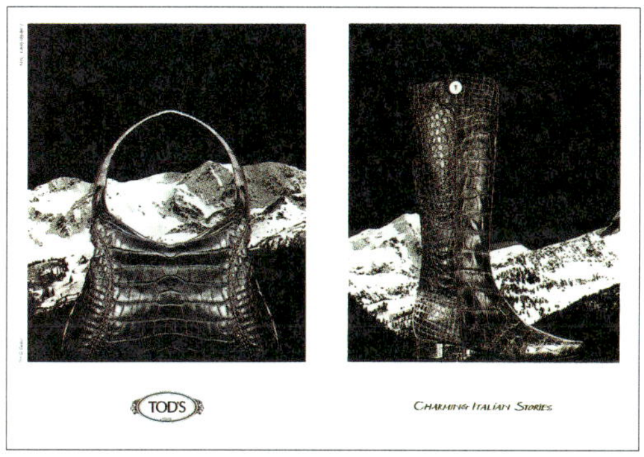

〈광고 20〉

관조하는 사람들의 라이프스타일에 어울리는 이미지로 포지셔닝하는 듯하다.

자연과 어울리지만 단순한 레저 개념은 아니고, 치열한 삶 속에서 자연을 잠깐 즐기는 여유로움이 배어 있다. 마치 열심히 일하다 큰 프로젝트를 성공시킨 연후에 만끽하는 승자의 갈채와 여유 속에 있는 듯하며, 일반 사람들이 상상할 수 없는 경제적 부를 소유한 사람들의 삶에 대한 찬미 속에 토즈가 있는 듯하다. 이런 사람들에게 무슨 걱정이 있으며 무슨 아픔이 있겠는가? 이런 상류사회에 어울리는 브랜드가 바로 토즈라고 이야기하는 것이다.

〈광고 20~24〉는 최근에 집행된 시리즈광고이다. "CHARMING ITALIAN

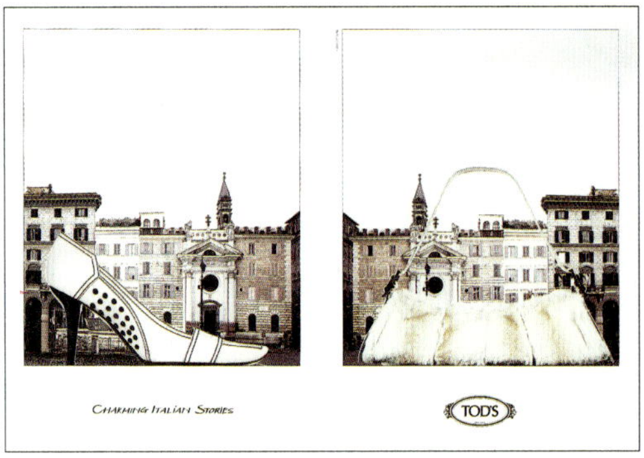

〈광고 21〉

〈광고 22〉

〈광고 23〉

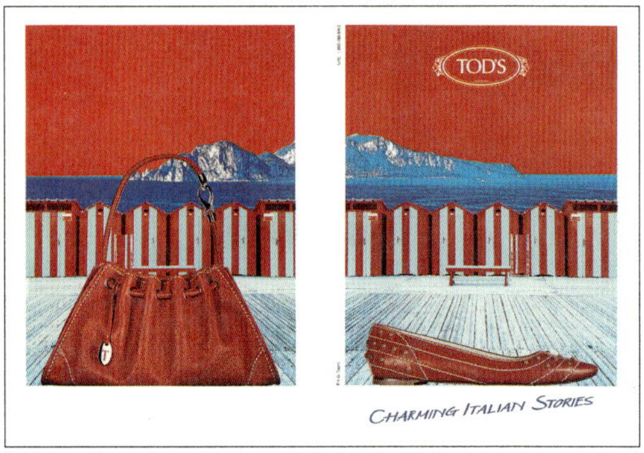

〈광고 24〉

STORIES" 라는 슬로건으로 이탈리아의 자랑거리와 제품을 매치해 품격을 한층 더 끌어올렸다.
이 광고를 통해 세계인의 가슴속에 있는 이탈리아의 예술성과 역사, 그리고 패션의 오리지널리티를 선점하는 효과를 거두었다. 이탈리아를 대표하는 명품 브랜드는 많겠지만, 이 캠페인으로 토즈를 사랑하는 소비자들에게 긍지와 자부심을 심어주었다고 하겠다.

토즈의 광고는 광고를 제작하는 데 있어 단순히 소비자의 시선을 묶어 놓기 위한 '차별화를 위한 차별화' 가 아닌, 제품을 중심으로 브랜드가 떠오르게 하는 전략이 우선되어야 한다는 것을 시사한다.

토즈의 광고캠페인은 남들과 달라야 하는 숙명을 지닌 광고가 어떻게 달라야 하는지 보여준다. 토즈의 광고는 광고를 제작하는 데 있어 단순히 소비자의 시선을 묶어 놓기 위한 '차별화를 위한 차별화' 가 아닌, 제품을 중심으로 브랜드가 떠오르게 하는 전략이 우선되어야 한다는 것을 시사한다. 크리에이티브의 핵심이 제품과의 관련성(Relevance)이라는 것은 아무리 강조해도 지나치지 않을 것이다.

그런 점에서, 제품이 주인공이면서도 소비자를 위한 메시지를 담은 토즈만의 특별한 크리에이티브는 앞으로도 그들의 역사와 전통만큼이나 꾸준히 사랑받을 것으로 보인다.

BananaRepublic.com 1.888.BRSTYLE

There was one topic
they could never agree on,
but occasionally,
he would give in.

BANANA REPUBLIC

Banana Republic

'패션으로 코카콜라가 되는 것'

Gap그룹의 부활을 리드하는 선봉장

바나나 리퍼블릭(Banana Republic)은 갭(Gap)그룹의 고가 브랜드이다. 저가의 올드 네이비(Old Navy), 중가의 갭, 그리고 고가의 바나나 리퍼블릭으로 구성된 갭 그룹은 1990년대만 해도 '패션으로 코카콜라가 되겠다'라는 야심을 가지고 있었다. 1990년대 해외여행에서 돌아오는 사람들이 갭이나 바나나 리퍼블릭의 쇼핑백을 들고 김포공항에 들어오는 것을 심심찮게 볼 수 있었던 것을 돌이켜 보면, 당시 갭의 야심이 헛된 것만은 아니었음을 추측할 수 있다.

이때의 갭그룹은 월가(街)의 분석가들마저 그 어떤 경쟁 브랜드와도 비교하지 않을 만큼 대단한 위세를 떨쳤다. 이미 연 매출이 100억 달러를 넘어섰는데, 그 정도의 매출은 당시 패션회사로서는 감히 상상조차 할 수 없는 성과였기 때문이다.

이제 갭그룹의 옷은 치약이나 샴푸 같은 생활필수품 수준의 브랜드가 되었다. 특히 미국 중산층의 가치관과 라이프스타일을 반영한 패션으로서 미국뿐만 아니라 전 세계적으로 인기 있는 브랜드로 자리잡았다.

1969년 도널드 피셔(Donald Fisher)와 도리스 피셔(Doris Fisher)가 샌프란시스코에서 리바이스의 프랜차이즈 매장으로 시작했던 갭은 30년 만에 미국을 대표하는 브랜드로 성장했다. 그리고 이런 성장세에 힘입어 원래 사파리 패션전문점에서 시작된 바나나 리퍼블릭도 인수하게 되었다.

바나나 리퍼블릭은 1978년 샌프란시스코의 신문기자였던 멜 지글러(Mel Ziegler)와 화가로 활동하던 파트리시아 지글러(Patricia Ziegler) 부부가 창업했다. 그런데 신생 브랜드가 초창기에 어려움을 겪는 것처럼 바나나 리퍼블릭도 초기에는 그다지 별 볼일이 없었다. 하지만 두 사람이 지닌 개인기를 극대화해 만든 카탈로그로 인해 당시에는 상상조차 할 수 없을 만큼 성공을 거두었다.

파트리시아가 라틴아메리카 풍경과 옷을 그리고 멜 지글러가 이색 카피를 쓴 카탈로그는 엄청난 반향을 몰고 왔다. 당시에 유행하던 카탈로그와 이들이 만든 작품은 완전히 달라 사람들에게 강한 인상을 남기기에 충분했다. 갭의 사장이었던 도널드 피셔도 이 카탈로그를 접하고 아주 깊은 인상을 받았다.

바나나 리퍼블릭에 관심을 가진 도널드 피셔는 경영이 어렵다는 소문을 듣고 전격적으로 인수 작업에 들어갔다. 그리고 1983년 빚에 허덕이던 바나나 리퍼블릭을 인수하면서 창업자였던 지글러 부부에게 디자인과 스타일 분야의 일을 맡겼다.

갭의 바나나 리퍼블릭 인수는 두 회사가 비약적 발전을 할 수 있는 시너지 효과를 가져왔다. 바나나 리퍼블릭은 안정적 자금과 경영 노하우를 전수받아 순풍에 돛단 듯이 매출 신장을 이루었고, 갭은 시장에서 제품 포트폴리오의 다양성을 확보해 전성기를 맞게 된 것이다.

이런 과정에서 갭그룹은 1994년 올드 네이비 브랜드를 론칭하고 무모할 만큼 매장을 확장해 마침내 '패션업계의 코카콜라' 라는 꿈에 다가갔다.

그리고 이 꿈은 1990년대 전 세계시장을 석권함으로써 거의 절정에 달했다. 하지만 갭그룹의 매장 확대와 고객층 확보전략은 처음에는 성공적이었으나, 2000년대에 들어오면서 고전을 면치 못했다. 갭 그룹의 울타리에 들어와 비약적 발전을 거듭한 바나나 리퍼블릭도 사정은 마찬가지였다.

지나친 자신감이 화를 불러

바나나 리퍼블릭은 패션뿐만 아니라 침구와 홈패션에 이르기까지 미국 중산층의 라이프스타일을 제안하는 토털 컬렉션을 전개해 왔다. 제품 면에서도 심플한 디자인과 누구에게나 어울릴 수 있는 안정된 컬러로 뉴요커에게 각광받았다.

바나나 리퍼블릭의 출생지는 샌프란시스코이지만, 미국의 대표 브랜드가 되기 위해서는 세계인이 몰린 뉴욕을 공략해야 한다는 전략 아래 뉴욕 매장에 집중했다. 매장 분위기도 음악적으로는 재즈를 연상하게 하고, 세련된 모던스타일로 꾸며 들어서는 순간 '이것이 뉴욕이다' 하는 기분이 들게 했다.

이런 세심한 배려로 성장을 거듭한 바나나 리퍼블릭은 패션뿐만 아니라 침구와 홈패션에 이르기까지 미국 중산층의 라이프스타일을 제안하는 토털 컬렉션을 전개했다. 제품 면에서도 심플한 디자인과 누구에게나 어울릴 수 있는 안정된 컬러로 뉴요커에게 각광받았다. 명품에 비해서 가격대가 합리적이지만 그렇다고 아무나 입을 수 있을 만큼 저렴하지도 않았다. 아울러 디자인과 소재 면에서도 세련되고 모던해 뉴요커가 평상복으로 즐길 수 있는 독특한 컨셉트를 유지, 새로운 뉴욕을 대표하는 브랜드로 성장했다.

이처럼 갭그룹이 인수한 후 물량적 발전을 거듭했지만, 최근 그룹 전체가 어려워지면서 바나나 리퍼블릭도 어려움을 겪는 것으로 알려졌다.

바나나 리퍼블릭이라는 브랜드 네임은 중미에 있는 조그만 바나나 재배 국가들을 희화해서 부르는 말인데, 그 나라들은 '힘이나 뇌물로 자국의 이익에 맞춰 통제할 수 있는 한심한 국가'라는 속칭을 가지고 있다. 지글러 부부는 브랜드 네임에서도 독창성을 찾으며, 소비자의 기억회로에 독창적 브랜드로 포지셔닝되기를 바랐을 것이다. 하지만 야심찬 매장확장과 타깃층 확대 등의 전략은 오히려 매출 감소라는 비수가 되어 돌아왔다.

바나나 리퍼블릭의 이러한 전략상 오류에 대해 많은 전문가들은 브랜드에 대한 지나친 자신감이 결과적으로 치명적인 화를 불러왔다고 본다. 이를 보면 도요타자동차 부사장인 이시자카 요시오[石坂芳男]가 어려움을 극복한 경험을 기술한 것이 되새겨진다.

"나는 경험을 통해 모든 것은 시장의 지배를 받는다는 사실을 알게 되었습니다. 그래서 장애나 역경에 부딪칠 때마다 이렇게 다짐하곤 합니다. '시장에 귀를 기울여라, 소비자의 목소리를 들어라.' 이것이야말로 마케팅의 근본입니다. 우리는 언제나 시장으로, 소비자에게로 돌아가야 합니다. 시련에 처할 때마다 우리는 언제나 기본으로 돌아갑니다. 브랜드이미지 또는 러브마크(Love Mark)*를 결정하는 것은 소비자이지 우리가 아니기 때문입니다. 우리가 결정할 수 있는 것은 아무것도 없습니다. 결정은 소비자의 몫입니다. 그것이 본질입니다."

갭 그룹의 가장 큰 실수는 소비자를 무시한 마케팅 전략이었을 것이다. 그 결과 현재 그들은 잃어버린 영토를 찾기 위해 수많은 전선에서, 매일 어마어마한 전사자를 내면서 싸움을 벌이고 있다.

Love Mark가 되려면

최근 들어 갭 그룹은 지난 90년대의 영광을 되찾기 위해 몸부림치고 있다. 특히 광고가 이런 노력의 선봉에 서 있는데, 어느 정도 성공을 거둔 것으로 평가된다.

바나나 리퍼블릭만 해도 전성기 때의 광고는 오히려 이렇다 할 특징과 차별점이 없었다. 그저 패션 브랜드들이 하는 일반적인 광고를 했을 뿐이다. 시즌에 맞는 이미지와 밝은 표정의 모델, 그리고 제품이 전부였다고 해도 과언이 아니다. 한마디로 일상적으로 남에게 알리는 목적의 광고였다.

광고는 '단순히 알리는' 비즈니스가 아니다. 단순히 알린다면 그것은 뉴스에 지나지 않는다. 소비자가 느끼고 호흡하고 공감하는 메시지 구조로 만들어야 비로소 광고라는 반열에 오르는 것이다. 그런 점에서 갭그룹의 부활을 리드하는 바나나 리퍼블릭의 최근 광고캠페인은 여러 가지 측면에서 시사하는 바가 크다.

광고는 '단순히 알리는' 비즈니스가 아니다. 그냥 단순히 알린다면 그것은 뉴스에 불과한 것이다. 소비자가 느끼고 호흡하고 공감하는 메시지 구조로 만들어야 그것이 비로소 광고라는 반열에 오르는 것이다.

첫 번째로 가장 눈에 띄는 것은 뭔가 명품을 추종하는 듯한 인상을 주지 않으면서도 명품 브랜드의 광고가 주는 독특한 매력을 가지고 있다는 점이다. 쉽게 말하면 바나나 리퍼블릭의 광고에서 표현하고자 하는 사용자들의 라이프스타일은 모두 하이 퀄리티의 삶을 즐기는 사람들의 것이며, 소비자는 그 모습에 자신을 동일시하게 된다.

〈광고 1〉

기존 광고와 뚜렷하게 달라진 또 다른 점은 광고표현의 그릇이 '바나나 리퍼블릭만의 것' 으로 느낄 수 있도록 한 것이다. 예전의 광고들이 '그 나물에 그 밥' 이었다면, 현재 진행중인 캠페인은 표현의 형식만으로도 바나나 리퍼블릭임을 알 수 있는 독특한 폴리시를 갖추었다. 물론 광고에서 'What to say' 가 가장 중요한 요소이겠지만, 패션처럼 제품 자체의 변별력이 없고 브랜드 이미지가 혼재된 경우에는 'How to say' 에 따라 브랜드 아이덴티티의 확보가 결정되기 때문이다.

바나나 리퍼블릭이 광고의 표현방법을 달리하면서 거둔 가장 큰 성과는 바로 여기에 있지 않을까 싶다. 두꺼운 패션잡지를 보는 사람이 광고 페이지를 그냥 넘어가지 않고 잠깐이라도 멈추게 하는 임팩트를 표현의 차별화를 통해 달성했기 때문이다.

마지막으로 이 광고가 흡인력이 있는 것은 무엇보다 '소비자와의 관계 맺음' 이라고 보인다. 소비자에게 강요하지 않으면서 무엇이라고 꼭 집어 말할 수 없는 감정이입이 생긴다는 것이다. 현대 마케팅에서 아주 중요한 '이미지 유대(Image Bonding)' 가 바나나 리퍼블릭의 광고에서 일어난다. '광고에 등장하는 모델이 나였으면' 하는 바람이 일게 하거나, 내 삶의 목표 이미지가 되어서 그 브랜드와 떼려야 뗄 수 없는 관계가 되는 것, 바나나 리퍼블릭의 광고들의 매력은 바로 여기에 있다.

FROM:
TO:
BANANA REPUBLIC

〈광고 2〉

Matthew butchered the
entire French language,
and yet she agreed
to go out with him.
BANANA REPUBLIC
Sadly,
the deviled eggs
hadn't traveled so well.
BANANA REPUBLIC

〈광고 3〉

'화성에서 온 남자, 금성에서 온 여자'

〈광고 1〉을 보면 앞 페이지에서 'FROM'으로 호기심을 유도하고, 다음 페이지에선 스프레드 페이지에 대상자인 'TO'가 나온다. 그리고 마지막 페이지에서는 그들만의 해피엔딩인 'HAPPY GIVING'으로 마무리되었다. 사랑하는 사람에게 바나나 리퍼블릭를 선물하라는 메시지다. 집행된 시점이 연말연시였기 때문에 선물 특수를 겨냥한 캠페인으로 보인다.

〈광고 2〉도 〈광고 1〉과 같은 시점에 집행된 광고인데 의도나 목표도 역시 같아 보인다. 선물 꾸러미를 들고 집으로 들어서는 남편과 딸아이의 경쾌한 발걸음, 그리고 다음 페이지에 행복한 표정을 짓는 아내의 모습이 보는 소비자들로 하여금 부러움을 한껏 느끼게 한다. 선물에 약한 여자들의 심리를 교묘하게 이용한 것이다.

'광고에 등장하는 모델이 나였으면' 하는 바람이 일게 하거나, 내 삶의 목표 이미지가 되어서 그 브랜드와 떼려야 뗄 수 없는 관계가 되어 가는 것, 바나나 리퍼블릭의 광고들의 매력은 바로 여기에 있는 것이다.

필자는 이 두 광고 때문에 바나나 리퍼블릭 광고에 대한 호감을 갖기 시작했다. '이제는 일방적 외침의 광고가 아니라 뭔가 소비자들과 공감의 커뮤니케이션을 하겠구나' 하는 기대감 때문이었다. 그런 기대를 저버리지 않고 2005년에 시작된 뉴 캠페인은 하나의 이미지를 만들어 가기에 충분하다고 본다. 뉴 캠페인은 남녀의 사랑의 방정식을 드라마 기법으로 만들어 타깃에게 호평받고 있다. 한 사람에게 일방적으로 유리하거나 불리한 게임이 아니라 '쿨하게 사랑하고 쿨하게 헤어지는' 현대의 사랑 트렌드를 광고로 표현한 것이다.

〈광고 3~8〉은 2005년에 새롭게 시작한 캠페인으로 젊은 남녀가 티격태격하면서 사랑하는 모습이 제품과 함께 절묘하게 매칭되었다. 《화성에서 온 남자 금성에서 온 여자》라는 책을 연상시키는 캠페인이다.
존 그레이가 쓴 이 책은 "본디 남자는 화성인이고 여자는 금성인이기 때문에 둘 사이의 언어와 사고방식은 다를 수밖에 없다"라는 명쾌한 비유를 통해 수많은 남녀의 갈등을 해결한, 행복한 남녀관계를 위한 바이블로 여겨질 정도

〈광고 4〉

〈광고 5〉

〈광고 6〉

〈광고 7〉

〈광고 8〉

사랑의 법칙들이 한 사람에게 일방적으로 유리하거나 불리한 게임이 아니라 '쿨하게 사랑하고 쿨하게 헤어지는' 그런 사랑의 트렌드를 광고로 표현한 것이다.

로 인기를 끈 책이다.

바나나 리퍼블릭의 2005년 캠페인은 바로 이 책의 새로운 버전이라고 해도 과언이 아닐 정도다. 남자와 여자 사이에서 이해하지 않고는 절대 넘길 수 없는 문제를 제기하되, 심각하지 않고 타깃이 공감할 수 있는 선에서 만들고 있는 것이다.

〈광고 3〉에서 여자의 팔 사이로 작게 처리된 남자의 모습은 타깃이 생각하는 남자에 대한 의미로서, 여자가 헤게모니를 쥐고 있는 것으로 보인다. 카피에서도 여자가 남자를 무시한 듯한 인상을 강하게 풍기며, 비주얼에서도 남녀 사이즈 비례를 통해 메시지를 눈치 채게 한다.

〈광고 4〉는 한 편의 드라마를 보는 듯한 착각을 불러일으킨다. 첫 페이지에 있는 카피는 '잘못된 만남'의 인간관계를 연상시킨다.

"그녀는 은밀하게 그의 형 에드워드를 좋아한다."

몸은 비록 앞에 있는 남자와 함께 있지만 그녀가 꿈꾸고 사랑하는 남자는 그의 형인 것이다. 다음 페이지에 있는 카피는 아픈 사랑에 대한 애잔함을 더한다.

"그가 쓴 엽서는 아직도 짐 속에 들어있다."

한 남자를 만나고 있으면서 다른 남자를 동경하고, 떨어져 있어도 그 사람을 그리워하는 여자…. 아무리 앞에 있는 사람과 사랑을 나눠도 그리운 것은 역시 그 사람인 것이다. 이렇듯 사랑과 사랑 사이에서 갈등하고 때론 그 방황을 즐기는 젊은 날의 특권이 드라마 형식으로 묘사되었다.

〈광고 5〉는 사랑하는 사람끼리 의견충돌과 갈등이 있을 때 그것을 해결하고 다시 사랑의 감정으로 원상회복하는 과정을 보여준다. 사실 처음에는 모두 눈에 콩깍지가 씌여 아무 단점도 보이지 않고 그저 모든 것이 예쁘고 멋있게만 보이지만, 만남이 계속될수록 환상이 깨지고 서로 감정의 날을 세우게 마련이다. 그 자체를 서로를 이해하는 시간이요, 한 인간에 대해 적

〈광고 9〉

〈광고 10〉

〈광고 11〉

응하는 과정이라고 생각하면 서로가 즐거울 것이다. 하지만 반대로 나쁘게만 생각하면 갈등은 끝이 없을 테고 결국 몇 개월 가지 않아 '도장 찍는' 결과를 초래하고 말 것이다.

바나나 리퍼블릭은 2004년부터 완전히 달라진 브랜드로 인식되고 있다. 그 전까지가 갭 그룹의 우산 속에서 '상위 브랜드' 정도로 포지셔닝되었다면, 이제는 '명품 브랜드'의 위상에 접근하기 위해 다양한 시도를 하는 데에서 비롯된 것이다.

이 광고는 일종의 연인들의 서약이라고 할 만하다.
"그들은 결코 합의할 수 없을 만큼 충돌했지만 그는 종종 양보하곤 했다."
그러니 별 충돌 없이, 아니 심하게 다투어도 감정을 다스릴 약간의 시간만 지나면 화해하고 다시 사랑의 불꽃을 살릴 것이다.
"반나절이 훌쩍 지나고 아직도 자동차 시동은 걸리지 않았다. 이 얼마나 완벽한 일인가."
상황은 생각하기 나름이다. 그것이 독이 될 것인지, 약이 될 것인지는….

〈광고 6〉은 알 듯 모를 듯한 카피로 호기심을 자극한다.
"최소한 이것은 그의 마지막 취미보다는 견디기 쉬웠다."
그의 마지막 취미가 카메라를 가지고 노는(?) 것인지, 아니면 우리가 모를 두 사람만의 비밀스러운 그 무엇, 예를 들면 은밀한 성에 관한 은어적 표현인지는 알 수 없는 노릇이다. 그러나 분명한 것은 참고 인내하는 것이 귀찮고 짜증스러운 일이 아니라 애교스럽게 느껴진다는 것이다.

〈광고 7〉 또한 묘한 감정의 흐름을 엿볼 수 있다. 단적으로 뭐라고 말할 수는 없지만, 세 사람의 관계가 긴 여운을 남긴다. 특히 카피를 읽는 순간 세 사람의 관계에 뭔가 예기치 못할 변화와 아픔(?)이 있겠다는 추론을 하게 된다.
"발레리는 어쩔 수 없이 소설의 가장 나쁜 부분을 큰소리로 읽었다."

〈광고 8〉은 남녀관계에서 필연적으로 부닥칠 수밖에 없는 섹스에 관한 문제를 다루고 있다. '7초에 한 번씩 섹스를 생각한다는 남자'와 '마음이 열려야 몸이 열린다는 여자' 사이의 차이를 이 광고는 역으로 잘 표현하고 있는데, 특히 스프레드 페이지에 있는 카피가 허를 찌른다.

"마침내 그것은 명확해졌다. 그가 단지 책을 읽는 척하고 있었다는 것."

〈광고 9~11〉은 같은 카피로 전개되었는데, 말하고자 하는 요지는 '바나나 리퍼블릭은 그 자체가 예술'이라는 것이다.
"매일 일상 속에서 예술을 만나는 것은 긴 줄을 서서 기다릴 필요도 없고 티켓을 살 필요도 없다."
왜냐하면 바나나 리퍼블릭이 예술 그 자체이기 때문에 긴 줄을 서서 기다릴 필요도, 티켓을 살 이유도 없다는 것이다. 브랜드에 대한 자신감에서 나온 전략으로 보이는데, 브랜드의 위상을 높이기 위한 차원에서 집행된 듯하다. 특히 이 시리즈 광고는 이전에 집행된 광고들과는 확연히 구별된다. 즉, 바나나 리퍼블릭을 일반 브랜드가 아닌 고급 브랜드, 명품 브랜드의 반열에 올리기 위한 전략이 엿보인다. 브랜드의 가치를 높이기 위한 역할의 선봉에 광고가 있는 것이다.

바나나 리퍼블릭은 2004년부터 완전히 달라진 브랜드로 인식되었다. 그전까지가 갭그룹의 우산 속에서 '상위 브랜드' 정도로 포지셔닝되었다면, 이제는 '명품 브랜드'의 위상에 접근하기 위한 다양한 시도가 성공한 듯하다. 특히 이 과정에서 소비자의 인식을 전환하기 위해 광고가 깃발을 세우며 앞장 서고 있다.

바나나 리퍼블릭은 점진적인 변화로 소비자에게 새로운 이미지를 쌓는 전략을 선택했다. 소비자와의 접점이 일어날 수 있는 감정의 고리를 만들어 커뮤니케이션함으로써 새로운 브랜드 이미지를 만들어 가는 것이다.

바나나 리퍼블릭의 광고전략을 보면 골프와 비교할 만한 점이 많다. 우선 과거의 광고들은 '잘못된 티샷'으로 비유할 수 있을 것이다. 론칭을 하고 소비자에게 어느 정도 사랑받는 과정에서 '그저 그런 브랜드 중 가격이 약간 비싼 정도'로 포지셔닝된 것이다. 즉, 골퍼가 티샷을 했는데 미스 샷을 한 경우와 비슷한 처지에 놓여 있었다. OB(Out of Bounds)가 나거나 해저드에 빠진 정도는 아니지만, 산에 올라가 있거나 나무 밑에 떨어져 세컨드 샷을 하기가 아주 어려운 지경에 빠진 것이다.
이런 상황에서 바나나 리퍼블릭은 그린에 올리기 위한 무리한 샷을 하는 대신에 점진적 변화로 소비자에게 새로운 이미지를 쌓는 전략을 선택했다. 소비자와의 접점이 일어날 수 있는 감정의 고리를 만들어 커뮤니케이션함으로써 새로운 브랜드 이미지를 만들어 가는 것이다. 그리고 이런 맥락을 유지하는 광고가 2~3년만 지속된다면 바나나 리퍼블릭은 또 하나의 명품 브랜드로 변신할 것으로 보인다. 아니, 태생적 한계로 인해 비록 명품의 반열에 오르지는 못한다 하더라도, 매스티지(Masstige) 브랜드로서의 위상을 확고히 할 것임은 분명하다.

*** 러브마크**

영국 광고회사 사치&사치의 CEO 케빈 로버츠(Kevin Roberts)는 자신이 쓴 책 《러브마크》에서 장수하는 인기 브랜드는 소비자와 감성적으로 연결된 브랜드, 그리고 소비자의 열렬한 사랑을 받는 브랜드, 즉 '러브마크' 만이 살아남는다고 주장한다. 성공하는 브랜드는 곧 소비자의 마음에 사랑과 존경을 각인, 지워지지 않는 사랑의 흔적을 남기는 '러브마크' 라는 것이다.

3장 | Cosmetics

© Clinique Laboratories, Inc.
Aromatics Elixir. Perfume. And something far beyond.
AROMATICS
ELIXIR
CLINIQUE
www.clinique.com

CLINIQUE

크리니크의 마이웨이, 'Magic is in the product'!

눈으로 먼저 ARMANI를 입었다

나는 20년 가깝게 *VOGUE, BAZAAR, ELLE* 등의 잡지를 구독하고 있다. 처음에는 그냥 멋진 여자들을 감상하고(?) 평소 가까이 할 수 없는 최고급 문화에 대한 간접 체험으로 책장을 넘겼던 것 같다. 내가 실생활에서 사용하기 전에 나는 이미 눈으로 GUCCI, HERMES, Cartier, CHANEL, Prada, Versace, ARMANI 등을 입고, 뿌리고, 걸쳤다.

그러다가 Waterford, Virginia Slims, NIKE, De Beers 등의 광고들에 매료되면서 스크랩을 시작했다. 처음엔 단순히 모으기만 했다. 다른 사람보다 '악' 소리나는 캠페인을 먼저 보았다는 치기만으로도 만족할 나이였다.

300여 장 정도는 어찌 이 파일, 저 파일에 보관했지만 더 많아지자 대책이 없었다. 그래서 유실된 자료도 너무 많다. 특히 사무실을 옮길 때마다 무거운 짐이 되어 많은 자료들을 내 손으로 버렸는데 그것이 지금은 못내 아쉽다. 그 자료들은 때로는 벤치마킹의 보고였고, 내 아이디어의 원천이었다. 당연한 얘기지만, 그것은 모방이나 표절을 위한 것이 아니라 머리를 회전시키는 데 윤활유와도 같은 존재였다.

이렇게 외국광고들을 스크랩하면서 신선하게 다가온 브랜드가 크리니크(CLINIQUE)였다. 특히 4, 5년 전 화장품광고를 하면서 크리니크는 나에게 하나의 신앙이자 동시에 넘어야 할 대상이 되었다.
우리나라 화장품광고들은 지금도 그런 경향이 주류를 이루지만 그때도 마찬가지로 모델 의존도가 매우 높아서 신제품이 나올 때마다 모델 모시기(?)에 급급했다. 쓸 만한 모델들은 이미 경쟁사에 캐스팅되었거나 모델비가 터무니없이 높아 광고주에게 제시하기가 난감했다. 누가 어느 모델을 보유하느냐가 광고의 성과를 좌우하는 바로미터였기 때문에 이런 악순환이 거듭되곤 했는데, 이 관행을 깨고자 했지만 광고효과 측면에서 자신이 없었다.
이런 딜레마에 빠져 있을 때 영감처럼 떠오른 것이 바로 크리니크였다. 물론 시장상황도 다르고 브랜드 파워도 달랐지만 크리에이티브의 돌파구를 찾는 데 하나의 가능성이자 실마리가 되었다. 이런 가능성의 연장선에서 라끄베르 '김남주 캠페인'이 탄생했다. 모델의 이미지와 폼나는 비주얼이 아닌 제품이 주인공이 되는 크리에이티브였다. 물론 김남주라는 모델이 있긴 하지만 기존의 화장품광고와는 분명히 어프로치 방법이 달랐다. 시장에서 소비자들이 반응을 보였고 그 캠페인은 5년 이상 지속되었다. 그 캠페인을 처음 기획할 때 단초를 제공한 크리니크를 함께 살펴보고자 한다.

'화장품광고 = 미녀모델'의 등식을 깨다

화장품광고는 모델 싸움처럼 보인다. 모델이 가진 카리스마를 이용하여 빠른 시간 내에 소기의 성과를 거둘 수 있다고 보기 때문이다. 타깃에게 영향력 있는 모델이 화장품에 대해서 기능관련 설명을 하면 일반적으로 부정적으로 생각하기보다는 믿고 따라하기 때문에 손쉽게 광고 효과를 거둘 수 있다. 제품 설명을 하지 않고 분위기만 잡아도 모델이 보여주는 제품에 대한 인상이 강하게 남아 구매로 이어진다는 것이다. 즉, 여자들은 화장품을 구입할 때 단순히 제품이 줄 수 있는 기능적인 면보다 오히려 제품을 설명하는 모델의 선호도에 영향을 받는다는 것이다.
더욱이 경쟁이 치열해 제품의 품질이 비슷하면 할수록, 또는 광고의 홍수 속에서 혼란을 겪을수록 카리스마를 가진 모델의 파워는 더욱 막강해진다는 게 정설이다. 특히 화장품은 품질 그 이상의 것을 의미한다. 소비자는 광고를 통해 자신이 화장품 모델과 동일하게 아름답고 섹시하며, 남자들의 시선을 사로잡거나 영원히 늙지 않을 것 같은 착각에 빠지게 된다. 따라서 화장품광고에서 모델의 파워는 아무리 강조해도 지나치지 않는다.

그런데 크리니크 광고를 보면 모델이 없다. 화장품광고의 정설처럼 되어 있는 아름다운 여자 모델이 없다. 화장품광고의 법칙이 여지없이 무너지고 말았다. 화장품광고는 아름다운 여자 모델이 있어야 한다는 크리에이터들의 우상이 무너진 것이다.

크리니크 광고를 보면 모델이 없다. 화장품광고의 정설처럼 되어 있는 아름다운 여자 모델이 없다. 화장품광고의 법칙이 여지없이 무너지고 말았다. 화장품광고는 아름다운 여자 모델이 있어야 한다는 크리에이터들의 우상이 무너진 것이다.

크리니크 광고에서는 여타 화장품광고처럼 모델이 주인공이 아니라 제품이 주인공이다. 깊이 있는 연출, 소품을 이용한 컨셉트 전달, 광선의 방향과 그림자 연출, 그리고 패키지에 새겨진 메시지가 카피 역할을 하는 캘리그래피(calligraphy) 기법을 이용하고 있다.

자칫 다른 화장품광고와 비교해 보면 제품만 있는 매우 무미건조한 광고처럼 보이지만, 현재 막강한 파워를 가지고 전 세계 여성들의 마음을 사로잡고 있다. 특히 제품 연출도 다른 광고가 화장품을 어떻게 하면 아름답고 멋있게 보일까 하는 고민 끝에 연출하는 것과는 달리 막 사용한 듯한 느낌의 인상을 준다. 실제 소비자들이 사용하던 제품을 촬영한 듯하다. 즉, 실제 제품을 사용하고 있는 여자의 화장대에서 잠깐 빌려 촬영한 듯 연출해서 리얼리티를 살린 것이다.

이미지로 팔지 않고 과학으로 승부한다

크리니크의 모든 광고에서는 "Allergy Tested. 100% Fragrance Free"라는 카피를 볼 수 있다. 모든 제품에 대해서 알레르기 테스트를 거쳤으며 100% 무향료라는 표시인 것이다. 화장품도 과학이라는 주장의 발로가 아닐까?

크리니크라는 브랜드 네임 자체가 이미 과학의 산물임을 은근히 암시하고 있는데, 모델에 현혹되어 충동구매하지 말고 과학으로 입증된 자사 제품을 사용할 것을 권유하는 것이다.

화장품이라는 것이 본질적으로 피부에 직접 바르는 것인데 제품에 대한 확고한 믿음과 신뢰 없이 어떻게 사용할 수 있느냐, 크리니크는 전 제품에 대해서 알레르기 테스트를 거쳤고, 100% 무향료 제품이기 때문에 믿을 수 있다고 무언의 메시지를 보내고 있는 것이다. 제품에 대한 확신과 신뢰에 대한 근거를 크리에이티브 모티브로 살린 점도 제품 구매욕을 더욱 자극한다.

이렇듯 제품으로 모든 것을 커뮤니케이션하는 크리니크는 화장품시장에서 독보적 존재라고 할 수 있다. 이 세상에서 가장 아름다운 모델들이 "나처럼 예뻐져요"라고 유혹하는데도 아랑곳하지 않고 장기 캠페인으로 '크리니크 광고' 라는 새로운 코드를 만들어 꾸준히 성장하고 있다.

남들과 다르게 한다는 것, 새로운 크리에이티브 그릇을 만들어내는 것, 그리고 뚝심 있게 시리즈광고로 발전시키는 것, 아마도 크리니크의 광고를 보면서 느낄 수 있는 공통된 견해일 것이다. 화장품광고, 패션광고는 이미지광고요, 모델 싸움이라는 등식을 파괴한 전략이 브랜드를 살린 원인이라고 생각된다.

남들과 다르게 한다는 것, 새로운 크리에이티브 그릇을 만들어내는 것, 그리고 뚝심 있게 시리즈 광고로 발전시키는 것, 아마도 크리니크의 광고를 보면서 느낄 수 있는 공통된 견해일 것이다.

또한 크리니크는 매장에서도 독특한 방법으로 소비자와 만난다. 광고에서만 '크리니크=과학' 이라고 주장하는 것이 아니라 매장에서도 소비자들에게 다양한 실험으로 각각의 피부 타입에 맞는 화장품을 과학적으로 권매하고 있다. 매장에서 경쟁사와 치열한 판매 경쟁을 벌이는 판매원들의 입을 통해 쏟아지는 세일즈 토크 또한 과학으로 중무장하고 소비자를 유혹하는 전략의 하나이다. 제품 기획에서 광고, 그리고 판촉에 이르기까지 모두 과학으로 설득하고 있는 것이다.

'크리니크=과학' 을 만든 광고들

우리는 흔히 '이미지광고' 하면 비주얼 위주의 아름다운 광고를 떠올리고, '이성광고' 로는 설명식의 카피가 많은 광고를 생각하게 된다. 우리나라 광고에선 설명이 많은 게 가장 큰 불만 가운데 하나다. 물론 꼭 있어야 할 카피를 쓰지 말라는 이야기가 아니다. 없어도 다 설명이 되는데 조바심에서인지 의미 없이 쓴 카피들이 많이 발견된다. 아니 카피가 없어야 더 이해가 빠르고 상상의 여지가 많은데 카피가 있으므로 오히려 효과가 반감되는 광고가 너무나 많다.

요즘 우리네 연예오락 TV 프로그램도 마찬가지이다. 다 알아 듣는데 자막이 화면을 가득 채운다. 혹자는 이해를 돕는 데 도움이 된다고 하지만 시청자의 수준은 만드는 사람들의 수준을 넘어선 지 이미 오래되었다. 없어야 더 재미있고 더 많은 상상을 할 수 있는 것이다. 광고도 마찬가지다. 그럼 이제 크리니크의 광고를 직접 만나보자.

〈광고 1〉을 보면 빨간 점박이가 가장 먼저 눈에 들어온다. 무슨 제품일까 하고 패키지를 보는 순간 여드름치료제임을 금세 알 수 있다. 청소년 시절에 한 번쯤은 고통을 주었을 여드름, 손을 대면 댈수록 빨갛게 부어올라 사람들에게 더욱 눈에 띄는 얄미운 여드름을 경험했다면 이 빨간 표시가 무엇을 의미하는지 알 수 있으리라.

〈광고 2〉를 보면 크리니크 광고의 원칙 하나를 발견할 수 있다. 크리니크의 제품 사진은 다른 화장품과는 다르다. 누가 금방 화장을 한 제품을 촬영

〈광고 1〉 여드름을 빨간 딱지로 표현해 타깃에 대한 접근을 용이하게 한다.

〈광고 2〉 화장대 앞에서 누군가 사용하는 듯한 사진 연출이 공감대를 일으킨다.

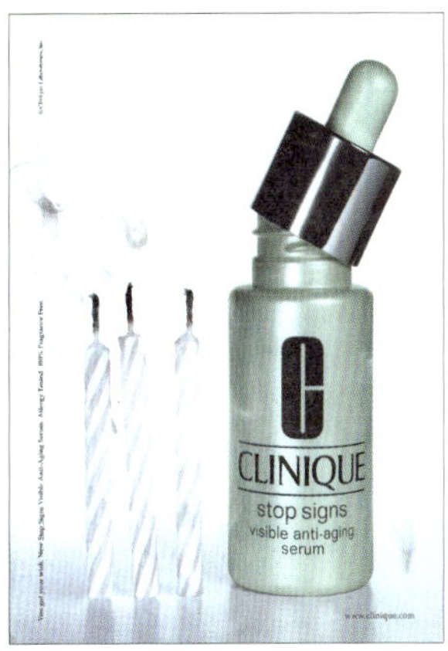

〈광고 3〉 나이는 먹어도 stop signs가 있으니까 안심이라는 강력한 기능 소구의 광고.

한 듯한 느낌을 받게 한다. 화장품 모델이 사용하는 제품이 아니라 이 광고를 보는 사람, 즉 소비자가 직접 사용한 듯한 이미지를 심어주기 위한 계산된 연출의 산물임을 알 수 있다. 아마도 우리나라라면 이런 사진을 보고 대번에 이렇게 말했을 것이다.

"아니, 제품을 그냥 쏟아요? 그렇게 버리는 제품을 누가 사겠어요?"

과연 그럴까? 모이스처 로션인데 사진만 보아도 촉촉함이 피부에 와 닿는 느낌을 받는다. 제품 이름인 'Dramatically Different Moisturizing Lotion'이 카피인 셈이다.

〈광고 3〉은 드라마틱한 어프로치로 제품 판매에 혁혁한 공을 세운 효자제품이다. 누군가 생일 파티에서 촛불을 막 끈 상태이다. 굵은 초가 3개니까 주인공은 아마도 서른 살이 아닐런지…. 우리나라에서 집행된 광고에는 혹시하는 마음에서 카피를 썼다. 헤드라인은 "생일 축하합니다"이고, 서브는 "생일이 찾아와도 피부 나이는 그대로, 크리니크 스탑 싸인즈로 피부 나이를 지키세요"이다. 그리고 이어지는 바디카피 첫부분은 "축하합니다. 생일이 찾아올 때마다 피부 나이까지 꼭 늘어나는 것은 아니라는 사실을. 축하합니다. 크리니크의 새로운 안티에이징 세럼 스탑 싸인즈가 시간을

〈광고 4〉 매장에서 14가지 컬러 중 내 입술에 어떤 컬러가 맞을까 하며 고민하는 것 같다.

〈광고 5〉 안경 너머로 보이는 'all about eyes'가 제품의 전부를 다 말해준다.

〈광고 6〉 중력이 없으면 세월의 흔적도 없앨 수 있다고 소구하고 있다.

당신 편으로 만드는 방법을 알고 있다는 것을" 이라고 되어 있다. 우리나라 고객들이 'stop signs -visible anti-aging serum' 이라는 제품명을 이해하지 못할 것이라는 조바심에서 아마도 이런 카피를 쓴 것인지 모르겠다. 그러나 오리지널 광고에는 카피가 없다.

크리니크 광고는 여타 화장품광고처럼 모델이 주인공이 아니라 제품이 주인공이다. 즉 제품이 주연이다. 깊이 있는 연출, 소품을 이용한 컨셉트 전달, 광선의 방향과 그림자 연출, 그리고 패키지에 새겨져 있는 메시지가 카피 역할을 하는 calligraphy 기법을 이용하고 있다.

〈광고 4〉는 'quickliner for lips' 라는 제품의 성격이 잘 표현되어 있다. 분위기에 맞는 컬러를 찾기 위해 이것 저것을 칠해 본 흔적이 비주얼이다. 여자들이 색조화장품을 구매할 때 매장에서 손등에 칠해보는 방법과 동일하다. 14가지 컬러가 있고 이 제품도 알레르기 테스트를 마쳤으며 100% 무향료 제품이라는 것을 여느 광고처럼 보여주고 있다.

〈광고 5〉도 전형적인 크리니크 광고 중 하나다. 깔끔한 신제품이 아니라 몇 번 사용한 듯한 제품, 그리고 패키지의 문자가 카피 역할을 수행하는 캘리그래피 기법 등이 눈길을 끈다. 'all about eyes' 라는 곳에 안경을 씌운 것 자체가 눈 관련 제품임을 암시한다. 뭐 하나를 추가하거나 반대로 무엇 하나를 뺀다면 광고의 맛이 떨어질 것 같은 완벽에 가까운 광고다.

〈광고 6〉도 발상 자체가 재미있다. 제품이 중력의 영향을 받지 않고 공중에 붕 띠있는 모습이 여자들의 기슴을 설레게 하고도 남았으리라. 얼굴도 처지고, 눈도 처지고, 뱃살이 처지고 히프가 늘어지는 등 이 모든 것이 결국 중력의 영향일 것이다. 여자에게 '처진다' 라는 것은 탄력을 잃는 것이요, 나이를 먹는다는 징조가 아닐까? 크리니크는 이를 부정하기 위해 무중력(anti-gravity)이라는 카피를 썼다. 그 유명한 원더브라(Wonder Bra)의 'NEWTON WAS WRONG' 광고와 어프로치 방법이 비슷해 보이지만 세월의 흔적과 싸우는 여자들의 입장에서는 놀라운 제품임에 틀림없다.

〈광고 7〉은 여름 특수를 노린 제품이다. 화이트닝 제품으로 자외선과 싸우고, 스트레스를 한방에 날려 항상 깨끗한 피부, 오염 없는 피부를 유지할 수 있다는 내용으로 구성되었다. 화이트닝 제품을 상징하기 위해 권투 글러브도 흰색이다.

제품 연출도 다른 화장품들이 어떻게 하면 아름답고 멋있게 보일까 하는 고민 끝에 연출하는 것과는 다르게 막 사용한 듯한 느낌의 인상을 주고 있다. 실제 소비자들이 사용하던 제품을 촬영한 듯하다. 즉 실제 제품을 사용하고 있는 여자의 화장대에서 잠깐 빌려 촬영한 듯 연출해서 리얼리티를 살린 것이다.

〈광고 8〉은 바디클렌징 제품으로 비주얼은 시원한 물줄기와 각질 제거용 물품, 피부에 탄력을 주는 과일로 꾸며졌다. 제품과 어우러진 소품들을 보면 그 제품의 기능과 용도를 알 수 있다. 특히 타깃이 여자라는 점에 착안하여 소품들도 여자와 친근하거나 아름다운 것을 완벽하게 매칭해 설득력을 더한다. 또한 물줄기를 이용해 마치 지금 샤워하고 있는 듯한 느낌과 함께 각질이 제거되고 있는 듯한 만족감을 사진 한 장에 표현했다.

〈광고 9〉는 모이스처 써지 립스틱의 촉촉함을 소구한 광고다. 화장품에서 촉촉함을 표현하는 방법은 여러 가지가 있겠지만 만국 공통은 물방울이다. 생각해 보면 물방울처럼 부작용 없이 촉촉함을 주는 것도 없는 듯하다. 이해가 간다. 다만 어떻게 표현하느냐, 즉 how to say의 문제가 남는다. 그런데 이 광고를 보면 여러 가지 기호학을 이용하고 있다. 케이스 위로 나온 빨간립스틱이 주는 기호와 함께 떨어지는 물방울이 강하게 섹스어필한다. 아무튼 크리니크 광고에서는 찾아보기 힘든 어프로치 중의 하나다.

〈광고 7〉 '맑고 투명한 피부를 위해 강력한 펀치를 날리자' 라는 액티브 화이트닝.

〈광고 8〉 광고를 보는 것만으로도 바디 클렌징이 되는 시원한 느낌을 받는다.

〈광고 9〉 촉촉함이 오래간다는 컨셉트를 전달하기 위해 물방울의 이미지를 극대화하고 있다.

〈광고 10〉도 위 광고와 같은 컨셉트 군(群)의 제품이다. 수도꼭지를 이용하여 "Turn on the moisture"라는 카피로 촉촉함을 소구하고 있다. 역시 촉촉함을 표현하기 위해 금방이라도 피부에 쏙쏙 스며들 것 같은 시즐감 넘치는 연출이 인상적이다. 스틸 사진 한 장의 위력을 보는 듯해서 기분이 좋다. 컨셉트나 전략을 떠나 광고의 완성도가 주는 전달력과 효과 측면을 다시 한 번 생각하게 하는 광고이다.

〈광고 11〉은 아로마 효능이 있는 제품을 알리는 광고다. 아로마를 상징하는 촛불이 켜져 있고 그 사이로 제품이 신비스럽게 표현되었다. 서양사람들에게 아로마는 신비한 힘을 가진 묘약 정도로 느껴지기 때문에 사진연출도 신비함을 고조시켰는데, 촛불의 리얼리티와 촛불로 생긴 흔들리는 그림자 등이 묘한 여운을 남긴다.

〈광고 12〉는 선물을 상징하는 꽃 장식이 인상적이다. 제품군을 보면 핸드로션이다. "Another birthday at hand?"라는 카피가 재미있다. 여자들은 손을 보면 신분을 알 수 있고 목을 보면 나이를 알 수 있다고 한다. 손은 여자의 이력서다. 험하게 살았는지, 아니면 귀부인처럼 살았는지 손을 보면 바

〈광고 10〉 제품의 뚜껑에서 수도꼭지를 연상시킨 발상이 촉촉함을 전달하는 데 절묘하게 활용됐다.

〈광고 11〉 아로마에 대한 신비감을 더하기 위한 사진 연출이 사고 싶은 충동으로 이어진다.

〈광고 12〉 손은 여자의 또 다른 이력서이기 때문에 잘 관리해야 한다.

로 알 수 있다는 것이다. 또한 목을 보면 여자의 정확한 나이를 알 수 있다고 한다. 얼굴에서 보이는 나이의 흔적은 화장으로 가릴 수 있지만 목은 어렵다는 것이다. 그래서 나이가 들수록 여자들은 스카프를 잘 이용할 줄 알아야 한다고 하지 않는가?

〈광고 13〉은 썬블록 시리즈광고다. 빛을 상징하는 컬러가 강하게 표현되어 있고 제품으로 생기는 그림자가 실제보다 과장되었다. 자외선과 적외선을 보여줄 수 없기 때문에 무지개빛 컬러를 상징적으로 표현했으며, 그림자를 과장해서 비주얼화한 것은 썬블록이라는 제품의 특성을 강조하기 위한 전략으로 보인다. SPF30이면 하이레벨 제품이다. 자칫 피부 손상이 우려되는 레벨의 제품이다. 그래서 피부손상을 방지하기 위해 입술과 눈, 바디 그리고 얼굴용으로 구분되어 있다.

〈광고 14〉는 3단계 스킨케어 시스템을 소구하는 광고다. 양치질을 하듯 하루에 두 번, 3분만 투자하면 언제나 촉촉한 피부를 유지할 수 있다는 내용이다. 3단계 스킨케어 시스템인데도 이를 닦듯이 3분 정도만 투자하면 된다니 얼마나 간편한가? 3단계 하면 복잡하다고 생각하는 타깃에게 이를

〈광고 13〉 무지개 컬러와 과장된 그림자로 제품의 기능적인 특성을 강조했다.

〈광고 14〉 양치질하듯 하루 두 번, 3분만 투자하면 3단계 스킨케어를 할 수 있다니 얼마나 간편한가?

〈광고 15〉 알에서 깨어난 병아리처럼 피부도 다시 태어난다니 기적과도 같다.

크리니크는 화장품광고의 이단아로서 독특한 자기만의 길을 걷고 있다. 광고를 통해 'Magic is in the product' 라는 확고한 신념을 보여주는 것이다. 화장품 광고 하면 모델 싸움이라는 등식을 과감히 벗어던진 용기와 신념 때문에 소비자들에게 찬사를 받고 있는지도 모른다.

닦을 만큼의 시간 투자라고 하면 선뜻 제품에 손이 가리라 상상된다.

〈광고 15〉를 보는 순간 다시 태어난다는 인상을 강하게 받았을 것이다. 알에서 새롭게 태어난 병아리가 제품 위에 서있다. 병아리를 보는 순간 헤르만 헤세(Hermann Hesse 1877~1962)의 소설 《데미안》의 '아프락시스'라는 단어가 연상된다. 아프락시스란 뭔가 완전히 새로운 세상, 과거의 나로부터 해방을 의미하는 것으로 알에서 깨어나는 고통을 감내했을 때 이룰 수 있는 세계라고 표현되어 있다. 그렇다. 여자들에게 피부 아프락시스는 얼마나 매력적인가?

크리니크의 'My Way'

위에서 본 것처럼 크리니크는 화장품광고의 이단아로서 독특한 자기만의 길을 걷고 있다. 광고를 통해 'Magic is in the product' 라는 확고한 신념을 보여주는 것이다. 화장품광고 하면 모델 싸움이라는 등식을 과감히 벗어던진 용기와 신념이 소비자들에게 찬사를 받고 있는지도 모른다.
모델이 주연이 아니라 제품이 주연인 광고, 전시장에 깨끗하게 전시되어 있는 제품이 아니라 화장대에서 금방 화장을 한 듯한 제품이 연출된 광고, 카피가 패키지의 문자로 되어 있는, 말 없지만 강력한 광고, 브랜드 네임에는 항상 밑줄을 그어 놓은 새로운 양식의 광고. 이런 제반요소들이 크리니크를 오늘날 성공 브랜드의 반석에 올려놓지 않았나 싶다.

ESTĒE LAUDER
Defining Beauty
Gloss.com

Estée Lauder

1946년, 에스티 로더 여사는 히딩크였다

48년 만의 첫 승, 그리고 4강

2002년 6월 25일, 한국 축구는 드디어 월드컵 4강에 진출했다.

'대~한민국! 짝짝 짝짝짝' 이 전국 방방곡곡에 울려 퍼졌다. 48년 만에 이룬 쾌거! 길거리는 온통 붉은색으로 뒤덮였다. 스페인과의 준결승전이 벌어진 날, 전국에서 700만 명이 몰려 나와 길거리응원을 펼쳤다.

세계 매스컴이 이를 대대적으로 보도하기도 했다. 아시아의 변방으로 기억되던 대한민국이 중심 국가로 자리매김하는 사건이 일어난 것이다.

외국여행을 해본 사람이라면 외국인이 대뜸 "일본에서 왔습니까?" 하고 질문한 기분 나쁜 기억이 있을 것이다. 아시아 중에서는 일본과 중국만이 버젓한(?) 국가이고 나머지는 그저 그런 나라로 취급 받은 게 현실이다. 그런 한국에서 월드컵을 개최하고, 마침내 4강에 오른 것이다. 특히 붉은악마와 관중들이 벌인 응원은 세계의 모든 사람을 흥분시키기에 충분했다.

엘리자베스 헐리 / 캐럴린 머피

누가 과연 이런 일을 가능하게 했는가? 물론 선수들이 잘 싸웠고, 전 국민의 응원이 뒤를 받쳐

주었다. 그러나 그 누구도 히딩크 감독을 수훈갑으로 치켜세우는 데 주저하지는 않을 것이다. 그렇다! 바로 히딩크다. 그의 한국명이 '희동구(喜東丘)'로 불렸을 정도로 인기가 높았다. 과거 48년 동안 월드컵 전적 4무 10패에 허덕이던 한국 축구를 단숨에 4강의 반열에 올려 놓은 사람, 그가 바로 히딩크였다.

원칙과 규율을 강조하고 펀더멘털을 중시

2002 한 · 일월드컵이 끝난 후 히딩크 축구의 성공 요인을 다양한 측면에서 분석한 자료들이 쏟아져 나왔는데, 그 중 가장 큰 성공요인으로 '체력강화'를 꼽는 데 이견이 거의 없다.

히딩크는 총 9단계의 체력강화 프로그램을 실시하여 자기 스타일의 한국 축구를 만들어냈다. 설령 내일 빅 게임이 있어도 그는 선수들을 운동장으로 내몰아 체력강화훈련을 계속했다. 그 과정에서 언론으로부터 비아냥을 받은 것은 어쩌면 당연한 일이었다. 그러나 그는 강팀과 싸워 이기려면 체력이 좋아야 한다는 믿음으로 고집스레 체력훈련을 강행했다. '기본' 이 돼야 이길 수 있다는 것이다.

"잔기술 하나가 문제가 아니다. 하늘에서 뚝 떨어지는 비상한 전술이 있는 게 아니다. 더 중요한 것은 90분 풀타임을 쉬지 않고 뛸 수 있어야 한다"라는 것이 그의 지론이었다.

사실 예전에 우리 선수들은 몸집이 큰 유럽 선수들과 부딪치면 넘어지기 일쑤였다. 그러나 월드컵 당시 김남일 · 송종국 · 최진철 · 김태영은 유럽 선수들과 비교해도 전혀 손색이 없었다.

히딩크 축구의 강점은 바로 펀더멘털(fundamental)을 중시하는 데 있다. 평가전에서 연이어 5 : 0으로 패하자 우리 언론에서는 '히딩크 스코어' 라는 신조어를 만들어 그를 공격하기도 했다. 하지만 그때도 히딩크는 "6월에 보자"라고만 했다. 펀더멘털이 되지 않고는 이길 수 없다는 믿음 하나로 마침내 승리를 이룬 것이다.

앞에서 히딩크 이야기를 길게 한 것은 1946년 미국 화장품시장을 이야기하기 위함이다. 1946년 미국 화장품계의 에스티 로더(Estee Lauder) 여사는 오늘의 히딩크와 비견할 만하기 때문이다.

에스티 로더는 색조화장품이 주를 이루는 시장에서 펀더멘털을 강조했다. 즉, 기초화장품의 중요성을 강조한 것이다. 피부가 아름답지 않고서는 화장의 의미가 없다는 것이 그녀의 생각이었다. 이런 믿음은 결과적으로 미국 여성들의 호응을 받았고 성공의 가장 큰 원인이 되었다. 에스티 로더를 오늘날의 히딩크와 비유하는 것도 바로 그런 연유에서이다.

"건강한 아름다움이란 육체와 정신의 조화"

에스티 로더는 색조화장품이 주를 이루는 시장에 펀더멘털을 강조했다. 즉 기초화장품의 중요성을 강조한 것이다. 피부가 아름답지 않고서는 화장의 의미가 없다는 것이다.

1946년, 미세스 로더는 뉴욕에서 자기 이름을 내건 화장품 회사를 세웠다. 그리고 '에스티 로더'는 곧 미세스 로더의 삶이자 역사가 되었다.

그런데 그녀가 화장품에 관심을 갖고 창업을 하기까지에는 삼촌의 존재가 절대적이었다. 그녀의 삼촌은 당대에 알아주는 피부과학의 전문가였기 때문이다. 처음에는 삼촌이 화장품을 만들고 미세스 로더는 주로 영업과 판매를 담당했는데, 제품 자체가 경쟁력이 있었기 때문에 그녀는 영업에서 괄목할 만한 기록을 세웠다. 선풍적인 인기와 더불어 미용업계의 새로운 강자로 등극하자 그녀는 자신의 이름으로 된 회사를 만들었다. 그것이 바로 오늘날의 '에스티 로더'이다.

미세스 로더가 워낙 피부과학에 관심이 많았던 탓에 에스티 로더는 수퍼리치 크림, 클렌징 오일, 크림 팩, 스킨 로션 등의 4가지 아이템으로 출발했는데, 그것이 향후 에스티 로더가 기초 제품에서 강세를 보이는 토대가 되었다. 그리고 현재 전 세계 120여개 국에서 10억 달러 이상 판매되는 빅 브랜드로 성장했다.

그런데 화장품회사의 오너로서의 미세스 로더는 언뜻 생각하기에는 외적인 매력에만 높은 점수를 줄 것 같지만 정작 본인의 주장은 좀 다르다. 제품이 기초화장품 분야에서 강점을 지닌다는 점을 감안하더라도 그녀의 아름다움에 대한 정의는 역시 에스티 로더답다는 얘기를 들을 만한 것이다.
그녀는 "아름다운 여성은 항상 건강하고 윤기 있는, 자연스러운 피부를 가지고 있어야 합니다. 또 건강이란 육체적 건강과 정신적 건강 모두를 말하는 겁니다"라고 말한다.
아름다움에 대한 그녀의 확고한 철학은 결국 제품의 질을 더욱더 높이는 원동력이 되었고 소비자의 호응 또한 날이 갈수록 높아 갔다.

기업철학과 맞아떨어진 캐럴린 머피의 컴백

"아름다운 여성이란 항상 건강하고 윤기 있는 자연스러운 피부를 가지고 있어야 합니다. 또 건강이란 육체적 건강과 정신적 건강 모두를 말하는 겁니다."

에스티 로더는 지난 7년 동안 엘리자베스 헐리(Elizabeth Hurley)를 메인 모델로 기용하여 톡톡히 재미를 보았다. 그러더니 2001년 9월에 전격적으로 캐럴린 머피(Carolyn Murphy)를 새 모델로 등장시켜 새로운 이미지를 만들고 있다. 그런데 캐럴린 머피가 에스티 로더의 새 간판스타가 된 것은 다소 뜻밖이었다. '지적이면서 섹시한' 모델의 전형으로 평가받으며 *VOGUE*, *ELLE* 등 패션지에서 가장 각광 받는 최정상급 패션 모델로 왕성한 활동을 하던 캐럴린 머피는 지난 1999년 갑작스레 패션계에 이별을 고했다. 자신에게 찾아올 모든 부와 명예를 뒤로 한 채 "패션계의 공허한 삶보다는 나만의 현실적 삶을 살겠다"라는 메시지를 남기고…. 그리고 코스타리카 정글로 떠나 결혼하고 딸도 낳으며 마치 영원히 정글 속의 '제인'으로 살아갈 것처럼 3년 동안 세상과 철저하게 결별했다.
그런 그녀를 에스티 로더는 '건강하면서 아름답고 섹시한 모델'로 점찍은 것이다. 금방이라도 남자 서넛은 녹일 듯한 눈빛, 175cm에 '34-23-34'라는 완벽한 몸매, 백인들이 탐내는 브론즈 피부 그리고 무엇보다 에스티 로더의 기업철학과 일맥상통하는 인간미까지 … 에스티 로더 여사가 주장하는 '아름다운 여성'의 모든 것을 갖췄다고 판단한 것이다. 그래서인지 캐럴린 머피가 이제 제 2의 전성기를 누릴 것이라는 데 이의를 제기하는 사람은 별로 없다. 지금 그녀는 별들의 전쟁과도 같은 광고전에서 마치 블랙홀 같은 매력으로 그 역할을 훌륭히 수행하고 있다.

〈광고 1〉 Go Bronze

〈광고 2〉 ILLUSIONIST

그래도 주인공은 역시 제품

에스티 로더의 광고를 보면 철저하게 '제품이 주인공'이라는 사실을 알 수 있다. 창업자가 기본을 중시한 탓일까, 광고 역시 기업의 철학과 맥을 같이 한다. 1946년 창업 당시와는 화장품시장이 완전히 달라져 에스티 로더 또한 매우 다양한 제품으로 승부하고 있지만, 광고만은 제품을 주인공으로 하는 전략을 계속 구사하고 있다.
아울러 광고의 포맷 또한 최근 몇 년간 일정하게 유지중이다. 굳이 달라진 것을 꼽으라면 모델과 그때그때 바뀌는 제품뿐이라 해도 과언이 아니다.

〈광고 1〉은 2002년 6월에 집행된 것이다. 바야흐로 노출의 계절이요, 태닝(tanning)의 계절이다. 우리나라만 해도 5, 6월이 되면 얼마나 많은 여자들이 기계(?) 속에서 까맣게 구워지기(?) 위해 인내하는가? 그런데 카피를 보자. 'Go Bronze'를 '순간적'으로 만족시킬 수 있는 제품이라고 소구하고 있으니 얼마나 유쾌한가.
"순간적인 브론즈색. 한 시간이 지나면 선명한 황금빛의 실수 없는 태닝. 태양 아래서 굽는 시간이 필요 없습니다. 피부가 상할 염려가 없습니다. 나중에 피부가 벗겨지거나 거칠어지지 않습니다."
카피에서 제품의 장점을 정확하게 소구한다. 브론즈로 태닝하고 싶지만 피부암이다, 피부가 망가진다 등으로 걱정스러웠는데 한 시간이면 예쁘게 태닝할 수 있다니 얼마나 환상적인가? 이제는 호텔 수영장에서, 또는 태닝 전문업소의 기계 속에서 멍청하게 누워 있지 않아도 된다니….
비주얼로 눈을 돌려보자. 브론즈에 맞게 해먹의 컬러도, 캐럴린 머피가 입은 수영복도, 그리고 손목에 찬 액세서리도 모두 브론즈다.

〈광고 2〉는 마스카라를 위한 광고다. 제품 컬러에 맞게 비주얼 배경도 같은 컬러로 되어 있고, 제품이 사용되는 부위인 눈에 시선이 가도록 꾸민 촬영 연출이 돋보인다.
바디 카피를 살펴보자.
"단 한 번의 깨끗한 터치로 멋진 속눈썹이 만들어질 뿐만 아니라 신기하게 올라갑니다. 새로운 ILLUSIONIST 마스카라는 공기역학적 겔(gel) 제조법으로 오래가고, 가벼운 리프트와 특허 출원한 flex-fiber 브러시로 정확한 양을 바를 수 있습니다."
여자들이 화장할 때마다 많은 시간과 자기만의 노하우를 총동원해서 눈화장한다는 점을 생각해 보면, 한 번에 원하는 속눈썹을 만들 수 있다는 것은 대단한 매력일 것이다. 속눈썹은 잘못하면 지저분해지고, 잘 올려지지 않고 끈적거리거나 떡이 질 수도 있는 등 화장하기가 여간 까다로운 게 아니다. 그런데 그런 불편이 없다면 금세 여자들의 마음을 사로잡을 수 있지 않을까?

〈광고 3〉은 윤기 있는 입술을 만드는 글로스 제품에 대한 광고다. 얼굴을 빅 클로즈업한 상태에서 카메라의 포커스를 반짝이는 입술에 맞추었다. 여기에 제품의 특장점을 강력하게 소구하는 메시지 "Pure Color. Pure Brilliance"가 시선을 잡는다. 그리고 유행을 만들고 이끌기 위한 바디 카피 전략도 돋보인다.
"올해는 글로스의 해입니다. 당신의 입술이 원하는 글로스로 생기 넘치고 반짝반짝 빛나게 하세요. 당신의 입술 위에 가볍고 감미롭게 남습니다. 입

에스티 로더는 '건강하면서 아름답고 섹시한 모델'로 캐럴린 머피를 점찍었다. 남자를 녹일 듯한 눈빛, 175cm에 '34-23-34'라는 완벽한 몸매, 백인들이 탐내는 브론즈 피부 그리고 기업철학과 일맥상통하는 인간미까지 갖췄다고 판단한 것이다.

〈광고 3〉 Pure Color Gloss

〈광고 4〉 Advanced Night Repair Eye Recovery Complex

술이 부드럽고 느낌도 오랫동안 지속됩니다."

〈광고 4〉는 아이케어 제품이다. 여자는 20대 후반부터 눈가 주름에 신경 쓴다. 나이가 들어 보이기 때문이다. 또한 눈 밑에 생기는 검은 점 때문에 늙어 보이기도 하므로 20대 후반의 화장은 나이와의 전쟁이기도 하다. 그래서 이 나이부터의 화장은 덧셈이 아니라 뺄셈이 되고 만다. 기미를 빼고 주름을 제거하고 주근깨를 없애야 하고…. 이때부터는 얼굴에 생기는 노화에 대한 대책이 곧 화장기술이고 테크닉이며 여자의 기쁨이된다.
카피에서는 에스티 로더의 앞선 테크놀로지에 대한 자신감을 내세워 제품의 우수성을 소구한다. 즉, 지금까지 이떤 치료 테크놀로지로도 불가능했던 눈가의 주름과 건조, 붓기, 그리고 눈 밑 그늘을 치료할 수 있다고 추천하는 것이다. 또한 피부의 회복프로세스를 촉진하고 방어시스템을 강화하여 보다 젊어질 수 있다고 여자들을 유혹한다.

〈광고 5〉는 여자들의 영원한 숙제인 피부보습용 모이스처 제품에 대한 광고다. 탄력 있고 자신감 있는 모델의 얼굴이 여자들의 부러움을 살 수밖에 없게 한다.
카피를 읽어 보자.
"당신의 피부에 새로운 미래를 약속한다. 30대 초반이라면 촉촉함을 넘어

〈광고 5〉 LightSource Transforming Moisturizer

〈광고 6〉 Multi-Dimention Powder Makeup

서 피부를 변화시키고, 피부노화의 징조들과 싸워야 한다. 새로운 마이크로 크리스털 테크놀로지는 당신의 피부를 놀랄 만큼 밝고 생기 있게 만들어줄 것이다. 마이크로 뉴트리트먼트는 당신의 피부를 강화해 당장 주름을 보이지 않게 하고 앞으로도 아름답게 가꿔줄 것이다."

어쩌면 지나칠 정도로 제품에 대한 메시지만 일방적으로 이야기하고 있지만, 여자 입장에서 한 번 생각해 보자. 이런 제품이 있다면 과연 그냥 넘어갈 수 있을까? 이를 과연 남의 이야기로 넘길 수 있을까? 바로 내 이야기이고 내 고민거리이며, 오늘 거울 속의 내 얼굴에 관한 것인데 어찌 그냥 넘길 수 있단 말인가?

〈광고 6〉은 우리나라 여자들이 즐겨 사용하는 파우더 메이크업 광고다. 얼굴이 번들거리지 않게 화장한 모델이 제품의 기능성을 대변한다. 에스티 로더만의 뉴 테크놀로지로 메이크업의 형태를 바꿔 놓았다고 자랑하는 광고다. 빛을 감지하여 실내나 실외에서 최적의 상태로 보이게 하는 기술로 만든 새로운 타입의 파우더 메이크업이라니 특히 직장여성에게는 안성맞춤이지 않겠는가? 나갈 때 고치고, 들어와서는 화장실에서 퍼프(puff)로 화장을 고치지 않아도 될 정도라면 지갑에서 돈을 꺼내 들지 않을까?

〈광고 7〉은 눈과 얼굴, 입술 그리고 피부를 이런 컬러로 가꾸라며 제품을

〈광고 7〉 Extremely Spring 2002

내세워 구매를 유도하고 있다.

무엇이 여자의 욕망을 채워줄까?

에스티 로더의 광고를 보면 철저하게 '제품이 주인공'이라는 사실을 알 수 있다. 광고 역시 기업의 철학과 맥을 같이하는 것이다. 매우 다양한 제품으로 승부하지만 광고만은 제품을 주인공으로 하는 전략을 계속 구사하고 있다.

욕망은 끝이 없다. 욕망은 욕망을 부른다.
욕망이 충족된다면 그것이 무슨 욕망이겠는가.
욕망은 점점 크고 거대해진다

김용택 〈그리운 것들은 산 뒤에 있다〉 중에서

여자의 아름다움에 대한 욕망은 끝이 없지 않을까? 눈이 예뻐지면 입술을 탓하고, 볼이 마음에 안 들고, 눈썹이 애실리 저드(Ashley Judd)처럼 올라가지 않아서 불만이고…. 시인이 노래했듯, 채워지면 어찌 그것을 욕망이라 말할 수 있을 것인가!
에스티 로더는 아름다움에 대한 무한대의 욕망을 실체를 앞세워 자극하는 전지전능한 자는 아닐까? 사지 않고는 못 배기게 하는 기술자인지도 모르겠다. 그리고 그것은 아마 소비자의 심리 저 밑바닥을 저인망식으로 훑어 알아낸 노하우 덕분임에 틀림없다.

COLOR-SECURE PRE-WASH SPRAY
VS
SASSOON

VIDAL SASSOON

당신은 아직도 수백만 달러짜리 실수를 저지르고 있습니까?

광고캠페인에 관한 한 우리나라는 광고 후진국이다. 즉, 단발성 광고가 주를 이룬다는 얘기다.

아침에 신문을 펼쳐보면 온통 새로운 광고로 가득 차 있다. 어제 광고로는 오늘의 소비자를 잡을 수 없다는 듯이…. TV 광고도 마찬가지다. 일주일 정도 TV를 못 보다가 볼라치면 낯선 광고가 제법 많다. 결국 매일매일 새로운 광고가 쏟아진다고 해도 과언이 아니다. 그렇다면 과연 이렇게 잠깐 얼굴만 들이미는 광고가 소비자에게 기억될까? 그런 광고로 소비자의 지갑을 열 수 있을까? 대답은 명쾌하게 'No!' 다.

캠페인광고의 중요성에 대해 어록을 많이 남긴 로서 리브스(Rosscr Rccvcs)는 이런 가르침을 준다.

"광고를 자주 바꾸는 것은 수백만 달러짜리 실수를 저지르는 것이다."

그렇다. 광고를 자주 바꾸는 것은 '죄악' 이다. 광고주에게 치명적 손실을 안겨주는 행위임에 틀림없다. 그러나 우리는 광고주가 원해서 바꾸고, 소재가 바닥나서 바꾸고, 캠페인의 확장성이 부족해서 바꾸고, 담당자가 바뀌어서 바꾸고… 하여튼 우리는 이제 뭔가 캠페인이 되겠다 싶으면 광고를 바꾸곤 한다. 안타는 제법 치는데 장타가 없는 셈이다. 홈런이 없다는 것이다.

주자를 일소하는 홈런이 되려면 필연적으로 캠페인 광고라야 한다. 그래야 힘과 설득력도 있는 것이다.

열 번 찍어 안 넘어가는 나무 없듯이 열 번 찍어 설득당하지 않는 소비자도 없다. 장기 캠페인은 그래서 중요한 것이다. 자, 다시 한 번 강조한다.

첫째도 일관성(consistency),
둘째도 일관성(consistency),
셋째도 일관성(consistency)

낙숫물이 댓돌을 뚫는다

흔히 현대를 광고의 홍수시대라고 한다. 광고의 양이 많다는 것은 그만큼 소비자에게 어필하기가 어렵다는 반증이기도 하다. 또한 단 한 번의 광고로 광고 목표를 달성할 수 없음은 자명한 일이다.

캠페인 광고의 중요성에 대해 어록을 많이 남긴 로서 리브스(Rosser Reeves)는 이런 가르침을 준다.
"광고를 자주 바꾸는 것은 수백만 달러짜리 실수를 저지르는 것이다."

50년 가까이 'Come to Marlboro Country' 캠페인을 벌이고 있는 말보로(Marlboro)는 영원히 늙지 않는 말보로 사나이를 미국인의 가슴속에 달리게 함으로써 성공을 거두었다. 그러나 생각해 보라. 동일한 캠페인을 50여 년 동안 전개한 것 자체가 전설이요, 기적이다.

말보로는 미국 남자들의 영원한 노스탤지어요, 마음의 고향이며, 대박을 터뜨릴 수 있는 희망의 땅 서부를 질주한다는 이미지로 브랜드 에퀴티를 쌓았다. 그리고 이제 무너지지 않는 신화가 된 것이다.

말보로는 캠페인 테마 자체부터 이미 미국인의 향수를 자극하는 소재를 발굴했다. 또한 그 테마들은 캠페인 전개시 다양하게 활용될 수 있도록 넓은 확장성을 지니고 있으며, 시대가 바뀌어도 변하지 않을 가치를 내포했다. 캠페인으로서의 성공 요소를 모두 지녔다고 해도 과언이 아닐 정도다.

또한 '미국 광고의 역사' 라고 칭송받는 폭스바겐의 'Think Small', 'Lemon' 등의 캠페인은 크리에이터에게는 영원한 교과서요, 부러움의 상징일 것이다. 물론 광고 하나하나가 다 수작이지만 광고들이 마치 굴비 엮듯이 이어지니까 더 힘이 있고 설득력도 있어 보인다. 마찬가지로 우유 콧수염으로 유명해진 'Got Milk' 캠페인 역시 한두 편 제작하고 다른 컨셉트로 광고를 교체했다면 지금의 성공을 상상할 수 있었을까? 다이어트 열풍 때문에 하향 곡선을 긋던 매출은 이 광고가 나가면서 다시 고개를 쳐들기 시작했고, 광고의 인기가 높아지자 모델이 되기 위해 은근히 로비를 벌이는 해프닝도 벌어졌다. 그리고 이 캠페인은 미국 문화의 한 장르가 되었다. 광고가 이 정도 파워가 있다니 정말 부러울 따름이다.

또한 카피라이터라면 초년병 시절에 책에서 한 번쯤 읽었음직한 그 유명한 카피 "Do you make these mistakes in English?" 도 벌써 40년이 넘도록 사용되고 있다. 만약 이 캠페인도 처음 한두 번 시도하다가 '에이, 효과가 별로 없군' 하는 탄식과 함께 그만두었다면, 지금 아무도 기억하지 못하게 됐을 것이다.

이러한 사례들은 곧 우리 광고계의 현실을 비추는 거울이기도 하다. 글쎄, 우리네 조급한 성격 탓인지 진득하게 기다리는 맛이 없는 듯하다. '빨리빨리'에 길들여진 우리는 광고를 집행하고 바라는 만큼의 성과를 거두지 못하면 바로 전략과 표현컨셉트를 바꿔버린다. 이런 환경에서 캠페인광고가 살아남기란 하늘에서 별 따기 만큼이나 어려울 수밖에 없다.

세계에서 광고비를 가장 많이 쓰기로 유명한 P&G는 다음과 같은 원칙을 고수한다.

'우리가 지향하는 브랜딩에는 3C가 있다. 첫째도 일관성(consistency), 둘째도 일관성, 셋째도 일관성이다.'

일관성에 대한 중요성을 강조한 내용일 것이다. 갈 지(之)자로 걷지 않고 똑바로 한 방향으로 가다보면 길이 보일 것이다. 여기 기웃, 저기 기웃 하다 보면 자기의 컬러도 없어지고 아이덴티티도 사라질 것이다.

P&G가 전 세계적으로 파워브랜드를 많이 보유한 것도 이런 일관성의 원칙에서 비롯되었을 것이다.

〈광고 1〉은 비달 사순(VIDAL SASSOON)의 'VS' 캠페인을 알리는 광고다. 브랜드 네임 비달 사순의 이니셜인 'VS'를 이용하여 경쟁 제품과 차별화를 시도했다. 'VS'는 비달 사순의 이니셜이면서 또한 'versus'의 축약어로

〈광고 1〉 VS 캠페인을 알리는 광고. 비달 사순의 자신감이 잘 나타난다.

이 캠페인의 성격을 눈치챌 수 있다. 그리고 이는 단지 크리에이티브의 소재로만 존재하는 것이 아니라 브랜드인 비달 사순을 연상시키면서 제품과의 연관성을 강하게 느끼게 한다. 즉, 제품을 중심으로 'LEADER VS FOLLOWER'가 임팩트 있게 전달되는 것이다.

접지형 4페이지로 구성된 이 캠페인은 모든 광고가 시작되는 왼쪽 페이지에 컨셉트를 알리는 비주얼과 카피를 대구(對句)형으로 삽입하고, 가운데에는 제품을 크게 부각시켜 제품에 대해 자세히 설명한다. 그리고 날개형 접지 타입으로 된 3, 4페이지에는 제품을 쓰고 만족해 하는 사용자들의 모습을 담았다.

다만 〈광고 1〉은 론칭 편으로 멀티 3페이지로 구성되었다.

카피에서는 스타일과 기술의 리더인 비달 사순이 연구소와 미용실에서 축적한 경험을 바탕으로 개발되었으며, 모든 제품은 국제 스타일리스트팀의 엄격한 기준에 부합하는 제품이라고 강조한다. 그러면서 무료 샘플이나 온라인 상담을 원한다면 홈페이지(www.vs-sassoon.com)를 방문하라고 안내한다.

〈광고 2〉는 머릿결 때문에 고심한 여자라면 누구나 시선이 멈출 수밖에 없는 광고다. 먼저 제일 앞 페이지를 열면 막 끊어지려는 밧줄이 보이는데,

〈광고 2〉 머리카락의 부서짐과 끝 갈라짐을 임팩트 있게 소구하기 위해 끊어지는 밧줄을 이용했다. - STRENGTHENING COMPLEX

〈광고 3〉 마르고 건조하며 손상된 머릿결 때문에 속상하다면 보습제를 이용하라고 권유한다. -MOISTURE

P&G는 다음과 같은 원칙을 고수한다.
'우리가 지향하는 브랜딩에는 3C가 있다. 첫째도 일관성(consistency), 둘째도 일관성, 셋째도 일관성이다.'

밧줄이 끊어지는 바로 그곳에 카피 "WEAK VS STRONG"이 자리잡고 있다. 제품이 머릿결을 강화하는 'STRENGTHENING COMPLEX'이기 때문에 이런 비유로 어프로치했을 것이라 여겨진다. 타깃에게 주의환기력(stopping power : 소비자가 광고를 그냥 넘기지 못하고 주목하는 힘)이 일어날 수 있는 장치를 통해 수많은 광고 속에서 눈에 띄게 만들었다.
비달 사순은 이렇게 패키지를 이용하여 제품의 특장점과 사용법을 정확히 제안하고 모델을 통해 효과를 입증하는 방법을 택했다.

〈광고 3〉은 보습제인 'MOISTURE' 제품을 위한 광고로 제품의 특장점을 강조하기 위해 "FRAZZLED VS REFRESHED"라는 헤드라인을 뽑았다. 말라 비틀어진 꽃과 생생한 꽃을 비교하여 '시들다 VS 생생하다' 로 소구한 것이다. 어느 여자가 자기 머릿결이 시든 꽃처럼 되길 원하겠는가? 언제나 촉촉하고 부드러우며 찰랑찰랑한 머릿결을 갈망하는 건 너무나 당연한 것이다.

"FRAZZLED VS REFRESHED" 라는 카피는 일종의 위협 소구로 광고의 주목도만 높이는 것이 아니라 실제 소비자들의 행동이 일어나게 한다. 패키지를 이용해 전하는 카피를 읽어 보면 마르고 건조하며 손상된 머리카락에 사용하면 효과적이라고 되어 있다. 또한 촉촉한 머릿결을 유지하려면 매일 'Moisturizing Hair Wash' 와 'Moisturizing Daily Therapy' 를 사용하라고 권유하고 있다.

패키지를 이용하여 제품의 특장점과 사용법을 정확히 제안하고 모델을 통해 효과를 입증하는 한편, 광고의 주목도만 높이는 것이 아니라 실제 소비자들의 행동이 일어나게 한다.

〈광고 4〉는 컬러 보존 스프레이 제품을 알리는 광고로서, 카피 "DULL VS DAZZLING" 로 알기 쉽게 소구한다. 여기서는 칙칙한 컬러와 빛나는 컬러 느낌을 비교하여 제품의 특장점을 알린다. 모델의 헤어 컬러를 잘 살려 보여줌으로써 광고를 보는 사람으로 하여금 사용하고 싶은 충동을 불러일으킨다.

또한 머리를 감기 전에 뿌려주기만 하면 감을 때 바래지는 것을 막을 수 있다고 설명하며 사용법이 간단함을 강력한 무기로 내세운다. 헤어 컬러에 보호막을 형성해 물로 씻을 때 바래지는 것을 방지한다는 것이다.

〈광고 5〉는 기타 줄(弦)에서 아이디어 모티브를 찾았다. 음을 만들기 위해 팽팽하게 조여진 줄과 아무렇게나 방치된 여분의 줄을 비교한 아이디어 모티브가 절묘하다. 아마도 광고를 보는 사람은 기타 줄을 마치 부스스한 자기 머리카락처럼 느껴 못 견디지 않을까.

"SPRINGY VS SHAPELY". 헤드라인이 기타줄의 특징을 설명하는 듯하지만 광고의 목표는 기타줄의 특성이 바로 머리카락으로 전이되는 것이다. 가늘고 힘없는 머리카락을 숱이 많아 보이게 해줄 뿐 아니라 풍성하고 멋진 스타일로 연출할 수 있는 제품이라 강조하고 그 사용법을 예시한다. 모

〈광고 4〉 빛나는 컬러를 오랫동안 유지하고 싶다면 컬러보존 스프레이를 이용하라고 권유한다.

〈광고 5〉 풍성하고 탄력있는 머릿결을 기타 줄을 이용하여 표현했다.

델 역시 풍성한 머릿결을 보여주기 위해서 웨이브 헤어를 연출해 구매를 자극한다.

〈광고 6〉은 자동차 표지판을 이용하여 'ULTRA FIRM HAIR SPRAY'를 소구하고 있다. 자동차를 운전한 경험이 있는 사람들은 쉽게 이해하겠지만 차가 내 마음대로 움직여 주지 않는다면 불행한 사태가 벌어진다. 헤어스타일 역시 자동차와 마찬가지로 원하는 스타일대로 있지 않고 쏟아지거나 흩날린다면 엉망이 될 것이다.

2002년 한・일월드컵 때 영국의 베컴 선수가 특유의 헤어스타일로 스포트

〈광고 6〉 어떤 헤어 스타일이든 원하는 스타일대로 고정시켜줄 만큼 강력함을 암시하고 있다. - ULTRA FIRM HAIR SPRAY

〈광고 7〉 마르고 건조하며 손상된 머릿결을 방치할 것인가 재생시킬 것인가에 대한 해답을 주고 있다. - DEEP TREATMENT THERAPY

라이트를 받았다. 닭볏처럼 세운 앞머리와 바람에 날린 듯 올라간 뒷머리. 그 독특한 스타일은 소녀 팬들을 설레게 했고, 청소년들은 미용실 거울 앞에 앉아 "베컴 스타일로 해주세요"라고 주문하기에 바빴다. 비록 내 눈에는 90분 내내 운동장을 뛰는 선수가 그런 헤어스타일을 유지한다는 것 자체가 신기해 보였지만.

"OUT OF CONTROL VS IN CONTROL". 패키지에 기술된 효과를 보면 얼마나 강력한 스프레이인지 짐작이 간다.

"어떤 상황에서도 중력을 무시한 채 헤어스타일을 단단히 고정시킵니다."

제품을 사용한 모델의 모습도 소위 '바람머리' 처럼 독특하다. 저런 헤어

스타일이면 금방이라도 뭉개질 것 같지만 그렇지 않고 잘 유지된다니 얼마나 강력한 것이겠는가?

우리 광고가 배워야 할 덕목 중에 하나도 바로 '느림의 미학' 아닐까? 부디 한두 번 해보고 갈아치우는 우를 범하지 않았으면 좋겠다. 기업과 브랜드의 사활을 결정하는 광고안을 결코 '빨리빨리'를 명분으로 망쳐버리지 않는 풍토가 되었으면 한다.

〈광고 7〉은 헤드라인이 강력하다.

"EXHAUSTED VS REVIVED". 그리고 다 타서 꺼진 초가 헤드라인과 잘 매치되어 있다. 손상된 머릿결을 관리해주는 'DEEP TREATMENT THERAPY' 제품을 소비자에게 어떻게 하면 임팩트 있게 전달할 것인가 고민한 흔적이 엿보인다. 이 광고는 아마도 독자로 하여금 다 탄 초를 보면서 저렇게 죽어가게 놔둘 것인가 아니면 재생시킬 것인가에 대한 판단을 내리도록 할 것이다.

색감 또한 패키지 컬러와 초의 컬러, 그리고 모델의 립스틱을 모두 통일감 있게 연출해 자연스럽게 제품에 시선이 멈추도록 한다.

〈광고 8~11〉은 2004년부터 새롭게 선보인 캠페인으로 "the look"이라는 자신감 있는 캠페인 슬로건이 품질에 대한 자신감을 나타낸다.

어떤 헤어스타일을 하든 항상 찰랑찰랑하고 촉촉한 느낌을 줄 수 있다는 자신감을 한 컷의 비주얼로 표현한 것이다. 그리고 헤어스타일 연출에 대한 아이디어와 제품 사용법을 상세히 알려주고 있다.

물론 이 제품을 사용하는 방법을 몰라서 그런 처리를 하지는 않았을 것이다. 모델들이 연출한 헤어스타일은 아마도 일반 소비자들이 한 번쯤은 해보고 싶은 스타일일 것이다. 그 점을 노려 우리 제품을 이런 방법으로 사용하면 모델과 똑같이 된다고 말하는 듯하다.

방금 미장원에서 손질한 느낌으로 항상 스타일리시한 이미지를 유지하고 싶은 게 여자들의 일반적인 소망일 것이다. 팬틴(PANTENE)은 막연한 이미지가 아닌 제품의 편익(benefit)을 소비자의 니즈와 연결해 스스로 찾게 하는 pull 전략을 구사하고 있다.

〈광고 8〉 PANTENE

〈광고 9〉 PANTENE

〈광고 10〉 PANTENE

〈광고 11〉 PANTENE

느림의 미학을 배우자

방금 미장원에서 손질한 느낌으로 항상 스타일리시한 이미지를 유지하고 싶은 게 여자들의 일반적인 소망일 것이다. 팬틴(PANTENE)의 전략은 막연한 이미지가 아닌 제품의 편익(benefit)을 소비자의 니즈와 연결해 스스로 찾게 하는 pull 전략을 구사한다.

'빨리빨리'가 '열심히 산다'와 동의어처럼 받아들여지는 우리 사회에 프랑스 사회철학자 피에르 쌍소(Pierre Sansot)의 《느리게 산다는 것의 의미》는 그야말로 신선한 충격이었다. 많은 사람들이 잔잔한 감동을 받아 오랫동안 베스트셀러 목록에 올라 있었던 이 책에서 그는 "진정한 행복은 고요와 느림의 미학에서 시작된다"라고 말한다.

그가 말하는 느림은 게으름이나 민첩성이 결여된 둔감한 행동을 의미하는 게 아니라 부드럽고 우아하고 사려 깊은 삶의 방식이다. '빠름'이 미덕인 인터넷시대에 사는 우리에게 정반대로 천천히 즐기며 사는 인생이 아름답고 가치가 있다고 주장하는 것이다.

우리 광고가 배워야 할 덕목 중 하나가 바로 '느림의 미학' 아닐까? 한두 번 해보고 갈아치우는 우를 범하지 않았으면 좋겠다는 것이다. 기업과 브랜드의 사활을 결정하는 광고안을 결코 '빨리빨리'를 명분으로 망치지 않는 풍토가 마련되었으면 한다.

처음 캠페인을 개발한 그 마음으로 1년, 2년 아니 10년 정도 해보는 뚝심을 발휘하는 그런 '대~한민국'이 되면 좋겠다.

4장 | Food/Beverages

4-01 Hennessy

4-02 GODIVA

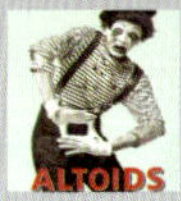

4-03 ALTOIDS

4-04 evian

© 1999 Schieffelin & Somerset Co., NY, NY, Cognac Hennessy 40% Alc./ Vol. (80°) please drink responsibly.
designer
architect
demolition expert
appropriately complex
Hennessy
Maison Fondée en 1765
VERY SPECIAL
COGNAC

Hennessy

보보스(Bobos)는 코냑을 마신다

히피와 여피가 만났다

칼 맑스(Karl Marx)는 계급간의 갈등이 필연적이라고 주장했다. 그것은 바로 공산주의자들이 하늘처럼 믿었던 계급투쟁론의 실체이며 또한 우리가 학교 다니면서 공산주의를 비판하는 측면에서 귀가 따갑도록 들어온 이야기이다. 그러나 역사는 정반대로 흘렀다. 즉 칼 맑스의 예상과는 달리 계급은 때로 경계가 애매모호해지기도 하고, 싸우고 정복하기보다는 서로 화해하고 어울리는 것을 택했다.

이런 관점에서 히피와 여피의 만남을 주시해 보자.

1960년대를 휩쓸었던 히피(Hippie)와 1980년대 부의 상징으로 여겨진 여피(Yuppie)가 만나면 어떻게 될까? 과연 칼 맑스의 주장대로 투쟁이 일어날까? 전통을 비웃고 질서를 거들떠 보지 않았던 보헤미안의 히피와 현실적이고 부를 축적한 부르주아의 만남은 그 상상 자체가 난센스라고 할 수 있지 않을까? 그러나 세기가 바뀌면서 극단적인 두 계급(?)이 서로 양보하고 화합하면서 서로의 우성인자만을 가진 새로운 계급을 만들어냈다. 보헤미안과 부르주아가 서로에게 항복을 강요하지 않고 공존하는 새로운 문화가 뉴 밀레니엄과 함께 탄생했던 것이다. 그것은 바로 《위클리 스탠더드》의 편집장이자 《뉴스위크》의 객원 편집위원인 데이비드 브룩스의 《보보스, 디지털 시대의 엘리트》라는 책에서 화려하게 탄생했다. 이름하여 '부르주아 보헤미안(Bourgeois Bohemian)', 즉 보보스(Bobos)가 새로운 소비와 문화의 주체로 떠오른 것이다.

《워싱턴포스트》는 "밥 딜런과 로널드 레이건이 합쳐졌다고나 할까? 보보스는 기존의 엘리트계층에 저항해서 일어난 엘리트로서, 60년대의 반항과 80년대의 성취가 합쳐진 존재이다"라고 북리뷰에서 진단했다.

그렇다면 그들의 라이프 스타일과 가치관은 기존의 계층과 어떻게 다를까? 보보스의 가치관과 라이프 스타일을 요약하면 다음과 같다.

그들은 사치품에 돈을 낭비하는 게 아니라 자신에게 필요한 가치가 있는 물건이 있으면 돈을 아끼지 않는다. 명품을 구매하지만 그것은 단지 유명 브랜드여서가 아니라 자신의 취향에 맞거나 그 브랜드에 대한 얘깃거리가 풍부해서 소비하는 것이다. 와인을 마셔도 단지 고급이라서, 아니면 비싸서 마시는 게 아니라 포도 생산지의 역사에서부터 그 지방에서 와인을 생산한 배경과 비법 등은 물론 와인의 맛과 향의 특성에 이르기까지 다양한 이야깃거리가 있는 브랜드를 선호한다. 이런 와인 브랜드일수록 식사하면서 대화의 깊이와 넓이를 더하고 자기만의 독특한 취향을 나타낼 수 있기 때문이다.

또한 보보스는 일도 단지 돈을 벌기 위해서가 아니라 인생을 즐기기 위해서 한다. 그래서 전 세계적으로 제일 부자라고 일컫는 빌 게이츠는 청바지와 나이키 운동화 차림으로 대중 앞에서 연설하기도 한다. 자기가 편하기 때문이다. 결코 복장이 직업과 그 사람의 인품을 나타내는 것은 아니라는 말이다.

기존의 사고방식이라면 CEO가 연설을 한다면 당연히 수트로 쫙 빼입고 목에 힘주면서 할 텐데 보보스는 다르다. 그들은 옷을 입어도 캐주얼하고 실용적이어야 하되 소재는 최고급이어야 한다는 것이다.

부와 성공의 표상이라고 할 수 있는 부르주아, 그리고 반항과 자유정신, 창조성을 기반으로 한 보헤미안 – 그들이 합쳐져 탄생한 보보스의 라이프 스타일과 가치관은 바야흐로 마케팅과 광고에 적지 않은 영향을 미치고 있다. 이렇듯 새로운 엘리트그룹으로 떠오른 보보스의 취향과 눈높이에 맞는 캠페인을 소개할까 한다.

입과 코로 동시에 오르가슴을 느끼는 코냑

보보스는 사치품에 돈을 낭비하는 게 아니라 자신에게 필요한 가치 있는 물건이 있으면 돈을 아끼지 않는다. 명품을 구매하지만 그것은 단지 유명 브랜드여서가 아니라 자신의 취향에 맞거나 그 브랜드에 대한 얘깃거리가 풍부해서 소비하는 것이다.

위스키가 맥주를 증류한 것이라면 코냑은 포도주를 증류한 브랜디의 한 종류이다. 코냑이라는 이름의 유래는 프랑스 중부의 샹파뉴(Champagne) 지방의 항구인 코냑(Cognac) 마을에서 비롯되었다. 코냑 지방은 와인의 명산지인 보르도(Bordeaux)의 바로 북쪽에 위치해 있지만 생산되는 와인의 품질은 형편없었다.

로마시대부터 와인을 생산했던 그곳의 포도는 산도가 높고 당도가 낮아 무역을 하는 데 애를 먹었다. 그래서 점점 인기가 떨어지고 농민들은 판로가 막혀 울상이었다. 이때 한 네덜란드인이 우연히 이곳에 들렀는데 농민들의 딱한 사정을 듣고 와인을 증류하는 방법을 알려줌으로써 오늘날의 코냑이 탄생했다고 한다.

특히 코냑 지방은 토양이 석회질로 되어 있어 포도의 맛이 시고 당도가 낮아 증류하면 독특한 맛과 향을 발휘해 고품질의 브랜디를 만들 수 있게 되었다. 더욱이 프랑스 정부는 1909년에 '코냑제조법령'을 선포하여 엄격한 품질 관리와 보호에 정성을 쏟았다. 따라서 코냑으로 만들어지는 포도는 반드시 코냑 지방의 포도만을 원료로 사용하고, 숙성시키는 오크통도 그 지방에서 자란 리무진 오크통만 쓰도록 규제했다.

이런 엄격한 관리가 결과적으로 세계적인 코냑을 만들어낸 배경이 된 것이다. 특히 헤네시(Hennessy) 코냑은 독특한 맛과 향을 브랜딩하기 위해 7대째 그만의 기법을 고집하고 있다.

그럼 잠깐 코냑을 즐겨 보자. 우선 잔은 와인잔과 같이 튤립 모양이지만 입구가 더 좁고 배가 더 불룩한 모양을 하고 있어 코냑 특유의 향이 달아나지 못하게 하는 것으로 마시는 게 좋다. 또한 마실 때는 두 손으로 잔을 감싸듯이 잡는데 그렇게 함으로써 손의 체온으로 잔을 덥히면 향이 서서히 올라온다. 이때 잔을 시계 반대 방향으로 천천히 돌리면서 음미하면 최고의 기분을 만끽할 수 있다.

코냑을 얘기하면서 음악을 빼놓을 수 없을 것 같다. 숙성 연수에 따라 음악의

템포와 멜로디를 맞춰 마시면 코냑의 맛과 향을 더욱 감미롭게 즐길 수 있기 때문이다.

키스하듯… 터치하듯…

헤네시 광고를 보면 광고 같지가 않다. 우측 귀퉁이에 있는 헤네시 로고를 빼면 그저 보보스의 라이프 스타일에 대한 스케치 같다. 보보스의 사랑관과 가치관 그리고 그들의 관심사가 마치 코냑이 가슴을 적셔주는 듯한 느낌으로 다가온다. 그래서 광고를 눈으로 보는 게 아니라 가슴으로 느끼고 음미하게 한다. 여기에 음악과 함께 코냑을 마시듯, 음악과 함께 광고를 느껴야 할 것만 같다. 한마디로 '분위기 타는 광고' 다. 헤네시를 즐기는 보보스의 라이프 스타일과 가치관을 느낄 수 있는, 그들의 자화상과 같은 광고라고 할 수 있는 것이다.

헤네시 광고는 눈으로 광고를 보는 게 아니라 가슴으로 느끼게 하고 음미하게 한다. 여기에 음악과 함께 코낙을 마시듯, 음악과 함께 광고를 느껴야 할 것만 같다. 한마디로 '분위기 타는 광고' 다.

〈광고 1〉을 보면 보보스의 라이프 스타일과 사랑관을 바로 알 수 있다.
사랑하지만 소유하지 않고, 목숨을 걸고 사랑한다는 부담에서 벗어나 사랑도 게임처럼 즐기며, 서로가 독립적이면서도 일정 부분에서는 공감대를 갖는 삶의 단편이 보이는 듯하다.
여기 사랑하는 한 커플이 있다. 금방이라도 서로를 탐닉하려는 눈빛이 감미롭다. 남자는 세인트 토머스에서 휴식을 즐기고 친구들과 어울려 포커 게임을 하며, 민속예술에 상당한 조예가 있으며, 영국산 불도그를 키우고 베이컨과 양상추, 토마토가 들어있는 샌드위치를 좋아한다. 그 반면 여자는 머핀을 좋아하고, SF영화를 즐기며, 거품목욕으로 하루의 피로를 풀고 사이클로 섹시한 몸매를 다듬고, 빨간색을 선호한다.
이렇게 서로 다른 취미와 취향이 있어 각자 독립적이고 자주적이지만, 함께 좋아하는 R&B 음악에 빠지고 남자가 사각팬티를 입었을 때 사랑을 하고 싶고, 유머감각이 있어 언제나 생활에 윤기가 있다.
그 슬로건을 보면 "appropriately complex" 이다. 아마도 헤네시 코냑을 마시는 사람들의 라이프 스타일과 이 광고의 매력이 보일 것이다.

〈광고 2〉는 묘한 호기심이 일게 한다.

'대부' 들이나 타고 다닐 것 같은 고급 리무진 뒷자석에서 두 명의 여자가 각기 다른 곳을 바라보고 있다. 그들의 운명처럼…. 올리버를 사랑하는 두 여인, 같은 사람을 사랑하고 있으니 분위기 잡고 있을 게 아니라 머리라도 잡고 싸워야 하는데, 그렇지 않다. 서로에게 맞는 올리버를 사랑하면 그뿐이다. '왜 나말고 다른 여자를 사랑하냐' 라고 악다구니를 쓸 필요도 없고, 함께 있을 때 서로에게 최선을 다하고 즐거우면 그뿐이다. 보는 사람에게 묘한 여운을 주는 광고, 문자그대로 'appropriately complex' 인 것이다.

〈광고 3〉에서는 헤네시를 마시는 사람들의 직업군(群)이 노출되었다.

디자이너, 건축가, 폭파 전문가. 함께 어울릴 것 같지 않은 직업군의 사람들이 자리를 같이했다. 이 세 사람은 어떤 관계일까? 대학 동창, 아니면 가운데 여자를 놓고 삼각관계를 이루고 있는 사이?

여유가 있어 보이면서도 긴장감이 도는 상황, 깍지를 끼고 있는 여자의 심리적 불안감이 절묘하게 표현되었다. 아무튼 세 사람의 관계는 적당히 복

〈광고 1〉

〈광고 2〉

〈광고 3〉

잡하게 보인다.

〈광고 4〉에는 연인으로 보이는 두 남녀의 탄생 별자리가 표시되어 있다. '전갈자리'의 여자와 '쌍둥이자리'의 남자가 있다. 아마도 데이트를 했거나 파티를 즐기는 중에 약간의 다툼이 있는 듯하다. 남자가 다른 여자에게 '작업' 들어간 것을 목격하고 여자가 흥분해서 따지고 있는 상황인지도 모를 일이다.
남자는 위기를 모면하기 위해 변명과 함께 가벼운 미소를 보낸다. 이 정도에서 다툼이 끝나고 남자의 스튜디오에 가서 헤네시와 함께 화해를 한다.
그리고 19세 이하 관람불가 상황이 벌어진다.

헤네시는 이 캠페인을 전개해 고급 코냑의 이미지를 획득하고 시장에서도 상당히 선전(善戰)하고 있다. "appropriately complex"의 슬로건으로 집행된 일련의 시리즈에 이어 현재는 "mix accordingly" 시리즈가 후속으로 진행되었고, 그 후 일관성 있는 테마로 타깃을 공략하고 있다.

가벼운 유혹과 유쾌한 상상

〈광고 5〉는 상반된 일을 하고 있는 두 여자를 소재로 어프로치하고 있다. 한 사람은 'match maker'이고 다른 한 사람은 정반대의 일을 하고 있는 'divorce attorney'이다. 이 두 사람이 적당히 섞이면 세상은 참으로 평온해지고 행복한 가정들이 더 늘어날 수 있을 텐데….
한 여자는 파트너를 맺어 주기 위해 갖은 방법과 이벤트를 동원해(때로는 거짓말도 일삼고) 결혼시키지만 이혼 전문 변호사는 정반대의 일을 한다. 한 사람은 결혼을 성사시키고 한 사람은 이혼시키고…. 직업상 두 사람의 성격과 직업관(?)은 정반대일 것이다.

〈광고 6〉은 보는 순간 빙그레 미소를 짓게 하는 광고다.

위스키가 맥주를 증류한 것이라면 코냑은 포도주를 증류한 브랜디의 한 종류이다. 코냑이라는 이름의 유래는 프랑스 중부의 샹파뉴(Champagne) 지방의 항구인 코냑(Cognac) 마을에서 비롯되었다.

두 여자가 있다. 화장대 앞에서 화장을 하고 있는 모습이 너무나 사랑스럽다. 한 여자는 등이 완전히 드러난 드레스를 입고, 눈이 부실 정도로 하얀 속살을 드러내고 있다. 섹시한 백치미가 썩 매력적으로 보이는데 그녀는 'vegetarian(채식주의자)' 이다. 또 한 여자는 이제 화장을 마치고 마지막으로 립스틱을 바르고 있다. 눈웃음을 치는 모습이 예사스럽지 않다. 장난기 머금은 눈빛이 숱한 남자를 울릴 것 같은 느낌을 강하게 풍긴다.

그런데 난데 없이 'man-eater' 이다. '남자를 잡아 먹는 사람' 이 아니라 속어적인 표현으로 '남자라면 무조건 좋아하는 여자' 다. 남자만 보면 사족을 못쓰는 여자, 즉 속칭 '선수' 라고 말할 수 있는 여자일 것이다.

채식주의자인 여자와 '남자 사냥꾼' 여자가 절묘하게 섞인다면 좋을 법하다는 이야기일 것이다. 그리고 그런 정반대의 성향을 가진 여자들이라도 공통점은 있을 수 있는데 그게 바로 헤네시라고 말하고 싶은 것이다.

〈광고 7〉도 같은 맥락에서 이해된다.

앞서 본 광고에 반대 개념의 여자들이 나왔다면 이 광고에서는 전혀 다른 종류의 남자들이 등장한다. '테디베어(teddy bear)' 라면 전 세계적으로 인기를 얻고 있는 곰인형이다. 어린이가 있는 집치고 테디베어가 없는 집이

〈광고 4〉

〈광고 5〉

〈광고 6〉

없을 정도로 인기있는 인형이다. 아이들의 친구로 착하고 부드러운 이미지가 강하다. 'teddy bear' 남자는 인형의 이미지만큼이나 선하게 보인다. 반면에 헤어스타일부터 공격적인 이 남자를 보자. 'corporate shark' 라는 단어를 보면 교활할 정도로 영리하고 잇속에 밝지 않을까? 적대적 M&A 전문가라면 대단히 치밀해야 하고 때로는 복마전에도 강해야 한다. 'teddy bear' 하고는 정반대의 인간성을 가진 것처럼 보인다.

〈광고 8〉은 표현하려는 의도가 정확하게 드러나 있다.
운동으로 단련된 미끈한 다리가 광고 전체에 사선 레이아웃으로 배치되어 다이내믹한 느낌을 준다. 여자의 상반신을 보여주지는 않지만 상상이 간다. 옆에 앉아 있는 남자의 모습이 여자에 가려 왜소해 보인다. 데이트를 하든 사랑을 하든 여자가 헤게모니를 쥐고 있을 것만 같다. 사랑한다는 고백도 여자가 먼저 했을 것이고 'kiss me!' 도 여자가 먼저 했을 것만 같다. 여자에게 붙여진 닉네임은 'tomboy'! 슬로건 "mix accordingly"가 예사스럽지 않다.

헤네시 광고를 보면 광고 같지가 않다. 우측 귀퉁이에 있는 헤네시 로고를 빼면 보보스의 라이프 스타일에 대한 스케치 같다. 보보스들의 사랑관과 가치관 그리고 그들의 관심사들이 마치 코냑이 가슴을 적셔주는 듯한 느낌으로 다가오고 있다.

〈광고 7〉

〈광고 8〉

지금까지 새로운 엘리트계급으로 떠오른 보보스에게 어울리는 광고를 분석해 보았다. 부르주아의 부를 즐기면서 보헤미안의 자유와 창조정신을 향유하고 인생을 풍요롭게 사는 보보스… 그들이 즐길 것 같은 헤네시 코냑.

프랑스의 문학가 르네 지라르가 주장한 '욕망의 삼각형' 개념에 따르면 사람은 자신에게 만족하지 못해 자신을 초월하고자 하는데, 이것은 자신이 욕망하는 대상을 소유함으로써 가능하다고 한다. 즉 사람들은 자기의 욕망을 달성하는 데 있어 소망하는 것을 바로 추구하기보다는 매개물을 통하여 욕망을 실현한다는 것이다.

헤네시 코냑 광고를 보는 우리는 보보스가 되기 위해 매개물인 헤네시 코냑을 마시면서 만족하는 것은 아닐까?

GODIVA
Liqueur
A sinfully DELICIOUS drink to complement
a CONVERSATION of the same caliber.
Godiva Chocolate Martini: 1 oz. Godiva Liqueur, 1 oz. imported vodka. Combine over ice. Shake or stir.
Enjoy our quality responsibly. Godiva.com/liqueur

GODIVA

누가 초콜릿을 다이아몬드처럼 팔 수 있다고 생각했을까?

남성 지배에 도전한 역사 속의 여걸

《뉴욕타임스》는 수 년 전, 지난 1,000년간 많은 여성들이 남성중심체제에 저항함으로써 여성의 지위 향상과 역사 발전에 기여했다는 여성특집기사를 게재하고, 그 중 주목할 만한 13명의 여장부를 발표했다. 대표적인 몇 사람을 살펴보자.

"말이 없는 마차가 다닐 것이다. 사고가 세상을 근심으로 채울 것이다. 생각이 온 세상을 날아다닐 것이다" 등과 같은 예언을 한 마더 쉽턴. 그녀는 1588년 스페인 무적함대의 패전과 1666년의 런던 대화재는 물론 자신의 죽음(1561년)도 정확히 예언해 놀라운 신통력을 가진 사람으로 추앙을 받았다.

〈Lady Godiva〉, 존 콜리너(1898)

다음, 1524년 독일 헤일브론 지방에서 농민들의 반란을 이끈 블랙 안나, 그리고 오늘날 여성권리 옹호론의 교본이 되고 있는 《여성권리의 옹호》(1792)의 저자이며 여성운동가인 메리 울스톤크래프트(Mary Wolstonecraft) 등이 있다.

또한 우리에게도 잘 알려진 미얀마의 반정부 지도자 아웅산 수지나 '철의 여인'으로 영국 경제를 부흥시

GODIVA 초콜릿 선물세트

킨 마거릿 대처 등도 그 기사에서 거론되었다. 그런데 지금 주목하려는 인물은 오늘날 '초콜릿' 으로 환생해 우리를 즐겁게 해주는 여성, '고다이버(Lady Godiva)' 이다.

특히 주목하고 싶은 인물은 오늘날 '초콜릿' 으로 환생해 우리를 즐겁게 해주고 있는 여성, '고다이버(Lady Godiva)' 이다. 열일곱 살의 고다이버는 긴 머리로 가슴과 국부를 가린 채 나체로 말을 타고 거리에 나섰다. 세금에 허덕이는 주민들을 위해서….

마치 전설처럼 전해져 내려오는 이야기의 주인공, 고다이버는 11세기 당시 영국 코벤트리(Coventry) 지방에서 막강한 권력을 갖고 있던 영주(領主) 레오프릭(Leofric)의, 열일곱 살 난 어린 부인이었다. 그녀는 주민들이 과중한 세금 때문에 허덕이는 것을 목격하고 남편에게 세금을 감면해 달라고 집요하게 간청한다. 그러자 남편은 "고대 그리스와 로마에서는 인간의 나신을 신이 만든 최고의 예술품으로 생각했다는데, 당신이 알몸으로 말을 타고 시장을 한 바퀴 돌면 세금을 감해 주겠다" 라고 대답했다. 이튿날 열일곱 살의 고다이버는 긴 머리로 가슴과 국부를 가린 채 나체로 말을 타고 거리에 나섰다. 세금에 허덕이는 주민들을 위해서….

이 소식에 감동한 마을 사람들은 모두 창에 커튼을 드리우고 아무도 보지 않고 이 일을 비밀에 부치기로 약속했다. 결국 이로 인해 세금은 감면되었다. 이에 18세기 이후 코벤트리 마을은 고다이버 전설을 관광상품화해서 지금도 말을 탄 여인의 형상을 마을의 심벌로 삼고 있다.

그런데 이런 고다이버의 전설에서 몇 가지 부산물이 생겨났다. 그 중 하나는 '관행이나 상식, 힘의 역학에 불응하고 대담한 역의 논리로 뚫고 나가는 정치' 를 고다이버의 대담한 행동에 빗대어 '고다이버이즘(godivaism)' 이라고 부르고 있는 것이며, 다른 하나는 바로 '고다이버 원리(The Godiva Principle)' 라는 것이다. 이는 심리학자 비니크(C. Winick)가 설정한 가설로, '사람은 성행위가 얼마나 불법적인가를 인식하고 있는 정도에 정비례하여 성행위를 자행한다' 는 원리이다. 이 원리에 고다이버 이름이 들어간 것은 고다이버의 알몸행진이 불법인가 합법적인가에 대한 논쟁에서 비롯되었다. 즉, 그녀의 행위는 불법과 합법의 경계선상에서 위험과 스릴을 함께 경험한 것으로 현대사회의 성 모럴을 확립하는 데 기여했다는 것이다.

여기에 덧붙여 더욱 그럴 듯한 전설 하나는 바로 '엿보는 톰(Peeping Tom)' 이라는 이야기다. 물론 이것은 우리가 어릴 적 한 번쯤은 읽은 《톰소여의 모험》에서 나오는 이야기다. 하지만 그 원조는 고다이버가 알몸으로 마을을 돌 때 양복점에서 일하는 '톰' 이 그만 약속을 어기고 호기심에 커튼을 젖히고 훔쳐보다가 천벌을 받아 맹인이 된 것이다.

벨기에에서 태어나 미국에서 성장

이제 본론으로 들어가 우리에게 늘 달콤함을 선사하는 초콜릿의 귀족, 고다이버에 대한 이야기를 해보자.

고다이버 초콜릿은 1926년 벨기에의 수도 브뤼셀에서 요셉 드랍스(Joseph Draps)가 소규모 가족회사를 설립하고 'GODIVA' 라는 이름을 사용하면서 탄생했다. 드랍스가(家)는 이 세상에서 그 누구도 만들 수 없는 부드러움과 풍부함을 지닌 초콜릿을 만들기 위해 최선을 다했다. 우화적이고 멋진 요리 같은 완벽함을 추구하는 벨기에의 전통, 거기에 드랍스가의 완고한 집념이 더해져 마침내 빛을 보게 된 고다이버는 오늘날 유럽을 대표하는 세계 속의 고급 초콜릿으로 군림하기에 이르렀다. 그래서인지 고다이버 초콜릿은 복잡하고 화려한 크리스털 같은 루벤스의 그림을 닮았다.

그런데 1966년 고다이버는 새로운 전기를 맞게 된다. 미국 캠벨(Campbell)의 사장이 유럽을 여행하던 중 우연히 고다이버를 먹은 후 온통 고다이버에 사로잡힌 것이다.

'이렇게 맛있는 고다이버를 바다 건너 수입해 와서 먹는다면 분명 맛의 변질이 있을 텐데… 그렇지만 지금까지 먹어왔던 미국 초콜릿은 먹기 싫고….'
고심하던 그는 막강한 자본을 이용하여 아예 고다이버를 사버렸다. 미국 현지에서 생산해 먹기 위함이리라.
이렇게 주인이 바뀐 후 고다이버는 드랍스가의 전통과 미국 거대기업의 마케팅 노하우가 만나 시너지를 이뤄 발전에 발전을 거듭하게 된다. 특히 1972년 미국 뉴욕의 맨해튼 5번 애비뉴, 티파니와 까르띠에 사이에 첫 부티크를 개점하면서 고다이버를 마치 보석과 같은 품격을 지닌 명품으로 승화시키는 데 성공을 거두었다. 그리고 이제는 뉴욕, 파리, 일본 등 세계 곳곳에 고다이버만의 품격과 자부심을 심고 있다.

감정에 호소하는 것이 이성에 호소하는 것보다 빠르다

초콜릿에 대한 인식을 다이아몬드 수준으로 끌어올린 고다이버는 꾸준히 캠페인을 전개해 다른 초콜릿과는 완전히 다른 경지에 이르렀다.
고다이버를 선택하는 사람들은 고다이버를 통해 삶의 '작은 사치'를 느끼고, 슈퍼에서 사 먹는 것과는 다른 호화로움을 만끽했다. 프레스티지(prestige) 제품들에서 느끼는 카리스마와 희소성, 그리고 거기서 파생되는 우월감을 초콜릿에서 찾을 수 있게 했다면 그 광고는 대단한 성공을 거둔 게 아니겠는가? 이번에 소개하는 시리즈는 여성 소비자의 감성 코드를 절묘하게 자극해 성공했다. 전체적으로 보면 그들만의 히든 드라마가 있을 듯한 비주얼과, 강조하고 싶은 메시지를 고딕체로 변화를 준 방법 등이 광고에 통일감을 주었다. 특히 레이아웃 폴리시(policy)를 지키며 캠페인광고의 중요 요소라고 할 수 있는 '같으면서도 다른 소재와 이야기'를 개발해 눈길을 끈다.

〈광고 1〉을 보면 '행복지수 100%'를 느낄 수 있다. 40대 중 · 후반으로 보이는 부부가 초콜릿을 가지고 기분 좋은 승강이를 벌이고 있다. 남자의 손을 여자가 저지하는 동작으로 미루어 초콜릿을 먹지 못하게 하는 듯하다.

〈광고 1〉 행복한 결혼생활을 유지하는 비법은 하트 모양의 초콜릿을 그녀(부인)에게 양보하는 것이라고 익살을 부리고 있다.

〈광고 2〉 몇 날 몇 주를 두고 준비한 끝에 연 파티에 대한 값진 보상은 과연 무엇이겠는가?

프레스티지 제품들에서 느끼는 카리스마와 희소성, 그리고 거기서 파생되는 우월감을 초콜릿에서 찾을 수 있게 했다면 그 광고는 대단한 성공을 거둔 게 아니겠는가?

남자 : 어? 내가 좋아하는 고다이버네.

음~ 어디 맛 좀 볼까?

여자 : (미소 지으며) 안 돼요.

이건 제 꺼잖아요.

사진을 보면서 상상하면 이런 정도의 대화가 오고 가지 않았을까? 그러나 카피를 읽어 보면 좀 엉뚱하다.

"무엇으로 결혼생활을 잘 유지하세요? 하트 모양의 초콜릿은 항상 그녀 것임을 인정하는 것이죠."

다른 모양은 다 갖더라도 하트 모양은 꼭 여자 몫으로 남겨두라는 것이다. 그걸 이해하고 양보하는 것 자체가 결혼생활을 지속할 수 있는 무기라니, 어쩌면 좀 단세포적으로 느껴지지만 그만큼 높은 가치를 부여한다는 사실에 브랜드 가치를 느낄 수 있는 광고로 여겨진다.

〈광고 2〉는 여자들의 보상심리를 자극해서 광고의 맛을 느끼게 한다. 여자 모델 뒤편으로는 파티를 즐기는 손님들의 모습이 희미하게 보인다. 파티의 호스티스로서 그녀는 손님들을 안내하고, 한 사람 한 사람 따뜻하게 배려하는 와중에 누군가가 선물한 고다이버를 즐기고 있다. 여자가 감격하는 모습으로 고다이버의 가치를 은근히 높이는 점을 잊지 않고 있다.

우리와는 달리 외국에서는 누군가를 집에 초대한다는 것이 상당한 친근감의 표시이자 특별한 대접을 의미한다. 그런데 손님을 집에 초대해 파티를 열려면 안주인은 정말 대단한 정성을 쏟게 마련이다. 음식은 어떤 메뉴로 준비하며, 그날 마실 술의 종류는 어떤 것이 좋을까에 이르기까지 준비해야 할 것이 한두 가지가 아니다. 더불어 집안의 인테리어는 물론 얼마나 행복하게 살고 있는지도 과시하고 싶을 테고 말이다. 어디 그것 뿐인가? 그날 어떤 옷을 입으면 더 우아하고 섹시하게 보일까 등, 생각하고 준비해야 할 것이 정말로 한두 가지가 아닐 것이다. 여자의 머릿속은 하루에도 몇 번이나 계획을 세웠다 지우고 또 세웠다 지우느라 정신이 없을 것이다.
이런 상황인데도, 카피의 절묘한 트위스트가 고다이버를 더욱 값진 초콜릿으로 여기게 만든다. '얼마나 대단하면 이렇게까지' 라는 생각이 절로 들게 한다. 며칠을 두고 이 궁리, 저 궁리한 끝에 열게 된 파티에 대한 보상이 고다이버라며 좋아하는 모습, 거기서 고다이버의 위력이 대변되는 것이다.

고다이버 광고는 여성 소비자들의 감성 코드를 절묘하게 자극해 성공하고 있다. 전체적으로 보면 금방이라도 그들만의 히든 드라마가 있을 듯한 비주얼과, 강조하고 싶은 메시지를 고딕체로 변화를 준 방법 등이 광고에 통일감을 주고 있다.

〈광고 3〉의 비주얼은 〈광고 2〉와 같지만 고다이버로 인한 감동의 메시지는 다르다.
"어떤 이는 꽃을 가져왔다. 또 누구는 와인을 가져왔다. 이 사람들은 내년 초대 리스트에서 제외시켜야겠군."
카피가 모든 것을 다 말해 준다. 쓸데없이 꽃이나 와인 같은 건 가져오지 마라. 그런 사람들이라면 내년에는 국물도 없을 것이다.
사실 여자들에게 장미 한 다발은 얼마나 큰 감동으로 다가오는가? 그런데도 이 여자에게는 통하지 않는다. 엄청나게 비싼, 자기와 나이가 똑같은 와인을 선물해도 감동은커녕 눈치밥을 먹어야 하니, 역시 고다이버는 세다.

〈광고 4〉는 '되로 주고 말로 받는다' 는 우리 속담의 긍정적인 면을 생각나게 한다. "주는 기쁨에는 받는 기쁨이 따르게 마련" 이라는 내용의 카피가 세상 사는 이치를 말하는 듯하기도 하고, '늘 애인 같은 아내' 를 가능하게

〈광고 3〉 내년 파티 초대에 잘리지 않으려면 꽃이나 와인 따위는 선물하지 마세요.

〈광고 4〉 고다이버의 사랑법은 '주는 것 이상 받는다' 는 등식이 성립하는 묘약이다. - Tuxedo

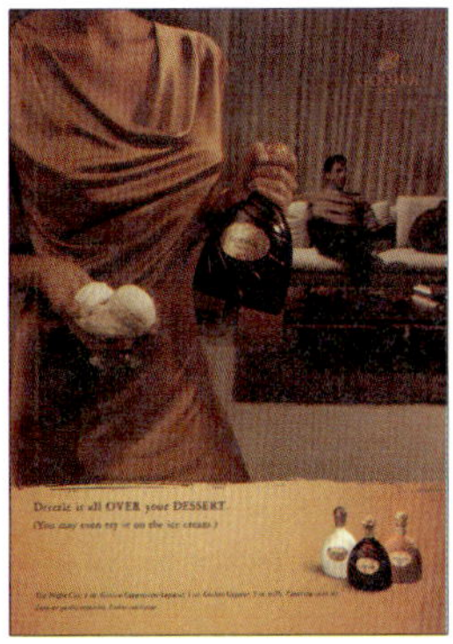

〈광고 5〉 이 광고는 19세 이하는 관람 불가인 'X 등급' 광고로 보인다. - Night Cap

〈광고 6〉 여자들의 수다에 딱 좋은 고다이버라면 어떤 느낌인지 상상이 간다. - Chocolate Martini

하는 묘약처럼 느껴지기도 한다. 어쩌면 사랑에도 같은 방정식이 성립되지 않을까? 받는 것보다 주는 것이 더 행복하다고, 시인도 노래하고 발라드 가사에도 그렇게 애잔하게 써 있지 않은가?

아무튼 부부는 달콤한 행복감에 빠져 들고 있다. 뒤에서 안은 채 남자의 귓볼을 간지럽히는 여자와, 미소를 가득 담은 남자의 모습에서 다음 장면을 쉽게 상상할 수 있다. 아마도 〈나인 하프 위크〉나 〈원초적 본능〉만큼의 격렬함은 없을지 몰라도 둘만의 사랑은 고다이버만큼 달콤하리라.

비주얼을 보면 피아노 위에 'GODIVA Liqueur' 로 만든 'Tuxedo' 두 잔이 사이 좋게 놓여 있다. 사실 병을 또 배치한 것은 너무 설명적이며, 강박관념에서 연출한 것으로 보여 마음엔 안 들지만….

〈광고 5〉는 영화로 치자면 'X 등급' 으로 분류될 것 같다. 비주얼이 야해서 'X' 판정을 받는 게 아니라 그 내용이 얼굴을 화끈거리게 하기 때문이다. 일견 비주얼은 평범하다. 여자 왼손에 들린 고다이버(Night Cap)를 중심으로 대칭 관계를 형성한 남자와 아이스크림이 묘한 긴장감을 준다. '원더브라' 로 무장한 여자의 가슴은 또한 즐거운 상상을 하게 하기에 충분하다. 하지만 남자는 NBA 농구 중계라도 보고 있는지 여자에게는 무관심한 듯하다. 여자는 'DESSERT(?)' 에 고다이버를 부어 먹으려고 호시탐탐 기회를 노리고 있다. 그러다가 오른손에 쥐고 있는 아이스크림에 눈이 간다. 아이스크림에 부어 먹는 게 온전하게 다 먹을 수 있는 방법임을 깨달았기 때문일까?

'DESSERT' 는 달콤하고 뜨거운 데 비해서 고다이버의 손실이 너무 크지만, 아이스크림에서는 한 방울의 고다이버도 흘리지 않고 즐길 수 있다. 당신이라면 어떤 방법으로 하겠는가? 한 번이라도 X 등급 비디오를 본 사람이라면 'DESSERT' 가 무엇을 상징하는지 알 수 있으리라.

고다이버의 시리즈 광고 또한 사람들에게 내재된, 유혹당하고 싶은 심적 흔들림을 교묘하게 자극해서 성공하고 있는 것은 아닐까. 특히 여성 타깃에게 보일 듯 말 듯 유혹하고 있는 점이 매력적이다.

〈광고 6〉은 비주얼 아이디어는 지극히 평범해 보이지만 여자들의 표정이나 포즈에서 광고의 노림수가 무엇인지 느낄 수 있다. 청춘 남녀들이 가득 모인 한 파티장에서 친구로 보이는 두 사람이 수다를 떨고 있다. 물론 손에는 고다이버 초콜릿 마티니를 한 잔씩 들고….

"아휴, 얘, 얘, 저 여자 좀 봐! 뭐 저런 드레스를 입고 왔니?"

"브라운 파트너는 어떻고…. 헤어 스타일 한 번 거창하지?"

이렇게 다른 여자들의 꼴불견(?)을 감상하거나, 어제 만난 남자친구를 흉보거나 아니면 치근대는 직장 상사에 대한 화풀이를 하고 있는 게 아닐까? 그런 흉보기는 씹는(?) 맛이 대단해서 하면 할수록 재미있고 즐거울 것이다. 이 광고는 그런 분위기를 한 컷의 사진으로 옮겨놓은 듯하다. 고다이버의 달콤함과 즐거움을 여자들의 수다에 비교한 재치가 깜찍하다.

사람의 마음을 사로잡는 가장 강력한 무기는 유혹이다

최근에 로버트 그린(Robert Greene)의 《유혹의 기술》을 읽었다. 역사적으로 권력과 명예와 사랑을 거머쥔 사람들을 유형별로 나누어 그 성공 요인을 규명한 책이다. 성공 요인 중 가장 중요한 것이 '유혹' 이라고 분석한 점이 흥미롭다.

케네디가 미국을 뒤흔든 것도, 나폴레옹이 유럽을 지배한 것도, 그 막강한 나폴레옹을 조세핀이라는 여자가 굴복시킨 것도 모두 유혹의 기술로 해부한 것

로버트 그린의 《유혹의 기술》

이다. 아울러 독일에 짓밟힌 프랑스를 구원한 드골 장군이나, 제 2차 세계대전을 승리로 이끈 처칠 수상도 모두 전형적으로 유혹을 도구로 사용한 위인들로 분석하고 있다. 그뿐만 아니라 클레오파트라나 매릴린 먼로도 남성들에게 해방과 자유를 선사하는 유혹의 달인으로 평가한다.

고다이버의 시리즈광고 또한 사람들에게 내재된, 유혹당하고 싶은 심적 흔들림을 교묘하게 자극해서 성공한 것은 아닐까. 특히 여성 타깃에게 보일 듯 말 듯 유혹하고 있는 점이 매력적이다.

고다이버는 이 시리즈광고와 함께 후속으로 진행된 광고를 통해 더욱 우아하고 기품 있게 브랜드 가치를 올리고 있다. 이로써 여성 타깃들을 얼마나 더 세련되고 고급스럽게 유혹하고, 고다이버에 길들일지 계속 지켜볼 일이다.

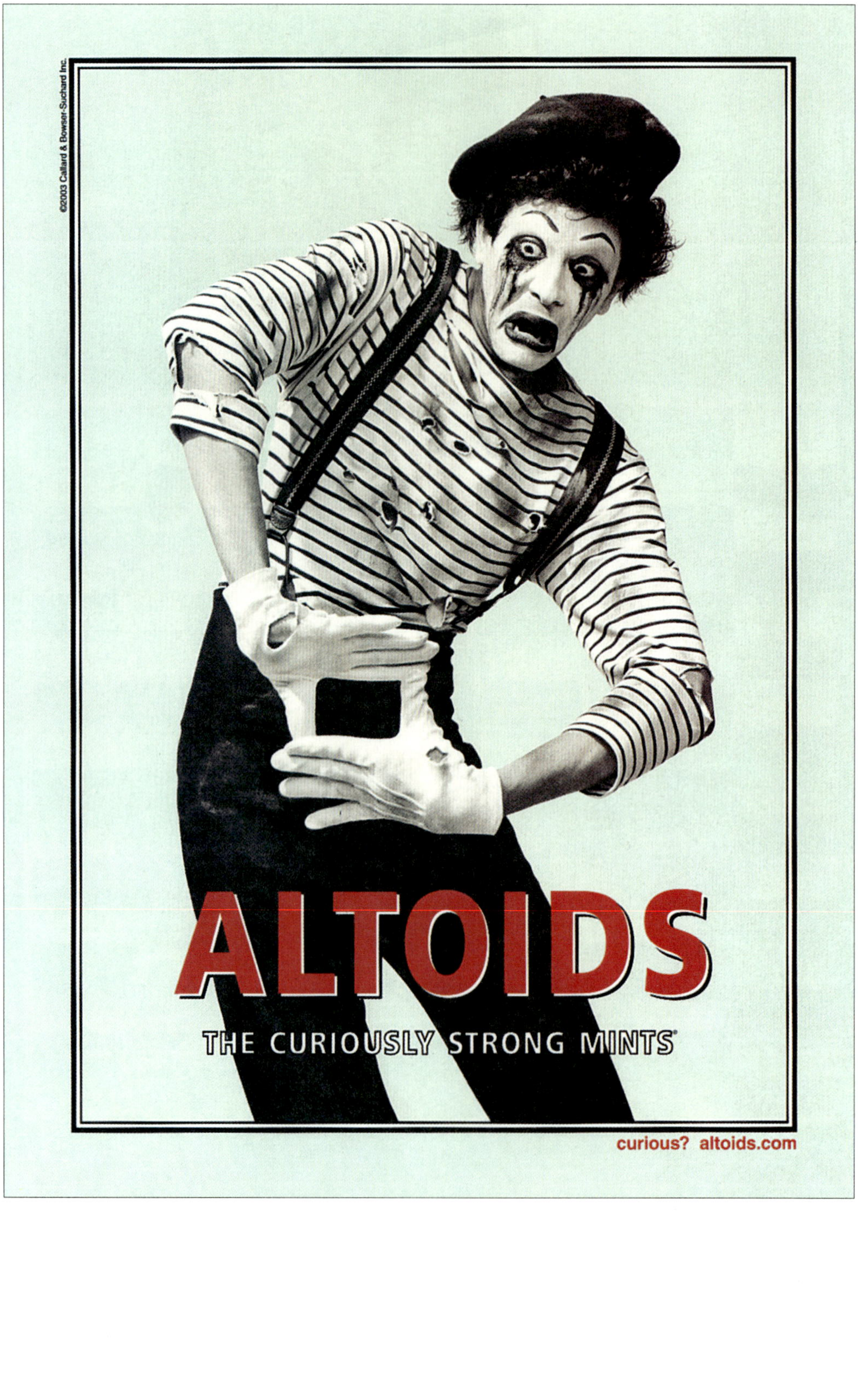
©2003 Callard & Bowser-Suchard Inc.
ALTOIDS
THE CURIOUSLY STRONG MINTS®
curious? altoids.com

ALTOIDS

브랜드만큼 강한 광고

졸음운전 몰아내기

자동차를 운전하다 보면 이런저런 사고를 당할 수도 있다. 운전을 험하게 해서가 아니라, 우리나라처럼 곡예운전을 해야만 하는 상황에서는 아찔한 순간이 많은 게 사실이다.
필자의 경우 25년 정도의 운전경력에 큰 사고가 다섯 번 정도 있었던 듯하다. 생명에 지장이 있거나 치명적인 사고는 아니었지만, 그렇다고 결코 가벼운 사고들은 아니었다. 차가 반파되는 사고도 당했고, 보통 사람이면 병원에 드러누울 정도의 사고도 있었다. 그 사고 중 한 번은 음주운전 탓이었고, 나머지 네 번은 졸음운전 때문이었다. 그런데 음주운전은 운전자가 술을 마신 후에 운전을 하지 않으면 해결되지만, 졸음운전은 대책이 없다. 특히 야근을 밥먹듯 하는 필자에게 졸음운전은 해결하기 어려운 과제였다.
무용담을 이야기하면 내가 얼마나 대책 없는 운전자인지 알 수 있을 것이다. 춘천에 가는데 하필이면 급커브 길에서 졸다가 핸들을 미처 꺾지 못해 3미터 낭떠러지로 날아간 적이 있으며, 언젠가는 올림픽대로 보수공사현장 가드레일을 10미터 이상 부딪치고 달리면서 꿈속에서 사고를 내는 꿈을 꿀 정도로 구제불능 운전자이다. 그런데 1995년 뉴욕에서 5개월 동안 생활하면서 졸음운전을 퇴치할 수 있는 비장의 무기를 발견했다.

자동차를 빌려서 여기저기를 돌아다닐 때였는데, 미국 친구 한 명이 운전중에 이상한 박스에서 하얀 알약(?)을 꺼내 먹으면서 입김을 하하 불었다. 신기해서 물어보니 졸음을 쫓아내는 자기만의 비책이라면서 박스를 꺼내 놓았다. '알토이즈(ALTOIDS)'.

필자는 정말 생전 처음 보는 약(?)이었다. 호기심 가득한 얼굴로 한 알을 집어 먹어 보니 혀끝을 자극하는 맛이 보통이 아니었다. 혀끝에 닿는 순간 눈물이 핑 돌 정도로 매운 맛이 났다. 필자는 본시 짜거나 매운 자극적인 음식을 싫어하고 잘 먹지 못하는 터였으니, 그 강도는 다른 사람에 비해 엄청났다. 그러나 졸음운전에 시달렸던 나는 '바로 이거다!' 싶었다. 내가 그렇게도 간절히 찾던 문제의 비방을 이국땅에서 찾을 줄 상상도 못했다.

귀국할 때 필자의 가방에 알토이즈가 종류별로 가득 담긴 것은 두말할 나위도 없다. 그리고 이것을 졸음을 쫓아내는 비방으로 여기며 운전하면서 졸릴 때마다 아주 요긴하게 즐겨 먹었다. 그렇게 만난 알토이즈는 이제 차안의 필수품이 되었다. 정말 약효(?)가 있는지 없는지는 몰라도 필자에게는 꼬집고 노래 부르는 것보다는 효과적이기 때문이다.

상쾌한 키스를 위하여

알토이즈는 2~3년 전부터 허시, 크래프트 등 식품회사와 일부 제약회사 등과 함께 경쟁적으로 입냄새 제거를 위한 제품개발에 열을 올렸다. 그 중에서 우표 사이즈의 종이처럼 생긴 리스테린의 인기는 해가 거듭될수록 높아가고 있다. 이른바 '숨결상품(Breath Freshener)' 들은 시대의 변화에 따라 엄청난 인기를 끌고 있는데, 그 선두에 알토이즈가 있다고 해도 과언이 아니다.

숨결상품은 성문화 개방풍조 속에 이성과의 신체적 접촉이 빈번해짐에 따라 미국을 비롯한 전세계 젊은이들의 '신분증명용품' 으로 자리잡아 가고 있는 것이다.

이런 숨결상품의 사용은 지금의 젊은이들에게는 하나의 에티켓처럼 되어 있다. 특히 인기 있는 몇몇 제품들은 단순히 입냄새 제거용이 아니라 키스 전에 반드시 해야 하는 통과의례가 된 듯하다.

클린턴 전 미국 대통령이 이른바 '지퍼 스캔들' 로 곤욕을 치를 때 알토이즈는 덤으로 상상 이상의 화제를 몰았다. 클린턴과 부적절한 관계를 가졌던 모니카 르윈스키가 알토이즈의 마니아라는 사실이 알려져 그들이 키스할 때도 그녀가 그걸 이용했을까 하는 야릇한 소문이 퍼지면서 판매가 급증하는 해프닝이 벌어진 것이다. 소문의 진원지가 어디인지는 몰라도 당시의 연인들은 키스를 하면서 클린턴과 르윈스키를 연상하고 낄낄대며 알토이즈를 입에 털어 넣었을 것이다. 이렇듯 숨결상품은 성문화 개방풍조 속에 이성과의 신체 접촉이 빈번해짐에 따라 미국을 비롯한 전 세계 젊은이들의 데이트 필수품으로 자리잡았다.

그러한 숨결상품의 대표격이라 할 수 있는 알토이즈는 100년의 역사 동안 늘 그 시대를 앞서가는 감각과 제품력으로 시대를 뛰어넘어 소비자에게 사랑받았고 시장에서의 절대적 지배력으로 장수 브랜드군에 합류할 수 있었다.

ALTOIDS의 모든 것

알토이즈의 사이트에 들어가면 제품에 대한 자부심과 긍지가 대단하다. 광고나 제품 패키지가 여타 제품과 달리 유머가 있고 치기 어린 것처럼, 사이트 구성도 그것과 유사하다. 그러나 단지 재미만으로 구성된 것이 아니라 제품의 특성을 기반으로 한 내용으로 실제 브랜드 이미지를 강화하고 이것을 지루하지 않게 즐길 수 있도록 이루어졌다.

알토이즈의 사이트에 있는 내용을 요약하면 다음과 같다. 우선 제품의 탄생은 런던 사람들을 위한 상쾌한 호흡 때문이었다고 기술되었다. 매우 의학적이고, 뭔가 약효가 있는 것처럼 광고하는 것이다. 지금의 소비자운동이나 광고의 규제 관점에서 본다면 말도 안 되는 내용이지만, 아마 그 시절에는 통용되었을 것으로 짐작된다.

19세기 런던의 'Smith & Company' 라는 제과점에서 장이 불편한 사람을 위해 상당히 맛이 강한 마름모꼴의 사탕과자를 만들었는데, 이것이 알토이즈의 효시가 되었다. 그들은 그 신통한 발명품(?)을 알토이즈라 불렀는데, 이는 라틴어와 그리스어에서 기원을 찾을 수 있다. 앞에 어근인 'alt' 는 라틴어가 어원인데 영어로 'to change' 의 의미이며, 뒤에 있는 'oids' 는 그리스어가 어원으로 영어로는 'taking the form of' 의 뜻이다.

사이트에서는 당시의 판매량이 인기폭발이라고 할 정도로 대단했다고 전한다. 1920년 후반에 집행된 광고에서 알토이즈는 '위장 속의 독에 대한 해독제 역할을 합니다. 식후 한 알에서 두 알을 먹으면 어떤 해로운 위장병도 멈출 것입니다' 라고 소개한다. 또한 오늘날까지도 슬로건으로 사용하는 'THE CURIOUSLY STRONG' 은 브랜드 컨셉트이자 제품의 원산지인 영국 음식에 대한 조크라고 말한다.

100년이 넘도록 직사각형의 종이 카톤팩으로 생산되던 이 제품은 1920년에 들어 지금의 형태로 탈바꿈했다. 안에 든 제품을 보호하고 휴대의 편의성을 위해서 지금의 사각메탈박스로 바꾸었는데, 소비자들은 이 박스를 회사의 원래 취지와는 무관하게 못이나 동전 같은 잡동사니들을 넣어 두는 생활소품으로 활용하고 있다. 심지어 알토이즈의 마니아들이 이 사각메탈박스를 수집해 전시할 정도로 인기를 얻었다. 결국 이 사각박스는 깨지기 쉬운 제품을 보호하는 본래의 목적을 수행함은 물론, 다 먹은 후에 버려지는 것이 아니라 생활 속에서 재활용되는 영광(?)을 안으며 자연스레 또 하나의 강력한 영업 수단이 되었다.

알토이즈의 제품에 대한 남다른 자부심은 조지 3세 때의 레시피 그대로 만들고 있음을 밝히는 것에서도 알 수 있다. 정말 열악한 시절이었는데도 그때의 방법과 재료로 제품을 만든다는 것은 그 당시의 기술력이나 제품에 대한 자부심이 어떠한지 짐작이 가고 남는다. 또한 미국에 수출되어 엄청난 속도로 성장한 것을 '영국의 침공' 이라는 단어로 설명해 조국 영국에 대한 향수를 불러일으키기도 한다. 경제, 군사, 정치 그 어느 것 하나 미국보다 우위에 있는 것이 없지만, 알토이즈는 '영국에서 미국으로 간다' 라며 은근히 미국을 누르는 듯하다.

1995년부터 시작된 이 캠페인은 10년이 지난 오늘날에도 전혀 변함없이 진행되고 있다. 처음 캠페인에서 정해진 룰 그대로 레이아웃도 똑같고, 광고의 톤 앤 매너도 변하지 않고 일관성 있게 가져가고 있다.

Curious & Strong한 광고

1995년부터 시작된 이 캠페인은 10년이 지난 오늘날에도 전혀 변함없이 진행중이다. 처음 캠페인에서 정해진 룰 그대로 레이아웃도 똑같고, 광고의 톤 앤드 매너도 일관되게 유지한다. 심지어 처음에 시도한 치기 어리고 컬트적인 비주얼과 시대상을 풍자하거나 야유하는 카피의 톤 앤드 매너도 그대로 지키고 있으며, 이 광고를 보면 절로 웃음이 나오게 하는 크리에이티브 모티브도 변치 않았다.

매체 집행상의 특징을 보면 1995년 이래 잡지광고와 BTL(Below the line)* 중심으로 집행되고 있다. 특히 소비자가 이 브랜드를 연상할 수 있는 장소와 시간을 자로 잰 듯이 계산하여 노출시킴으로써 소비자의 입맛을 당긴다.

무엇보다 박수를 보내고 싶은 것은, 지금의 광고캠페인에서 신제품 이름이 추가되는 것 말고는 10년 전과 모든 것이 변하지 않고 일관성을 지녀 광고를 보는 순간 알토이즈를 연상하게 하는 강력한 힘을 지녔다는 점이다. 그렇다고 비주얼에 특별한 장치가 있는 것도 아니요, 카피가 톡톡 튀는 것도 아니지만 광고가 시선을 붙잡고 바로 구매하고 싶은 충동을 불러일으키는 묘한 매력이 있다.

아마도 이 광고를 만든 크리에이터는 제품의 특징과 장점을 소비자에게 전달할 때 강요하거나 군림하지 않으며, 드러내지 않고 메시지를 전달하는 방법을 알고 있는 고수임에 틀림없다.

〈광고 1〉을 보면 브랜드 네임인 STRIPS가 잘 표현되어 있다. 혈기왕성한 여드름투성이 청소년이 전화로 뭔가를 하는 중이다. 그런데 누군가에게 들켜서 소스라치게 놀라고 있다. 아마도 전화로 낯 뜨거운 짓을 하다가 걸리지 않았을까? 그래서 카피도 '낯 뜨거운 짓을 할 때는 신중하게 행동하라' 하고 충고하는 내용이다.

〈광고 2〉는 껌 광고인데 강아지와 힘겨루는 모습이 우스꽝스럽다. 도대체 무슨 이야기일까 하고 들여다보는 순간 웃을 수밖에 없게 만든다. 껌을 씹기 위해서 준비운동을 단단히 하라는 주문인데, 얼마나 강하면 이런 특별한 주의를 주는 것일까? 강아지는 애완동물이 아니라 가족이나 마찬가지

〈광고 1〉 낯 뜨거운 짓을 할 때는 신중하라.

〈광고 2〉 준비운동을 단단히 하고 씹어라. 안 그러면 다친다.

〈광고 3〉 껌을 씹으려면 다른 근육을 강화하는 것보다 치아를 단련시켜야 한다.

인데, 가족 중에서 이가 가장 강하기 때문에 이런 비유를 한 것이다. 또한 강아지 껌은 엄청나게 딱딱하다는 점을 메타포의 단초로 사용한 듯하다. 이 껌을 씹으려면 개한테 지지 않을 정도로 입운동을 해둘 필요가 있다고 익살을 부린 것이다. 그 정도는 되야 씹을 수 있는 껌이니까….

심지어 처음에 시도한 치기 어리고 컬트적인 비주얼과 시대상을 풍자하거나 야유하는 카피의 톤 앤드 매너도 그대로 지키고 있으며, 이 광고를 보면 절로 웃음이 나오게 하는 크리에이티브 모티브도 변치 않았다.

〈광고 3〉도 같은 제품을 알리는 광고이다. 우스꽝스러운 모습을 단순히 사람의 시선을 잡기 위한 방편으로 이용하지 않고 철저하게 제품과 연결시켰다. 근육을 단련하기 위해 운동을 하는 것처럼 보이지만, 자세히 보면 다른 운동이 아니라 치아강화운동, 즉 껌을 씹기 위한 준비운동을 하는 것이다. 손에 들려 있어야 할 운동기구가 입에 물렸다.

〈광고 4〉도 껌 광고로 오른쪽 2페이지 연속으로 집행된 것이다. 첫 페이지에서는 당신이 뭘 하든지 절대 꿀꺽 삼키지 말라고 경고한다. 뭔가 하는 궁금증에 뒷페이지로 넘기면 그 해답이 오만하게 적혀 있다. 삼키면 바로 토해낼 정도로 독하다는 것이다.

〈광고 5〉도 같은 포맷으로 집행되었는데 카피 어프로치도 비슷하다. 첫

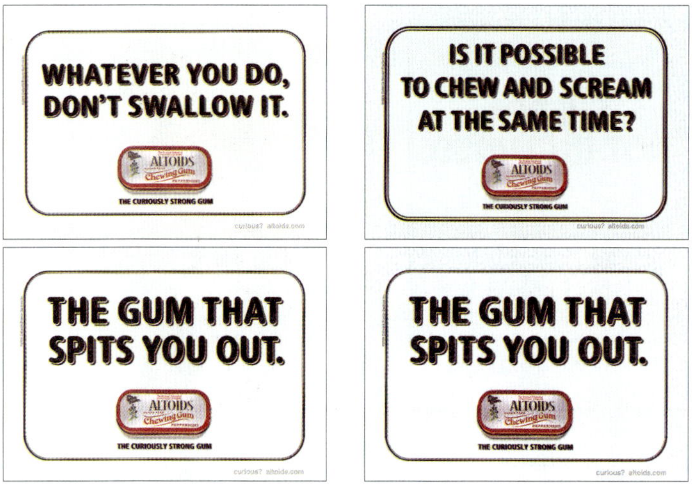

〈광고 4, 5〉 삼키면 바로 토해낼 정도로 강하다고 엄포를 놓고 있다.

〈광고 6〉 입에 넣는 순간 과일 썩은 맛을 볼 것이다. 씹으면 고통을 맛보리라!

페이지에서는 씹어 본 사람이나 아직 씹어 보지 못한 사람들에게 살살 약을 올리는 듯한 카피가 심사를 뒤틀리게 한다. 얼마나 독하면 씹는 순간에 비명에 가까운 절규를 할까? 뭘 먹으면서 결코 절규할 수 없을 텐데 알토이즈는 가능하다는 이야기이다. 카피가 저렇게 능청을 부리며 약을 올리니 호기심 많은 사람들은 한 번쯤 도전하지 않을까?

〈광고 6〉은 과일 맛은 대개 달콤하지만 알토이즈는 썩은 과일처럼 매우 강하다는 것이다. 자사 제품에 '썩은 과일 맛' 이라는 표현을 쓸 정도로 자신감과 대담성이 엿보인다. 뒤 페이지에서는 입안에서 녹이면 고통을 맛보리라며 협박한다. 아마도 일반 브랜드 광고라면 이런 어프로치는 금기로 삼을 것이요, 자사 제품을 이렇게 표현한다면 클라이언트들은 아마도 광고회사를 정신 나갔다고 야유했을 것이다. 그러나 이런 광고의 에지(edge)가 있기에 사람들의 머리와 가슴을 사로잡는 게 아닐까?

〈광고 7〉은 프로모션 광고인데, 이것도 메인 광고와 같은 아이디어 맥락에서 접근했다. '이번 크리스마스에 놀란다' 면서 머리를 쭈뼛 세우고 있는

〈광고 7〉 아무래도 크리스마스에는 많이 이용할 것을 예상해 빅 사이즈를 내놓고 프로모션하고 있다.

〈광고 8〉 ALTOIDS의 민트를 즐기는 데 셰르파는 필요 없다.

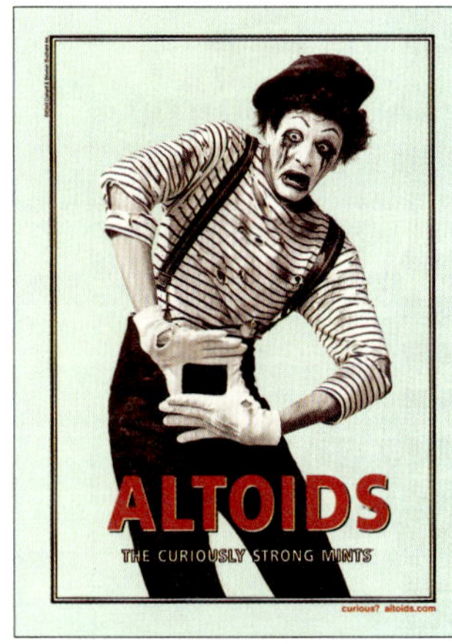

〈광고 9〉 마이머를 저 지경으로 만든 범인은 과연 누구일까?

데, 내용을 알고 보니 그럴 만한 이유가 있다. 즉, 크리스마스니까 알토이즈를 사용할 기회가 많을 것이니 감질나게 기존 통으로 먹지 말고 아예 큰 통으로 즐기라는 것이다. 아마도 사이즈에 한 번 놀라고 맛에 또 한 번 놀라기 때문에 저런 헤어스타일이 나왔을 것이다.

이렇듯 알토이즈는 프로모션 광고도 단순히 일회성으로 접근하지 않고 철저하게 브랜딩 차원에서 관리함을 알 수 있다. 흔히 프로모션 광고는 본 캠페인과는 다른 카피가 많아지고 복잡한 게 대부분인데, 그와는 다르게 어프로치한 것이다.

〈광고 8〉은 "셰르파는 포함되지 않았다"라는 카피가 해석을 다양하게 한다. 윈터그린(Wintergreen : 노루발풀) 성분을 추출해서 만든 민트라는 뜻으로도 해석되기도 하고, 또 가볍게 즐길 수 있다는 의미로의 해석도 가능하다.

〈광고 9〉는 마이머(Mimer)의 동작을 이용해서 소구한다. 옷이 다 찢긴 마이머가 손으로 지금 자기가 당한 것이 무엇인지를 설명하고 있다. 무엇인가? 손 모양을 보면 바로 알토이즈의 사각메탈박스를 금방 떠올리게 된다.

〈광고 10〉 시대를 앞서가는 신제품과 어깨를 나란히 하고 있다.

〈광고 11〉 뱀의 유혹에 빠져 ALTOIDS라는 선악과를 먹은 아담과 이브의 처절함(?)이 시선을 잡는다.

지금의 광고캠페인에서 신제품 이름이 추가되는 것 말고는 10년 전과 모든 것이 변치 않고 일관성을 지녀 광고를 보는 순간 바로 알토이즈를 연상하게 하는 강력한 힘을 가지고 있다.

얼마나 강했으면 저렇게 눈물을 흘리고 옷도 다 찢겼을까 하는 상상을 하게 한다.

〈광고 10〉은 신제품을 알리는 광고로 보인다. 배경에 나오는 최신 자동차, 최신 헤어스타일, 그리고 알토이즈. 'hot wad'를 매운 껌 뭉치로 해석할 수도 있지만 최신의 집합으로 해석하는 게 광고에 더 잘 어울린다.

〈광고 11〉을 보는 순간 누구나 에덴동산의 아담과 이브를 연상할 것이다. 광고는 금지된 과일을 먹고 부끄러움과 욕심을 알게 되어 추방된 성경의 내용을 이용해 소구한다. 알토이즈 애플사워(Apple Sours)는 너무나 독하기 때문에 현대적 의미의 선악과라고 주장하고 있는지도 모른다. 그러나 뱀의 유혹에 넘어가 알토이즈를 맛본 아담과 이브는 돌이킬 수 없는 표정을 짓고 있다. 이 광고를 본 수많은 현세의 아담과 이브가 한 번쯤 따라하지 않았을까?

〈광고 12, 13〉은 최근에 집행된 광고인데, 남편의 바지 주머니에서 알토이즈를 발견하고 죽일 듯한 표정을 짓고 있는 아내의 모습이나, 씹고 난 후

〈광고12, 13〉 제품에 대한 특성을 한마디도 얘기하지 않았지만 소비자는 무엇인지 다 알 수 있을 것이다.

마치 폭탄에라도 맞은 듯한 소비자의 모습에서 이 껌의 특징을 알 수 있다.

비주얼에 특별한 장치가 있는 것도 아니요, 카피가 톡톡 튀는 것도 아니지만 광고가 시선을 붙잡고, 구매하고 싶은 충동을 불러일으키는 묘한 매력을 지녔다.

좋은 광고는 좋은 클라이언트가 만든다

광고업계의 전설 같은 이야기 중 하나는 바로 '좋은 광고는 좋은 클라이언트가 만든다' 라는 것이다. 물론 광고회사의 자조적인 표현일 수 있고, 또 객관적인 시각으로 어프로치하는 광고회사와 주관적인 관점에서 보는 클라이언트의 시각 차이를 빗댄 것일 수도 있다.

아무튼 광고는 순수 창작이 아니기 때문에 필자는 '제약의 예술' 이라고 표현한다. 광고는 건너야 할 다리가 많다는 것이다. 아이디어가 좋아도 노출이 많지 않으면 오래 기억되지 못하고, 캠페인으로 제안된 아이디어가 예산상의 문제로 단발로 끝날 수도 있고, 때로는 사내의 리뷰 과정에서 날이 꺾이는 아픔도 있다.

그러나 중요한 것은 이런 과정을 겪으면서 어떻게 아이디어의 본질을 잃지 않고 끝까지 관철시키느냐 하는 것이다. 크리에이터는 절대 포기하면 안 된다. 광고주가 해달라고 했으니까, 또는 윗사람이 이렇게 고쳤으니까 하는 것이 결코 그 일에서의 면죄부가 되지 않는다. 나도 오히려 그들을 설득하는 실력과 커뮤니케이션 능력을 키우는 것이 아이디어를 지키는 지름길이라는 사실을 광고가 집행된 후에 깨닫게 되었다.

알토이즈의 광고를 분석하면서 수많은 난관과 건너야 할 다리가 많았음에도 이런 훌륭한 광고가 10년 이상 변치 않고 집행되는 점에 클라이언트와 광고회사에 박수를 보내고 싶다. 이런 굿 파트너십은 쉽게 얻어지는 것이 아니기 때문이다.

* BTL(Below The Line)

BTL은 ATL(Above The Line : TV · 신문 · 잡지 · 라디오 광고, 극장광고, 옥외광고 등, 4대 매체를 포함한 매스미디어를 활용한 비대인적 커뮤니케이션 활동)을 제외한, 주로 대인 커뮤니케이션적 방법을 활용하는 비매스미디어 커뮤니케이션(Non Mass Media Communication)이다. 여기에는 머천다이저 · 인스토어 프로모션 · 로드쇼 · 샘플링 · 쿠폰 등과 같은 전통적 세일즈 프로모션을 중심으로 하여, 다이렉트 마케팅 · 스폰서십 · 이벤트 마케팅 · PR 등이 포함된다. 덧붙이면, BTL은 어떤 의미에서는 '좁은 의미의 세일즈 프로모션에서 (매체광고를 제외한) 넓은 의미의 프로모션으로 확산되어 가는' 개념이라 할 수 있다. (출처 : 《LGAD사보》 2005. 5/6호)

Ah, youth. If only you could bottle the stuff.
Youth, indeed, is fleeting.
But, youthfulness? Perhaps that is something we can hold on to.
Starting with the water we choose to drink.
That's where water like Evian comes in.
It refreshes, revitalizes and helps you feel, yes, more youthful.
Every drop of Evian comes from deep in the heart of the French Alps.
It's naturally filtered for over 15 years through pristine glacial rock formations. The result is a neutral pH balance and a unique blend of minerals, including calcium, magnesium and silica.
So when you choose a bottled water to believe in, consider the source.
evian your natural source of youth™
evian
evian.com ©2005 Great Brands of Europe, Inc.

e v i a n

부드럽게 젖어드는 속삭임, '물이 다르다!'

킴 베이신저가 머리를 감고, 마이클 잭슨이 세수하는 물

수퍼 모델 신디 크로퍼드, 엘 맥퍼슨, 클라우디아 시퍼, 크리스티 털링턴, 케이트 모스….

세계적 수퍼모델들은 아침에 일어나서 가장 먼저 무엇을 할까? 우리처럼 신문을 들고 화장실로 달려갈까, 아니면 스트레칭으로 몸을 풀까? 어떻게 하기에 이 세상 모든 여자에게 시샘받는 몸매를 유지하고, 세상 모든 남자들의 군침(?)을 돌게 할까?

인간의 몸으로 더 이상 완벽할 수 없다는 찬사를 받을 만큼 아름다운 그녀들이 건강한 몸매를 유지하기 위해 매일 아침 똑같이 하는 일이 있다. 일어나자마자 냉장고에 있는 미네랄 워터, '에비앙' 을 마시는 것이다.

이들에게 칼로리가 높은 탄산음료나 피부를 거칠게 만드는 카페인은 절대 금물이다. 각종 첨가물이나 설탕이 든 음료수나 커피는 자기도 모르는 사이에 몸의 밸런스를 깨뜨리고 살찌우기 때문이다. 반면 미네랄 워터는 몸매와 건강을 유지해 주기 때문에 이들은 일어나자 마자 가장 먼저 에비앙을 즐겨 마신다고 한다. 심지어 몸이 재산(?)인 많은 스타가 에비앙을 '마시는 데' 그치지 않고 다른 용도로 사용해서 화제가 되기도 했다. 한때 우리나라에 두터운 팬층을 확보했던 여배우 킴 베이신저는 머리 감는 데 일반 물을 사용하지 않고 에비앙을 이용해 찰랑찰랑한 머릿결을 유지한다고 해서 많은 여자들의 시샘을 한 몸에 받기도 했다. 그런가 하면 성형후유증을 겪고 있는 팝 스타 마이클 잭슨은 미용효과를 얻기 위해 에비앙으로 세수한다고 해서 세인들의 부러움을 사기도 했다.

15년 동안 지하 천연 암반석층을 흘러야 비로소 에비앙

에비앙은 프랑스 파리에서 서남쪽으로 520km 떨어진, 인구 7,500명에 불과한 조그마한 휴양도시이다. 2시간 정도면 다운타운과 호숫가 산책로 등 도시 전체를 둘러볼 수 있는데, '물의 도시' 라는 별칭에 걸맞게 온천이 특히 유명하다. 그런데 이 작은 도시가 오늘날 미네랄 워터의 자존심이 된 이유를 살펴보려면 약 200여 년 전으로 거슬러 올라가야 한다.

'요란하게 떠들어야 쳐다본다' 는 광고 문법이 먹혀 들어가는 상황에서도 에비앙 캠페인은 그 반대로 꾸밈 없는 진솔함으로 주목을 끌고 있다. 소비자의 시선을 끌기 위한 특별한 장치는 없다. 다만 소비자가 에비앙을 보고 느끼고 갈망하는 인사이트가 숨겨져 있을 뿐이다.

오늘날 세계 최고의 물로 칭송받는 에비앙의 역사는 프랑스의 레세르(Lessert) 후작에게서 시작되었다. 고질적인 신장결석으로 고생하던 레세르 후작은 1789년 휴양차 우연히 에비앙 레 뱅(evian-les-bains) 마을을 방문했다. 그는 여기서 작은 호수 카샤(Cachat)에서 나오는 물을 마셨는데, 씻은듯이 병이 나았을 뿐만 아니라 소화기능도 월등히 좋아졌다. 그가 이 물이 매우 신기한 효험이 있다고 믿으며 자신의 병도 고쳤다고 확신해 자기와 증상이 비슷한 사람들에게 알리면서 이 물은 유명세를 타기 시작했다. 참으로 우연한 사건으로 오늘날 최고의 프리미엄 미네랄 워터로 평가받는 에비앙이 탄생한 것이다.

이렇듯 탄생은 우연의 산물이었지만, 프랑스 정부가 에비앙을 얼마나 철저하게 관리하는지를 보면 그 성공이 결코 우연만은 아님을 알 수 있다. 에비앙의 수원은 앞서 말했듯 프랑스 동부의 에비앙 레 뱅으로, 프랑스 정부가 주변을 공원으로 지정해 어떠한 농축산업체도 들어올 수 없도록 하여 오염을 원천봉쇄했다.

에비앙은 알프스 뱅지에르(VinZier) 고원에 있는 만년설이 녹아내려 100만 년 전 네 빙하기를 거치면서 형성된 10m 두께의 빙하퇴적층에서 여과된 것이다. 에비앙에 내린 비와 눈이 지층에 스며들어 취수원까지 도달하는 데는, 빙하퇴적층인 '자연 필터'를 1년 평균 300m의 속도로 통과할 때 무려 15년의 시간이 걸린다. 15년이라는 기나긴 세월 동안 흐르면서 지층으로부터 인간의 몸에 유익한, 다양하고 풍부한 미네랄을 흡수하는 것이다. 조사결과 이렇게 취수원에 모인 물은 온도가 11.6℃로, 약 200여 년간 변함이 없고 성분에도 큰 차이가 없음이 밝혀졌다. 취수원을 보호하고 관리하는 데 얼마나 많이 노력하는지 단적으로 알 수 있는 대목이다.

에비앙에서는 매일 200여 번이나 세상에서 가장 까다로운 수질검사를 실시하며 수온과 미네랄 성분의 미세한 변화 유무를 확인한다. 버틀링 과정에서도 오염을 최소화하기 위해 수원에 직접 연결된 진공 파이프로 끌어온 물을 병에 바로 주입해 밀봉한다. 이에 힘입어 현재 에비앙은 한국을 비롯한 세계 157개국에서 No.1 프리미엄 미네랄 워터로 자리잡았으며, 세계 유명 스타는 물론 깐깐한 건강 마니아들에게 아낌없는 사랑을 받고 있다.

물을 닮은 크리에이티브

2004년부터 전개된 이 캠페인은 보는 순간 광고목표를 금방 알 수 있을 만큼 비주얼이 모든 것을 말해준다. 에비앙병 속에 꽂혀 있는 만개한 꽃은 무엇을 의미할까? 병 속에 핀 것은 꽃이지만, 소비자는 이 광고를 보고 꽃이 아니라 사람, 즉 자신을 생각할 것이다. 아마도 이 캠페인의 노림수는 여기에 있는 것 같다.

'요란하게 떠들어야 쳐다본다'라는 광고문법이 먹히는 시대인데도 이 캠페인은 반대로 꾸밈없는 진솔함으로 주목을 끈다. 소비자의 시선을 끌기 위한 특별한 장치는 없다. 다만 소비자가 에비앙을 보고 느끼고 갈망하는 인사이트가 숨겨졌을 뿐이다. 이러한 평범함이 오히려 요란함 속에서 돋보이는 아이러니한 상황이 되었다.

어쩌면 이 캠페인은 광고의 정석을 보여주고 있는지도 모른다. '남들과 달라야 본다'라는 강박관념에서 벗어나 '진실은 통한다'라는 우직함이 더 진실

〈광고 1〉 화장품 이전에는 물이 아름다움을 가꿨다고 설득력 있게 말한다.

해 보이기 때문이다. 깨끗함과 천연의 신비를 담았음을 표현하기 위해 바탕은 하얀색으로 처리하고, 물의 효능을 알리기 위해 물병을 화병으로 썼다.

눈에 바로 보이는 비주얼 장치는 다른 것이 없다. 에비앙병과 그곳에 꽂힌 만개한 꽃송이만 있을 뿐이다. 그리고 순수함을 희석하지 않으려 바탕은 순백을 이용했다. 아트 디렉터의 계산된 절제미가 캠페인을 살린 것이다.

요즘은 오버 디자인(Over-Design)이 문제라고 한다. 특히 우리나라의 간판은 오버 디자인의 진수(?)를 보여준다고 해도 과언이 아니다. 명동이나 청담동은 물론, 관광지는 온통 빨갛고 파랗고, 경쟁하듯이 모두 크게 세우고 높이 매단 간판 천지다. 그런 것이 과연 효과가 있을까? 우리나라 특유(?)의 조급함이 디자인에 파고든 탓은 아닐까?

아무튼 이 캠페인은 오버 디자인의 요소 없이 소비자의 관심을 끈다는 점에서 매우 인상적이다.

눈에 바로 보이는 비주얼 장치로는 다른 것이 없다. 에비앙 병과 그곳에 꽂혀 있는 만개한 꽃송이만 있을 뿐이다. 그리고 그 순수함을 희석시키지 않으려고 바탕은 순백을 이용하고 있다. 아트 디렉터의 계산된 절제미가 캠페인을 살리고 있는 것이다.

〈광고 1〉을 보면, 카피가 우회적이지만 아주 도전적이고 명료하게 물의 중요성을 강조한다.

"화장품이 있기 전에 아름다움이 있었을까?"

헤드라인이 몰라서 물어 본 것이 아니라는 것은 다 알 것이다. 이미 있었다는 사실을 의문형으로 강조했다. 바디 카피에서는 화장품이 있기 전에, 그리고 과학으로 뭔가 만들기 전에 아름다움이 있었다고 주장한다. 그것은 다름 아닌 물이 만들어낸 아름다움이라는 것이다.

더 나아가, 어쩌면 심의에 걸릴 만한 수준으로 기능성 화장품보다 더 효과가 있다고 소구한다.

"당신의 세포를 회복시키고, 소생시키며 촉촉하게 만듭니다. 정말로 당신의 몸을 더욱 아름답게 바꿉니다. 이것이 바로 에비앙이 주는 아름다움입니다."

이 광고는 분명 화장품을 적대시하지는 않지만, 화장품보다 오히려 더 피부와 아름다움에 효과가 있는 것이 에비앙이라고 주장한다. 즉, 화장품으로 아름다움을 가꾸지만, 그 옛날 화장품이 없을 때는 에비앙처럼 좋은 물로 피부도 촉촉하게 하고 젊음도 유지했다고 은근히 자랑하는 것이다. 그런 방식으로 '에비앙을 마시면 이 꽃처럼 당신도 활짝 필 것이다' 라고 암시한다. 그리고 마지막에는 헤드라인과 같은 굵기의 "evian. your natural source of youth"라는 슬로건으로 마무리한다. 에비앙이야말로 젊음의 기본요소라고 슬로건에서 확실하게 매듭짓는 것이다.

〈광고 2〉에서는 은근히 다른 미네랄 워터와 품질을 비교한다.

"당신이 느끼는 젊음의 느낌. 바로 그것입니다"라는 헤드라인은 좀 두루뭉술한 것처럼 보이지만, 바로 밑에 이어지는 바디 카피는 다분히 공격적이다. "희망찬 느낌, 신선함, 그리고 생생함까지."

에비앙을 마실 때 이런 짜릿함을 맛본다는 것이다. 물론 이것은 다른 미네랄 워터에서는 느낄 수 없음을 은연중 비교한다. 그리고 그 증거로 모든 광고에서 공히 이렇게 강조한다.

〈광고 2〉 에비앙을 마실 때만 느낄 수 있는 짜릿함을 소구한다.

〈광고 3〉 아름다움을 지켜주는 것은 휴식, 운동, 사랑, 상냥함, 그리고 물이라고 말한다.

〈광고 4〉 아름다움의 근원이자 아름다움을 지켜주는 것은 바로 물이라고 주장한다.

"에비앙 한 방울 한 방울은 알프스의 깊고 깊은 심장, 샘으로부터 솟아납니다. 에비앙은 태초의 결빙구조를 통과하여 15년 이상 자연정화됩니다. 그래서 중성을 띠면서도 칼슘, 마그네슘, 그리고 이산화규소가 혼합된 독특한 미네랄이 함유되어 있습니다."

이렇게 좋은 물이기에 당신이 느끼는 젊음의 느낌, 바로 그것이라고 말하는 것이다.

〈광고 3〉은 좋은 물이 젊음이나 아름다움과 얼마나 깊은 상관관계를 갖는지 보여준다. 아예 헤드라인에서부터 카피의 맛은 없지만 직접적으로 표현하여 입증이라도 할 기세다.

"젊음, 아름다움, 그리고 물에 대한 심도 깊은 토론."

헤드라인에서부터 벌써 '뭔가 깊이 있는 물' 에 대한 연구를 할 것 같은 분위기인데, 예상대로 바디 카피에서는 "아름다움에 대한 진실은 결코 변하지 않는 것. 휴식, 운동, 사랑, 상냥함, 그리고 물" 이라며 만고불변의 법칙을 다시 한 번 강조한다.

〈광고 4〉는 물이 바로 아름다움의 근원이며 아름다움을 지켜주는 유일한

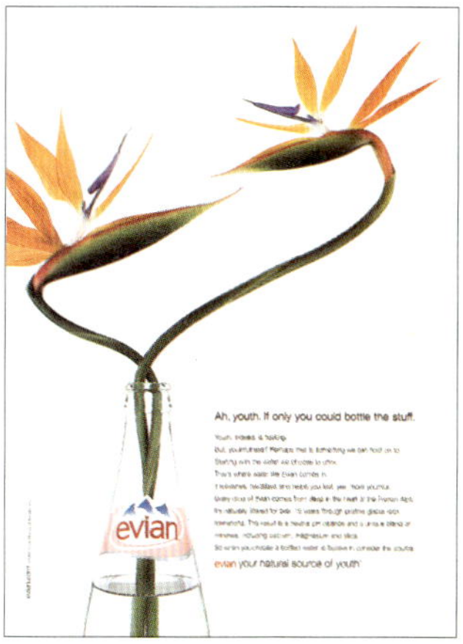

〈광고 5〉 무상한 젊음을 잡고 싶다면 에비앙을 마셔라.

〈광고 6〉 아름다움을 유지할 수 있는 최상의 방법은 에비앙을 마시는 것이며, 다른 물로는 불가능하다고 충고(?)한다.

〈광고 7〉 족보가 다른 물이기에 특별한 무엇인가가 있을 수밖에 없다고 비장한 톤으로 말한다.

것이라고 이야기한다. "무엇이 아름다움을 아름답게 지켜주는가?" 라는 헤드라인은 무엇을 주장하는지 단번에 알 수 있다. 물이 진정한 미용제품이요, 물이야말로 사람과 지상에 살아 있는 모든 것을 생기 있게 한다는 것이다. 그러면서 물 중의 최고는 바로 에비앙이라고 설득력 있게 주장한다.

〈광고 5〉에서는 젊음을 유지하는 최상의 방법은 에비앙을 마시는 것이라고 소구한다. 헤드라인에서 "만약 당신이 무엇인가를 병 속에 담을 수 있다면, 그것은 바로 젊음" 이라고 강력하게 말한다. 바디 카피에서도 "젊음은 무상한 것이지만 모두가 잡고 싶은 것" 이라며 공감대를 형성한 후 "그 방법은 좋은 물을 마시는 것" 이라고 단정한다. 물론 그 좋은 물은 바로 에비앙이다. 에비앙은 기분을 상쾌하게 하며 활력을 주고 젊어지게 한다고 웅변조의 카피로 구성했다.

〈광고 6〉은 여타 광고와는 달리 꽃이 병에 꽂혀 있지 않고 병을 돌돌 감고 있다. 헤드라인의 의미를 전달하기 위한 전략으로 보인다.

"아름다움은 언제나 아름다움을 유지할 수 있는 방법을 찾습니다."

이제 이 정도 에비앙의 광고를 봤다면 이렇게 소비자에게 던지는 듯한 헤

〈광고 8〉 아름다워지는 가장 간단한 방법은 에비앙을 마시는 일이라고 간단명료하게 소구한다.

드라인 기법의 속내를 알 수 있을 것이다. 즉, 이 헤드라인도 여느 광고와 마찬가지로 아름다움의 비법은 바로 물이요, 물 중에서도 에비앙이라고 말하는 것이다. 아름다움은 아주 세심한 관심과 보살핌이 필요한데, 가장 손쉬운 방법이 물을 마시는 일이라고 정답을 알려준다. 그러면서 모든 물이 그렇게 할 수 없으므로 반드시 에비앙을 마시라는 충고도 잊지 않는다.

〈광고 7〉은 사뭇 비장한 헤드라인으로 주목을 끈다.
"물에는 특별한 무엇인가가 있어야 합니다."
비주얼을 보고 헤드라인만 읽었다면 아마 '그래, 물이 뭐 별거 있겠어? 그 물이 그 물이지' 할 것이다. 그러나 에비앙은 교묘(?)하게 다른 주장을 펼친다. 우리를 아름답게 하는 에비앙의 매력은 그것이 어떻게 만들어졌는지를 알면 명확해진다는 식이다. 에비앙은 알프스 깊은 샘에서 만들어졌으며, 15년 이상 자연정화된, '족보가 다른 물' 이기에 특별하다는 것이다.

최근 2년 동안 진행되고 있는 이 캠페인은 특별히 광고적인 기교가 없음에도 불구하고 사람들의 시선을 사로잡고, 마음을 움직이고 있다. 가장 기본에 충실한 어프로치, 제품과 관련성이 있는 크리에이티브가 에비앙 광고의 설득력을 높여주고 있는 것이다.

〈광고 8〉은 소비자들을 혼란스럽게 하지 않고 '아주 쉬운 방법이 있다' 라고 제시함으로써 구매를 촉진하는 원론적인 어프로치를 한다.
"아름다워지는 아주 간단한 방법이 있습니다."
물론 해법은 에비앙이다. 바디 카피에서는 그럴 듯하게 "아름다움은 누구도 소유할 수 없으며 진정한 아름다움은 내면에 있다"라고 말한다. 그렇지만 바로 본색을 드러내 에비앙을 마시면 도움을 받을 수 있다고 우회적으로 설득하면서, 몸 구석구석을 생생하게 해준다고 소구한다. 비주얼인 꽃도 이렇듯 간단한 방법에 어울리도록 한 송이를 또렷하게 보여준다.

최근 2년 동안 진행된 이 캠페인은 특별히 광고적 기교가 없음에도 불구하고 사람들의 시선을 사로잡고, 마음을 움직인다. 가장 기본에 충실한 어프로치, 제품과 관련성 있는 크리에이티브가 광고의 설득력을 높인 것이다.

소구하는 내용에 맞게 꽃을 선택하고, 그 모양이나 숫자도 소구하는 카피와 관련성을 갖도록 하는데, 기교가 없는 듯하지만 아주 정제된 광고문법이 숨어 있다. 또한 크리에이티브를 전개할 때 사람이 살아가는 데 가장 중요하지만 그 존재감을 잘 모르는 물의 특성에 맞게, 강요하지 않고 소리내지 않지만 에비앙의 존재감을 드러내도록 만든 고수의 작품임을 느끼게 한다.

5장 | Sports

PUMA by MIHARA YASUHIRO
PUMA
puma.com

P U M A

소비자의 Needs와 Wants를 읽어라

2002 한 · 일월드컵을 전후로 푸마(PUMA)가 우리나라의 '패션코드'가 되었다. 신촌의 대학가나 압구정동에서 푸마의 트레이닝복을 입고 스니커즈를 신은 모습을 흔히 볼 수 있었다. 당시 푸마는 소위 '잘 나간다'는 축에 끼기 위한 패션 필수품처럼 여겨질 정도였다. 그것은 마치 티핑(Tipping) 포인트처럼, 푸마라는 브랜드가 부활의 신호탄을 쏘아 올린 결과였다.

푸마라는 브랜드는 사실 그렇게 감각적이거나 브랜드 파워가 강한 것은 아니었다. 더 냉혹하게 말하면, 거의 잊혀졌던 브랜드였다. 그러던 푸마가 화려하게 부활한 것이다. 우리나라의 경우 2000년까지만 해도 푸마코리아는 연 매출 100억 원 정도에 그쳐, 국내 스포츠 브랜드 중 최하위권에 위치하고 있었다. 이런 브랜드가 이랜드에게 경영권이 넘어가면서 큰 변화를 이루었다. 우선 이미지 개선을 위해 신세대 지향적인 마케팅 노력을 경주했던 것이 주효했다.

10대의 문화코드인 힙합을 활용하여 타깃을 유혹하고, 스포츠 전문 브랜드의 이미지를 강화하기보다는 젊은층의 기호에 맞추는 데 더욱 박차를 가했다. 이러한 전략의 결과는 시장에서 가시적으로 나타나기 시작했는데, 특히 남녀 선호 구성비에서 놀라운 변화가 일어났다. 그전까지만 해도 남녀 비율이 7 대 3 정도였지만, 10~20대 여성 타깃이 선호하기 시작하면서 구성비는 2 대 8로, 그야말로 상상을 초월한 대역전이 이뤄진 것이다. 이러한 성비의 역전이 매출에 큰 영향을 미치고, 브랜드 리포지셔닝에 결정적 도움이 된 것은 물론이다.

이와 같은 여성 타깃의 스포츠 브랜드 선호현상은 비단 우리나라에서만 일어난 특수한 상황은 아니었다. 세계적으로도 여성들이 건강을 중요하게 생각해 운동에 대한 니즈가 발생함에 따라 자연히 스포츠 웨어가 여성에게도 어필하게 되었다. 심지어 파리의 멋쟁이들은 정장에 스니커즈를 신고 활보하는가 하면, 정장 상의와 푸마의 트레이닝복을 멋지게 코디해 입는 경우도 비일비재했다.

어제의 푸마와 오늘의 푸마

독일 헤르초게나우라흐(Herzogenaurach)에 본사를 둔 푸마는 현재 전 세계 80여 국에 진출한 다국적 스포츠용품 회사다. 1924년 독일에서 야심 찬 계획을 가지고 출범한 브랜드로, 당시엔 오늘날의 푸마라는 이름이 아닌 'Gebrüder Dassler Schuhfabrik' 라는 이름으로 세상에 나왔다.

마케팅의 개념이 전무한 채, 스포츠 전문회사로의 기술과 노하우만으로 출범한 이 회사가 크게 성장할 수 있었던 것은 1936년 베를린올림픽에서 육상선수 오언스(Jesse Owens)가 다슬러(Dassler) 운동화를 신고 금메달을 4개나 따면서부터였다. 올림픽 4관왕의 기록과 영광을 만들어 낸 운동화가 바로 이 푸마라는 사실을 안 사람들은 그를 흉내내기 위해 앞다퉈 푸마를 찾았다. 운동선수는 물론, 생활체육 현장에 이르기까지 많은 사람이 그를 따라 푸마의 고객이 된 것인데, 이러한 현상은 그때나 지금이나 스타 마케팅이 주효함을 알 수 있게 한다.

푸마가 지금의 이름을 갖게 된 것은 1948년부터였다. 1948년에 'PUMA Schuhfabrik Rudolf Dassler' 라는 이름을 사용하다가, 사람들이 그냥 푸마라고 간단히 부르기 시작하자 뒤에 붙은 태그들은 자연스럽게 자취를 감추며 회사 이름도 푸마로 정착되었다.

그런데 푸마가 전 세계 사람들에게 유명세를 탄 사건은 아이러니컬하게도 독일 축구의 영원한 라이벌인 브라질의 한 선수에게서 비롯되었다. 푸마는 스타 마케팅 차원에서 유망 선수들에게 투자를 아끼지 않았는데, 그 중 한 선수가 바로 브라질의 축구 영웅 펠레였다. 펠레가 조국 브라질에게 월드컵의 우승을 안겨준 현장에 푸마가 함께 했던 것이다(1962 칠레월드컵). 축구황제 펠레가 신은 푸마는 이로써 전 세계 축구 마니아들이 가장 선호하는 브랜드가 되었고, 축구를 즐기는 지구촌 어디서나 푸마는 살아 있는 전설이 되었다. 이런 발전에 힘입어 푸마는 1960년대 후반에 글로벌 마케팅 전략을 구사하여 나름대로 성공을 거두는 듯했다. 그러나 1970년대 중반 이후 내리막길을 걷다가 1980년대 중반부터는 완전히 몰락하기 시작했다. 이때 푸마는 브랜드 이미지나 디자인보다는 오직 품질만이 난국을 타파할 수 있는 길이라 믿고 실용성에 초점을 맞추었다. 그러나 그때 이미 나이키나 아디다스 등의 경쟁 브랜드들은 스포츠의 정통성보다 패션성을 강조하면서 대중과 영합하는 전략을 선택해 차츰 성장하고 있었다. 한때 정상을 호령하던 푸마는 회생불능의 나락에 빠졌으니, 타깃의 니즈와는 거리가 있는 전략을 구사했던 것이 결정적 원인이었다.

이미지 개선을 위해 신세대 지향적인 마케팅 노력을 경주했던 것이 주효하기 시작했다.
10대들의 문화코드인 힙합을 활용하여 타깃들을 유혹했고, 스포츠 전문 브랜드의 이미지를 강화하기보다는 젊은 층의 기호에 맞추는 데 더욱 박차를 가했다.

이에 푸마는 1993년에 이르러 소비자 마케팅에 가장 근접한 인물을 영입해 대변신을 꾀하기 시작했는데, 그 주인공은 바로 P&G의 마케팅 이사인 요헨 자이츠(Jochen Zeitz)였다. 그는 대표이사로 취임하자마자 과감한 구조개혁을 단행했다. 인원을 정리하고 공장의 수를 줄이는 외형적 변화는 물론, 품질 우선주의에서 디자인 우선으로 급선회하게 했다. 또한 브랜드 리포지셔닝 계획을 수립하고 디자인에 대한 R&D를 대폭 강화하며, 브랜드 이미지 정립을 위해서 대대적 광고캠페인을 병행하기도 했다.

질 샌더와의 운명적인 만남

오늘날 푸마의 성공을 말하는 데 질 샌더(Jil Sander)를 빼놓고는 논할 수가 없다. 독일 출신 미국 디자이너로, 미니멀리즘으로 세계적인 명성을 얻은 질 샌더는 미국에서 의상을 전공하고 패션기자로 활동하면서 패션사업에 대한

〈광고 1〉

〈광고 2〉

〈광고 3〉

〈광고 4〉

〈광고 5〉

〈광고 6〉

안목을 키웠다. 특히 25세 때 독일에서 대량 생산되는 기성복이 대부분을 차지하고 있음에 착안해 자신의 부티크를 열어 프랑스의 고급의상을 수입해서 팔기도 했다. 이렇게 패션사업에 눈독을 들이던 그녀는 드디어 1973년, 자신의 이름을 내건 브랜드를 내놓기에 이른다. 'Jil Sander' 는 초기 그녀의 이력에서 볼 수 있듯이 디자인보다는 사업성에 무게를 두고 현실감 있는 디자인으로 대중들의 인기를 얻기 시작했다. 심플하고 절제된 미니멀리즘과 순수함을 추구하며, 섬유학 전공자답게 신소재 개발에도 뛰어나 매 컬렉션마다 감탄을 자아내는 디자이너로 각광받았다.

이런 그녀와 푸마와의 결합은 환상적일 수밖에 없었다. 질 샌더는 기능성 위주의 푸마 운동화를 젊은 감각에 어필하는 스니커즈로 둔갑시켜 놓았다. 이는 단순히 스니커즈의 유행만을 의미하는 것이 아니라, 정통 스포츠 브랜드의 패션화와 고급화를 통해 하나의 트렌드를 만들어낸 사건이라 해도 과언이 아닐 것이다. 질 샌더의 스니커즈는 때마침 젊은이들에게 불어온 캐주얼리즘과 궤를 함께하면서 전 세계 패션시장을 강타했고, 이로 인해 스포츠 웨어 시장에 놀라운 변화가 일어났다. 양대 빅 스포츠 브랜드인 나이키와 아디다스까지도 그간의 고집을 접고, 마침내 일본출신의 미야케 잇세이[三宅一生], 그리고 야마모토 요지[山本耀司]라는 걸출한 패션 디자이너들과 손잡았던 것이다.

질 샌더와 푸마의 만남은 단순히 스포츠 브랜드와 디자이너의 만남이 아닌, 우리 시대에 새로운 패션 아이콘을 만들어냈다는 역사적 의미를 지녔다. 또한 이런 크로스 오버 시도와 도전은 소비자 입장에서는 다양한 제품을 접할 수 있는 기회가 되었으며, 기업에게는 소비자의 새로운 니즈를 발견하고 시상을 선섬하는 브랜드가 결국 살아남는다는 교훈을 남겼다.

패션 리더를 잡아라!

푸마의 광고캠페인을 보면 타깃의 감성에 어필하고자 함을 알 수 있다. '제품을 팔지 않고 이미지를 판다' 라는 것이다. 소비자에게 드릴을 단순히 구멍을 뚫는 기계로 팔지 않고 여름휴가 때 애인과 찍은 사진을 걸게 하는 도구로 파는 것과 같은 논리다.

경쟁사가 한 자릿수 성장을 하는 동안 푸마는 전통 스포츠 브랜드 이미지에서 패션 브랜드 이미지로 전환한 것을 계기로 두 자릿수의 비약적 성장을 거듭하면서 광고에서도 일관된 캠페인을 전개하고 있다. 경영혁신 프로그램의 일환으로 공격적 광고전을 벌인 것인데, 이 캠페인으로 인해 브랜드 이미지 변신에 대성공을 거두었다. 또한 이 캠페인은 그간 쇠락의 늪에 빠져 있던 푸마가 당당히 정상의 위치에 올라 경쟁사들과 치열한 각축을 벌이게 했을 뿐만 아니라, 오히려 안주하고 있던 선발 브랜드들의 위치를 크게 위협했다.

〈광고 1~6〉을 보면 스포츠 브랜드의 광고로 전혀 느껴지지 않을 것이다. 물론 브랜드에 대한 전략 자체가 180도 바뀐 상황이지만, 비주얼에서 연상되는 것은 강한 패션 아이콘이다. 특히 10대 후반에서 30대 초반까지 모두 수용할 수 있는 타깃의 일상적 라이프스타일 속에 제품이 녹아든 것이 인상적이었다.

소비자의 새로운 니즈를 발견하고 또 소비자가 진정 원하는 것이 무엇인지를 알고 선점하는 브랜드가 결국 시장에서 살아남는다.

억지로 눈에 띄게 하지도 않으면서, 그렇다고 뭔가 계산된 노림수가 있어 보이지도 않는다. 정말 보통 사람들이 접근하기 어려운 모습도 아니고 일상적인, 어찌 보면 너무나 노멀해서 이 광고가 무슨 임팩트가 있을까 하는 우려마저 생길 정도로 평범하다. 그러나 자기의 삶을 즐기는 광고 속의 인물들은 우리와 동떨어진 사람들이 아니라 바로 내 친구 혹은 내가 사랑하는 연인이며, 언제든지 만날 수 있는 가까운 거리의 사람으로 다가온다. 광고를 자꾸 보면 자연스럽게 내 생활의 일부분처럼 느껴지고, 내 삶의 일부였으면 하는 바람이 들게 한다. 그래서 광고의 헤드라인 격인 카피도 'Hello'가 전부다. 광고 속의 캐릭터끼리 하는 인사일 수도 있고, 푸마가 소비자에게 하는 인사일 수도 있으며, 또한 거리감이 없는 광고 속 인물과 나와의 인사일 수도 있는 것이다.

그래서 이 광고는 큰 장치나 반전이 없음에도 불구하고 쿨한 기분으로 접할 수 있는 광고요, '내 브랜드'라는 인상을 심어주는 묘한 매력을 가지고

〈광고 7〉

〈광고 8〉

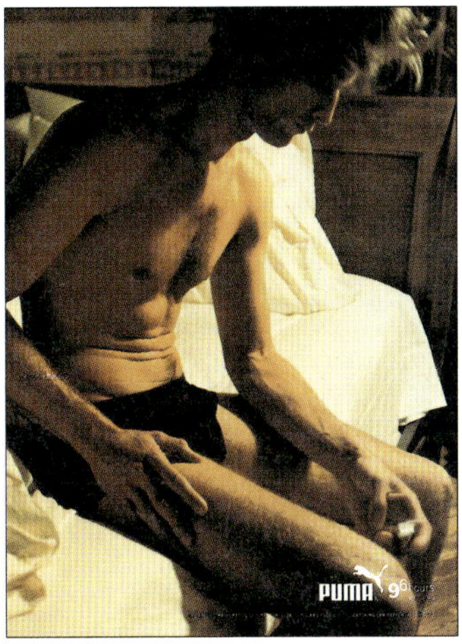

〈광고 9〉

있다.

〈광고 7~9〉는 푸마의 또 하나의 야심작인 '96hours' 의 광고다. 96hours는 스포츠에 대한 푸마의 비전과 디자이너 닐 배럿(Neil Barrett)의 패션감각이 만나 출시된 브랜드로, 현대적이고 혁신적이며, 도시적이고 다양한 용도로 사용할 수 있는 컬렉션이다. 특히 스타일을 중시하는 현대 소비자의 라이프스타일에게 잘 맞는 특성을 지닌다. 이 브랜드 네임은 유명 스포츠인들이 한번 여행을 떠나면 96시간 뒤에 집에 돌아오는 '96시간의 여행'에서 영감을 얻은 것이다.

패셔너블하면서도 분주하고 활동적인 라이프스타일에 필요한 편안함과 유연성이 뛰어나 항상 독립성을 추구하면서 남과 다르고자 하는 현대인의 감각에 어필한다. 이러한 제품 컨셉트에 맞는 크리에이티브로 전개된 이 시리즈는, 광고를 보는 순간 브랜드가 지향하는 점이 무엇인가를 바로 알아차릴 수 있게 한다.

월요일 아침 5시 30분에 출근을 서두르는 남자의 모습이 보이는가 하면, 월요일 아침 6시에 비즈니스 여행을 떠나는 남자의 뒷모습과 수트케이스가 그 아래의 여백과 더불어 인상적으로 다가온다. 제품이 지향하는 '분주

〈광고 10〉

〈광고 11〉

〈광고 12〉

하고 활동적인 라이프스타일' 을 과장이나 꾸밈없이 보여줌으로써 공감대를 형성하는 것이다.

그런가 하면 월요일 밤 12시에 침대에 걸터앉아 있는 남자의 모습에서는 타깃이 공감할 수 있는 내밀한 그 무엇을 던져준다. 시계를 만지작거리는 모습이 약속한 여자 친구를 기다리는 것으로 연상돼 혼자 사는 남자의 독립성을 느끼게 한다.

푸마의 광고캠페인을 보면 타깃의 감성에 어필하고자 함을 알 수 있다. '제품을 팔지 않고 이미지를 판다' 는 것이다.

〈광고 10~12〉는 푸마가 지닌 본래의 스포츠 정신을 살림과 동시에 패션 아이콘으로서의 역할을 수행하도록 유도하는 캠페인이다. 비즈니스 정장을 한 일단의 무리의 행동은 마치 축구경기를 연상시킨다. 패스를 유도하는 모습이나, 서로 볼을 차지하기 위해 태클을 거는 모습으로 스포츠와 패션의 만남을 자연스럽게 연출했다.

또 다른 광고에서도 역시 푸마의 전략이 그대로 드러난다. 여기서는 젊은이들이 파티와 페스티벌에서도 돋보인다는 내용을 담고 있다. 이 캠페인은 현재도 진행중인데, 이는 푸마가 최근에 거둔 성공에 힘입은 자신감 있는 행보로 보인다.

앞서 분석한 바와 같이 푸마의 브랜드 역사를 보면 소비자를 얼마나 정확하게 읽느냐가 브랜드의 성공 여부를 결정하는 가장 중요한 변수임을 알 수 있다. 즉, 소비자의 'Needs'와 'Wants'를 정확하게 파악하고 그에 맞춰 한발 앞서가는 전략이야말로 PLC(Product Life Cycle)상의 그래프를 하강곡선에서 상승곡선으로 변화시키는 최상의 방법이라는 것이다.

JASON GIAMBI NIKE STRETCH WOVEN ZIP TOP
JASON GIAMBI
MARION JONES

NIKE

스포츠가 있는 곳, 승리가 있는 곳에, NIKE

박찬호, 박주영, 박지은, 하승진, 미셸 위, 존 매켄로, 마이클 조든, 앤드리 애거시, 호나우두, 마이클 존슨, 타이거 우즈….

위에 열거한 선수들의 공통점은 무엇일까? 대한민국에서 스포츠 선수로는 둘째 가라면 서러워할 스타들이요, 전 세계적으로 최고봉의 자리에 올라간 선수들이다. 그리고 동시에 그들은 모두 '나이키가 후원하는' 선수다. 그 중 최근 LPGA의 차세대 간판선수로 떠오르고 있는 미셸 위는 1,000만 달러에 후원계약을 맺어 전 세계 뉴스의 중심이 되기도 했다. 아니카 소렌스탐 이후 100년 안에는 나오기 힘든 실력과 미모를 갖춘 선수라는 극찬을 받는 그녀에게 나이키는 투자를 아끼지 않았다. 미셸 위가 라운딩하는 18홀 내내 나이키의 브랜드 로고가 전 세계 골프팬들에게 각인될 것이고, 그녀가 우승할 때마다 나이키는 그 영광의 열매를 공유할 것이다. 1989년생, 우리나라 나이로 불과 열여섯 살에 불과한 소녀지만, 점차 인기가 떨어지는 LPGA 시장에 새 바람을 일으키고 끊임없이 뉴스 메이커 역할을 수행할 것이라는 기대와 믿음이 그러한 투자를 가능케 했으리라.

과감한 도전, 최상의 성취

흰색 빌딩의 나이키 본사는 미국 오리건 주에 있는 약 25,000여 평의 아름다운 자연 속에 호수를 끼고 마치 중세의 교회처럼 엄숙히 자리잡고 있다. 각 건물에는 마이클 조든과 존 매켄로, 보 잭슨 등 스포츠 스타의 이름이 헌정되었다. 건물 외곽만 그런 것이 아니다. 내부에 들어가면 회랑에 나이키가 후원한 208명의 기라성 같은 스포츠 스타들의 얼굴 조각상이 전시되어 있다. 본사 빌딩에 이름을 붙이고 회랑에 흉상을 모셔(?) 놓을 만큼 나이키의 스포츠 스타에 대한 애정은 일반인들의 상상을 완전히 초월한다. 그럼 나이키는 왜 이렇게 스포츠 스타에게 집착하게 됐을까?

"나이키는 마케팅 회사다."

"나이키는 마케팅 회사다"라는 나이키 회장 필립 나이트(Philip Knight)의 말에서 우리는 그들의 전략을 엿볼 수 있다. '걸어 다니는 광고판'이라고 할 수 있는 스포츠 선수를 후원함으로써, 나이키는 스포츠가 존재하는 한 영원히 소비자들과 함께 할 수 있는 아주 커다란 브랜드 자산을 만들었다. 이만큼 확실한 마케팅 전략이 어디 있겠는가? 나이키는 세계 최고 수준의 선수나 팀, 심지어 나라까지 모두 나이키의 옷을 입히고 용품을 사용하게 한다. 공식 스폰서가 아님에도 불구하고 월드컵이나 올림픽에서 여전히 우리는 나이키가 공식 스폰서라고 착각하곤 한다.

나이키는 '걸어 다니는 광고판'이라고 할 수 있는 스포츠 선수를 후원함으로써, 스포츠가 존재하는 한 영원히 소비자들과 함께 할 수 있는 아주 커다란 브랜드 자산을 만들었다.

나이키가 스포츠 스타에게 어느 정도 공을 들이느냐는 1996~1997 시즌의 NBA 올스타 시상식에서 여실히 드러났다. 올스타에 선정된 선수 중 단 한 명을 제외하곤, 그들의 팀과 소속에 관계없이 모두 나이키가 후원하던 선수였던 것이다. 이 광경을 ESPN 중계로 본 전 세계 농구팬들은 어떤 생각을 했을까? 심지어 1992년 바르셀로나 올림픽에서 미국 농구 드림팀의 대부분이 나이키가 후원하는 선수들이었는데, 시상대에 오른 선수들이 팀의 공식 후원업체인 아디다스의 로고를 가리기 위해 성조기로 몸을 감싸는 웃지 못할 일까지 벌어지기도 했다. 이 해프닝은 나이키가 최고의 스포츠용품 기업이라는 것을 여실히 보여주는 단적인 예이다. 이런 사례는 NBA에서만 찾아볼 수 있는 게 아니라 전 스포츠를 망라한다. 1996년 미국 애틀랜타 올림픽에서 100

미터 세계신기록을 세운 마이클 존슨이 신었던 황금 신발도 나이키가 제조해 화제가 되기도 했다. 아디다스와 엄브로에 비해 전문성이 떨어진다고 알려진 축구용품 분야에서도 브라질 국가대표팀과 브라질의 호나우두, 포르투갈의 피구, 네덜란드의 반 니스텔루이 등 세계 최고의 선수들을 후원해 경쟁사를 따돌리는 데 성공을 거두었다.
골프에서의 반전은 더욱 드라마틱하다. 데뷔 당시 가능성은 있었지만 정상은 아니었던 무명선수 타이거 우즈를 후원한다는 것은 도박에 가까운 시도였다. 그러나 예측은 정확하게 성공해 단숨에 골프용품 시장의 톱 브랜드로 자리 잡았다. 진입 장벽이 높기로 소문난 골프용품 시장에서의 반란은 나이키가 아니면 불가능한 일대 사건에 가까운 것이었다.
'승리가 있는 곳에 나이키가 있다' 라는 통설을 낳게 할 만큼 나이키는 전 세계적으로 유망선수에서부터 정상의 선수에 이르기까지 연간 1억 달러가 넘는 금액을 후원하며 살포하고 있다. 잘 알려진 사실이지만 나이키는 이렇게 유명 스포츠 스타들을 후원함으로써 그들의 승리에는 언제나 나이키가 함께 한다는 이미지를 소비자에게 끊임없이 심어주는 것이다. 이러한 스포츠 마케팅은 적중했고, 투자비용 대비 광고효과를 계산할 수 없을 만큼 대성공을 거두었다.

단돈 35달러의 Swoosh 로고

나이키는 1957년 육상선수 출신의 필립 나이트와 오리건대학 육상코치였던 빌 바우어먼(Bill Bowerman)의 만남에서 시작되었다. 필립의 무한한 호기심에서 비롯된 비즈니스 통찰력과 기록단축을 위한 빌의 혁신적 디자인의 만남은 인류 역사에 남을 만한 마케팅 성공의 시발점이 되었다. 이 두 사람의 운명적 만남은 단 한 가지 목표로 귀결되었다. 그들의 관심사는 오직 기록단축을 위한 운동화의 개발에 있었다. 옛 직업에서 비롯된 전문성이 그대로 연결된 것이다.
그리고 드디어 1962년 필립은 스탠퍼드 비즈니스 스쿨 MBA 프로젝트에서

〈광고 1〉

〈광고 2〉

〈광고 3〉

〈광고 4〉

〈광고 5〉

〈광고 6〉

〈광고 7〉

나이키는 유명 스포츠 스타들을 후원함으로써 그들의 승리에는 언제나 나이키가 함께한다는 이미지를 소비자에게 끊임없이 심어주는 것이다. 이러한 스포츠 마케팅은 적중했고, 투자비용 대비 광고효과를 계산할 수 없을 만큼 대성공을 거두었다.

사업의 모티브를 얻어 오늘날의 나이키라는 금자탑을 쌓게 되었다.

필립은 자기가 신고 뛰었던 일본의 운동화 오니츠카 타이거[鬼塚タイガー]에 매료되어 이를 수입 판매하고자 '블루 리본' 이라는 회사를 급조해서 세웠다. 무모하리만큼 성급하게 만들어진 이 회사가 오늘날의 나이키가 되리라고 그 누가 상상이나 했을까?

설립 배경이나 동기는 이렇듯 어설펐지만 장사 수완이 뛰어난 필립은 회사의 덩치를 한 해가 다르게 키우고, 마침내 1971년에는 또 다른 동료인 제프 존슨(Jeff Johnson)의 제안을 받아들여 회사 이름을 블루 리본에서 지금의 나이키로 바꾸었다. 그리고 포틀랜드 주립대 디자인과의 여학생이던 캐럴린 데이비슨(Carolyn Davidson)에게 불과 35달러를 주고 로고 디자인을 의뢰했다. 필립이 지불한 돈은 35달러에 불과했지만, 그리스 신화에 나오는 승리의 여신인 니케(Nike)의 날개를 상징하는 나이키의 트레이드 마크 'Swoosh' 는 그날 이후 스포츠가 있는 곳에 어김없이 존재하게 되었다.

나이키가 1972년 뮌헨 올림픽에서 미국의 중장거리 기록 보유자인 스티브 프리폰테인(Steve Prefontaine)을 후원한 것은 오늘날의 스폰서십 개념의 시초였다. 창업자들이 모두 육상기록 향상에 대한 무서운 집념을 가지고 있었던 것과 함께, 때마침 1970년대에 분 조깅붐으로 나이키는 어마어마한 성장을 이루게 되었다. 특히 1978년에는 '코트의 악동' 으로 불리며 대중의 인기를 한 몸에 받던 존 매켄로와 후원계약을 맺었는데, 이런 스포츠 마케팅의 성공을 바탕으로 이듬해에는 스포츠용품 업계 1위에 올라섰다. 이때부터 나이키의 독주는 시작되었다. 그리고 1980년대 초 마이클 조든의 등장과 함께 나이키는 역사에 한 획을 긋는 대전환의 시기를 맞이했다.

마이클 조든의 후원이 본격화되면서 1984년에 선보인 '에어 소든' 은 나이키 브랜드를 육상전문화의 범주에서 농구의 영역까지 확대하는 역할을 했고, 이러한 비약적 성공으로 인해 마이클 조든과 나이키는 떼려야 뗄 수 없는 관계를 이루었다.

〈광고 8〉

〈광고 9〉

〈광고 10〉

〈광고 11〉

〈광고 12〉

〈광고 13〉

'Just do it'에서 시작된 광고의 일관성

스포츠 스타들로 인해 친숙해지기 시작한 나이키는 1988년에 시작한 "Just do it" 캠페인의 성공으로 일대 전환의 계기를 마련한다. 이 캠페인은 원래 스포츠와는 거리가 먼 여성들의 정신적, 육체적 건강을 소구하기 위해 시작되었는데, 반응은 전 연령층에 고루 확산되기 시작했다. 나이키는 이 캠페인의 성공과 함께 '스포츠화 전문회사'에서 '스포츠회사'로 변신하는 전기를 마련했다. 이후 나이키는 철저하게 일관된 컨셉트로 캠페인광고를 전개해 어느 경쟁사도 따라올 수 없는 브랜드 파워를 만들었다.

1988년에 시작한 "Just do it" 캠페인은 원래 스포츠와는 거리가 먼 여성들의 정신적, 육체적 건강을 소구하기 위해 시작되었는데, 반응은 전 연령층에 고루 확산되기 시작했다. 나이키는 이 캠페인의 성공과 함께 '스포츠화 전문회사'에서 '스포츠회사'로 변신하는 전기를 마련했다.

〈광고 1~13〉은 나이키의 상징인 Swoosh를 이용해 일관되게 전개한 캠페인이다. 타이포의 과감한 변형과 트리밍으로 주목도를 높이고, 스포츠 스타들이 입을 수 있는 상황에 제품을 매칭해서 일반인 누구나 따라할 수 있게 장치했다. 나이키 로고인 Swoosh가 크리에이티브 소재의 중심이 된 이 캠페인은 '역시 나이키'라는 찬사를 얻을 만큼 세련된 레이아웃과 과감한 비주얼 처리로 사람들의 시선을 빼앗았다.

미국을 대표하는 여자 스프린터인 매리언 존스, NBA의 슈팅 가드 코트니 알렉산더, 뛰어난 미모의 테니스 스타 애쉴리 하클로드, 여자 축구계의 얼짱 사라 월렌, 그리고 대한민국 국민에게는 '공공의 적'이지만 실력은 정상급인 안톤 오노 등 경기장마다 관중들을 몰고 다니는 스타를 이용해서 소비자로 하여금 '따라하기' 열풍에 동참하도록 유도한다.

이슈가 있는 스타를 이용해서 뉴스 가치를 높이거나 스포츠 시즌에 해당하는 스포츠 스타와 제품을 연결해 광고의 주목도는 물론 공감도까지 높여 광고가 단순히 광고행위로 끝나지 않고 구매로 연결되게 하는 전략을 구사한 것이다.

〈광고 14~21〉은 나이키가 후원하는 스타들을 이용한 일관된 어프로치이다. 이 캠페인은 레이아웃의 독특함과 연출한 흔적을 전혀 느낄 수 없는 스

〈광고 14〉

〈광고 15〉

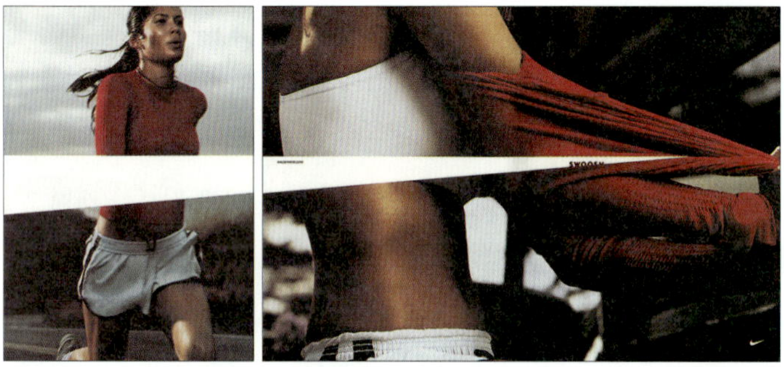

〈광고 16〉

〈광고 17〉

〈광고 18〉

〈광고 19〉

〈광고 20〉

〈광고 21〉

타들의 모습으로 호감도를 높혔다. 이른바 '광고의 작가주의' 를 느끼게 하는 캠페인인 것이다.

이슈가 있는 스타를 이용해서 뉴스 가치를 높이거나 스포츠 시즌에 해당하는 스포츠 스타와 제품을 연결해 광고의 주목도는 물론 공감도까지 높여 광고가 단순히 광고행위로 끝나지 않고 구매로 연결되게 하는 전략을 구사한다.

크리에이티브를 전개하는 데 있어 컨셉트가 명확하고 전략이 뚜렷해도 실제 표현하는 방법의 수준이 낮으면 광고의 매력도가 떨어져 결국 시선을 끄는 확률도 낮아지고 당연히 구매욕을 자극하는 정도도 내려갈 것이다. 그런데 이 시리즈는 연출을 기가 막히게 잘했다라는 탄성이 절로 나오게 한다.

〈광고 22~29〉는 스포츠에 있어 가장 순간적인 움직임이 많은 곳에 "Made to Move"라는 캠페인 슬로건을 붙여 소비자에게 공감의 폭을 높인 시리즈이다. 각기 종목이 다른 스포츠 스타들이 운동을 하면서 순간적인 움직임이 많은 부분에 캠페인 슬로건과 로고를 함께 붙여 시선을 잡는다. 비틀림이 심한 부분이나 강력한 에너지가 집중되어야 하는 곳, 그리고 이기기 위

〈광고 22〉

〈광고 23〉

〈광고 24〉

〈광고 25〉

〈광고 26〉

〈광고 27〉

〈광고 28〉

〈광고 29〉

스포츠 스타들을 표현할 때 스타플레이어의 모습을 단선적으로 보여주는 것에 그치지 않고 제품의 장점을 가장 극적으로 표현할 수 있는 순간을 포착한다. 마치 그들이 실제 경기를 하거나 운동을 즐기고 있는 듯한 모습을 리얼하게 연출해 현장감을 높인다.

해 꼭 필요한 역동적인 동작 속에 나이키가 함께하고 있음을 보여준다. 그림자로 표현한 자유로움과 역동성이 제품의 우수성과 기능성을 암묵적으로 보여주는 것이다.

최근 4년여 동안 집행된 나이키의 캠페인에서 가장 눈에 띄는 것은 철저하게 스포츠 스타와 함께하는 것이다. 이로써 스포츠 스타의 연습과 경기와 승리 뒤에 언제나 함께하는 것은 나이키임을 분명히 전한다.

소비자가 좋아하는 선수와 나이키가 bundling effect(브랜드와 모델이 한 묶음으로 연상되는 효과)를 일으켜 '스포츠' 하면 '나이키'를 연상하게 되고, '나이키' 하면 자신이 좋아하는 스포츠가 떠오르며, 자신이 좋아하는 선수를 떠올리면 바로 나이키가 생각나도록 연결구조를 갖는 점이 돋보인다. 또한 무엇보다 캠페인이 진행되는 동안 철저하게 일관성을 유지하는 것도 큰 장점으로 작용한다. 그렇게 함으로써 캠페인이 진행되는 동안 나이키 광고의 주목도를 높이고 브랜드 아이덴티티 유지에 기여할 수 있다.

나이키는 스포츠 스타들을 표현할 때 스타플레이어의 모습을 단선적으로 보여주는 것에 그치지 않고 제품의 장점을 가장 극적으로 표현할 수 있는 순간을 포착한다. 마치 그들이 실제 경기를 하거나 운동을 즐기고 있는 듯한 모습을 리얼하게 연출해 현장감을 높인다. 또 광고를 본 소비자가 브랜드 인출을 쉽고 빠르게 할 수 있도록 과감한 트리밍과 레이아웃 폴리시 등도 나이키 광고캠페인이 경쟁사들과는 차원이 달라 보이게 하는 중요한 키로 작용한다.

6장 | Etc.

6-01 TARGET

6-02 New Beetle

Tide
Orange you happy? Orange you glad? Got the juice. Turn it loose. Orange. target.com

T A R G E T

너희가 'TARGET'을 아느냐?

다윗과 골리앗의 싸움

타깃(TARGET)은 미국의 대형할인매장으로, 부동의 넘버원 월마트(Wal-Mart)와 그 뒤를 바싹 추격하는 K마트에 이어 현재 업계 3위를 달리고 있다. 타깃의 고민은 이 막강한 파워 브랜드인 두 골리앗과 어떻게 싸울까 하는 것이었다. 기업간의 싸움은 동네 아이들의 싸움과는 형상이 너무나 다르다. 승리한 쪽은 월계관을 두르고 영광의 실크로드를 달리지만, 패자는 결국 사람들의 기억 속에서 사라지는 비참한 가시밭길을 걸어야 한다. 싸움의 실상이 이런 만큼 기업들은 싸움을 거는 쪽이나 도전을 받는 쪽이나 신중할 수밖에 없다. 그런데 타깃은 두 골리앗과 싸우기 위해 처음부터 다른 길을 가야 한다고 생각했다.

할인매장 하면 흔히 높은 천장과 통로 양쪽에 높다랗게 진열된 상품들을 떠올리게 마련이다. 원가에 대한 부담을 줄여야만 경쟁자보다 단 1원이라도 싼 값에 제품을 공급할 수 있기 때문에 매장을 이렇게 디스플레이하는 것이다.

하지만 타깃의 생각은 달랐다. 아니, 타깃은 두 골리앗과 싸우기 위해서 자기만의 무기가 필요했을 것이다. 그리고 또 하나, 타깃은 근본부터 달랐다. 타깃의 조상은 할인매장이 아니라 백화점이었다. 바로 Dayton's, Hudson's, Marshall Field's와 같은 백화점을 운영하고 있는 Dayton Hudson Corperation

이 타깃의 모기업인 것이다.
따라서 할인매장을 구상해도 다른 곳하고는 근본적으로 다른 생각에서 출발했다. 백화점의 품격은 그대로 유지하면서 가격은 기존 할인매장과 경쟁할 수 있는 새로운 형태로 구상했던 것이다. 가격이 아무리 싸더라도 아무렇게나 쌓여 있는 물건을 보면 쉽게 사고 싶은 마음이 들지 않을 것이라는 게 그들의 판단이었다. 즉, 같은 물건이라도 백화점처럼 근사하게 디스플레이되어 있다면 소비자가 싸구려를 산다는 심리적인 저항감을 극복할 수 있으리라 생각한 것이다.
그들의 이런 새로운 도전은 1962년 미네소타주(Minnesota)의 로즈빌(Roseville)에 첫 번째 매장을 오픈하면서 드디어 본격화되었고, 현재는 미국 전역 46개 주에 1,000여 개의 매장을 운영하기에 이르렀다. 타깃이 원하는 물건을 가장 싸게 만들어 타깃이 원하는 가격에 판매한다는 그들의 전략이 그대로 미국 중산층에 어필했던 것이다. 나아가 할인매장하면 흔히 흑인과 히스패닉, 그리고 다양한 유색인종과 불법체류자들이 득실거린다는 편견마저도 불식하기에 이르렀다.

'Big Coup'! 그건 마케팅의 쿠데타였다

결과적으로 타깃은 기존의 할인점과는 달리 고급 백화점과 같은 분위기를 연출, 제품의 가격은 싸지만 이미지는 고급스러운, 새로운 개념의 할인점이라는 포지셔닝에 성공한 것이다.
그리고 이런 브랜드 전략에 맞춰 광고도 새로운 타입으로 전개했다. 초기에는 로고와 심벌을 이용한 광고를 많이 집행했는데, 이는 무엇보다도 할인매장이라는 카테고리 내에서 소비자에게 쉽게 기억되기 위한 전술로 이해할 수 있다.
또한 그들은 가격을 소구하되 결코 싸구려로 느껴지지 않는 방법으로 접근했다. 특히 할인매장으로서는 상상할 수 없는 매체인 패션잡지에 광고를 게재함으로써 센세이션을 불러일으켰다. 고급 브랜드의 광고로 가득 찬 패션잡지

타깃은 과감하게도, 아니 무모하게도 패션잡지에 광고를 하기 시작했다. 그렇게 타깃의 광고가 패션잡지에 실리기 시작하자 미국의 경제지인 《포브스》는 'Big Coup'와 같은 사건이라고 대서특필했다. 분명 마케팅적으로 쿠데타였던 것이다.

에 할인매장 광고를 하다니, 모두가 돈 낭비라고 생각했을 것이다. *VOGUE*나 *ELLE*와 같은 패션잡지를 보는 사람들은 소득 수준도 높고 고급 브랜드를 선호하는 층일 것임은 틀림없을 테니까.

그런데 타깃은 과감하게도, 아니 무모하게도 그런 패션잡지에 광고를 하기 시작했다. 그렇게 타깃의 광고가 패션잡지에 실리기 시작하자 미국의 경제지인 《포브스》는 'Big Coup(대 쿠데타)'와 같은 사건이라고 대서특필했다. 이것은 분명 마케팅의 쿠데타였던 것이다. 제품이 속한 할인매장이라는 카테고리는 그대로 유지하면서 경쟁사들이 감히 시도할 수 없는 고급 브랜드 이미지를 선점한 타깃! 우리가 평상시 제품을 구매할 때를 상상해 보면 그 전략에 고개가 절로 숙여질 것이다. 똑같은 제품을 똑같은 가격에 구매할 수 있다면 굳이 재래시장에 가기보다는 쾌적하고 안락한 백화점에서 쇼핑을 즐기는 쪽을 택할 테니 말이다.

바야흐로 타깃은 일반 소비자들에게 여타 할인매장과는 달리 얼마든지 가고 싶은 '괜찮은' 할인매장이요, 저소득층이나 흑인, 히스패닉들이 주로 이용하는 곳이 아닌 중산층이 이용하는 곳으로 인식시키는 데 성공한 것이다.

앤디 워홀의 작품이 광고로

앤디 워홀(Andy Warhol)의 레이아웃을 차용하여 만든 이 시리즈는 대단한 성공을 거둔 케이스이다. 큐빅 형태로 이루어진 이 광고는 전혀 어울릴 것 같지 않은 두 개의 제품을 절묘하게 붙여 놓았는데, 두 제품의 공통점은 바로 가격이다. 멋진 여자 모델이 입고 있는 저 옷이 섬유유연제나 세탁세제 가격과 같다니 구매욕을 자극하고도 남지 않은가?

그런데 이런 마케팅 전략을 뒷받침해 주는 놀라운 사건이 일어났다. 영화배우 세라 제시카 파커(Sarah Jessica Parker)가 미국 유명 토크 쇼에 출연해서 단돈 19달러 99센트를 주고 구입한 면 파자마를 침이 마르도록 자랑했다. 그런데 "이렇게 내 마음을 사로잡은 이 옷을 타깃에서 구입했다"라며 예상치 않았던 PPL까지 한 것이다. 이른바 인기에 죽고 인기에 사는 유명 영화배우

〈광고 1〉

〈광고 2〉

〈광고 3〉

〈광고 4〉

〈광고 5〉

〈광고 6〉

가 뭐가 부족해 타깃에서 파자마를 사겠는가? 그리고 그 옷이 그렇게 멋졌다는 너스레에 시청자들이 어떤 반응을 보였을까? 다음날 아침 타깃의 매장이 그 파자마를 사기 위한 사람들로 장사진을 이룬 것은 어쩌면 당연한 일이었는지도 모른다.

이렇게 판매까지 급신장하는 성과를 거둔 이 시리즈는 미국신문협회(Newspaper Association of America)의 신문삽지 부문상인 'Athena'의 대상을 차지하기도 했다. 그것이 신문삽지광고라고 해서 우리나라의 삽지를 생각하면 곤란하다. 명품들도 서로 앞다퉈 신문광고 이상의 크리에이티브를 동원해 삽지광고를 제작하는 곳이 미국이니까 말이다. 하지만 미국에서도 대부분 가격 중심의 판매지향적 삽지광고가 주를 이루고 있기에 타깃의 성공은 하나의 벤치마킹 대상이 되고 있음은 두말할 나위가 없다.

앤디 워홀(Andy Warhol)의 레이아웃을 차용하여 만든 이 시리즈는 대단한 성공을 거둔 케이스이다. 큐빅 형태로 이루어진 이 광고는 전혀 어울릴 것 같지 않은 두 개의 제품을 절묘하게 붙여 놓고 있는데, 두 제품의 공통점은 바로 가격이다.

〈광고 1〉에는 멋진 쫄바지가 보인다. 레이아웃은 앤디 워홀의 기법을 사용했고, 왼쪽 페이지에는 섬유유연제인 'Bounce'라는 브랜드 네임만 크게 강조되어 있다. 카피의 요점은 '이 바지가 19달러 99센트인데 바운스라는 섬유유연제 가격도 똑같다'라는 것이다. 저렇게 섹시한 여자가 입은 바지가 섬유유연제 가격과 같다니, 얼마나 놀라운 뉴스인가? 소비자의 눈길과 마음을 사로잡는 연출이 아닐 수 없다.

단순히 가격이 싸다는 장점만을 지닌 기존 할인매장과는 달리 백화점과 같은 품질, 백화점 느낌의 고급 이미지를 할인매장 가격으로 살 수 있다니 소비자들은 아마도 대단한 기회라고 느꼈을 것이다.

〈광고 2〉도 같은 시리즈 광고이다. 청바지와 세탁세제 'Tide'가 함께 어우러져 있는데, 오른쪽 페이지의 모델이나 청바지, 그리고 광고 자체가 싸구려 느낌이 전혀 들지 않는다. 여느 백화점의 그것과 다를 게 없다. 그런데 저렇게 근사한 청바지 가격이 일상적으로 부담없이 구입하는 세탁세제 Tide와 같다는 소구이다.

청바지와 세탁세제, 도저히 어울리지도 않고 함께 연상되지도 않는다. 그러나 타깃의 노림수는 '멋을 추구하는 패션, 그리고 생활의 기본이라고 할 수 있는 세제가 자연스럽게 어울릴 수 있는 곳이 바로 이곳이다' 라는 주장을 소비자가 별다른 저항없이 받아들이게 하는 데 있다. 타깃의 경영철학이 그대로 엿보이는 전략이라고 할 수 있겠다.

〈광고 3〉에서는 시원한 바닷가에서 늘씬한 미녀가 폼을 잡고 있는 게 보인다. 서핑 반바지를 입은 모습이 고혹적인데, 그녀의 시선은 아마 먼발치에서 서핑 보드를 즐기는 근육남(男)을 향하고 있는지도 모르겠다.
이렇게 매력적인 여자가 입은 옷이 캔디 'Life savers' 와 같은 16달러 99센트라니, 구미 당기지 않는가?

블루밍데일이 부럽지 않다

2001년, 타깃은 새로운 포맷의 광고를 선보였다. 강한 컬러가 광고의 톤 앤드 매너(Tone & Manner)를 고급스럽게 가꿔주는 게 우선 눈에 띈다. 아울러 동일한 컬러의 제품군과 모델들의 코디네이션, 그리고 매장의 인테리어가 시선을 끈다.
그런데 어느 광고를 보든 타깃의 심벌과 로고가 강조되어 있어 누가 광고를 하는지에 대한 궁금증을 바로 해결할 수 있는 장치를 해놓았다. 마치 블루밍데일(Bloomingdale' s)과 같은 고급 백화점 광고라고 해도 전혀 손색이 없을 정도다.
가격은 저렴하지만 고급스러운 이미지를 가진 매장에서 제품을 구입하길 원하는 소비자 욕구에 어필하면서, 미국의 전형적 중산층이 선호하는 모델과 광고제품을 선정한 치밀함도 돋보이는 캠페인이다.

〈광고 4〉는 실버 컬러 제품군의 광고이다.
건전지, 다이어트 코크는 물론 모델들이 입고 있는 옷, 심지어 머리에 쓰고 있는 헬멧까지도 실버이고 헤어 또한 같은 색상이다. 매장 역시 실버가 주

〈광고 7〉

〈광고 8〉

〈광고 9〉

〈광고 10〉

〈광고 11〉

〈광고 12〉

조를 이루며 카피도 'Silver bell' 을 이용해 주목도를 높이고 있다.

〈광고 5〉는 블루 컬러 이미지의 광고이다. 파란 하늘 배경에 Windex, 아기기저귀 그리고 구강청정 제품 등 모두 블루 컬러로 상징되는 것들이다. 여기에 파란 눈동자를 가진 모델까지 합세해 블루의 이미지를 강화한다. "Once in a blue room" 으로 시작하는 카피도 광고의 흥미를 더해준다.

어느 광고를 보든 타깃의 심벌과 로고가 강조되어 있어 누가 광고를 하는지에 대한 궁금증을 바로 해결할 수 있는 장치를 해놓았다.
가격은 저렴하지만 고급스러운 이미지를 가진 매장에서 제품을 구입하길 원하는 소비자 욕구에 어필하면서, 미국의 전형적인 중산층이 선호하는 모델과 광고제품을 선정한 치밀함도 돋보이는 캠페인이다.

〈광고 6〉의 이미지는 그린 컬러다. 카메라, 음료수, Carp Stick 등 모두 그린 컬러가 주조를 이룬다.

그리고 노란색으로 제품 이미지를 통합한 〈광고 7〉, 겨울 분위기를 연출하여 흰색의 제품군을 소구한 〈광고 8〉, 상큼한 오렌지 이미지로 광고의 힘을 더한 〈광고 9〉, 레드의 강렬함과 유혹의 이미지로 소비자의 시선을 사로잡는 〈광고 10〉, 커피의 브라운 컬러를 내세워 남녀의 내밀한 드라마를 연출한 〈광고 11〉을 잇달아 보면 캠페인광고의 힘을 알 수 있을 것이다.
앞서 집행한 광고와 같은 테마로 이끌어가면서도 광고마다 각각의 의미가 있는 다른 어프로치를 통해 소비자에게 지속적으로 기억시키고 각인시키는 것이다. 단발광고로서는 도저히 느낄 수 없는 시너지 효과를 거두고 있다는 생각이 든다.

〈광고 12〉는 기존의 캠페인과는 완전히 다른 광고인데, 2001년 12월에 집행된 것으로 보아 새로운 캠페인의 서막으로 느껴진다.
타깃의 심벌을 강렬하게 보여주는 기법으로 화장품에 대한 새로운 어프로치를 느끼게 하는데, 극단적으로 트리밍하고 클로즈업한 여자의 매혹적인 빨간 입술이 묘한 긴장감을 던진다.

오늘도 'Fosbury flop'을 꿈꾸며

1968년 멕시코 올림픽에서 일어난 일이다. 딕 포스베리(Dick Fosbury)라는 높이뛰기 선수가 힘껏 달려 점프를 해서 장대를 넘었다. 그 순간 관중들은 그의 '이상한 행동'에 숨을 멈추었다. 이어서 세계신기록이라는 장내 아나운서의 멘트가 있자 박수와 환호가 터져 나왔다. 그때까지 모든 높이뛰기 선수들은 (지금은 상상이 잘 안 가지만) 앞으로 뛰어넘었다. 하나의 법칙처럼 여겼던 그 방식을 깨고 최초로 그가 '배면(背面)뛰기'라는 새로운 시도를 한 것이다. 그리고 그 결과 세계신기록을 세운 금메달리스트가 되었다.

광고도 기본적으로 'Fosbury flop(배면 뛰기)'이 있어야 한다. 남과 같아서는 치열한 경쟁에서 이길 수 없다. 아마도 타깃이 두 골리앗과 싸울 때 같은 방법으로 대응했다면 지금의 성공을 거두지 못했을 것이다.

할인매장의 개념을 바꾸고, 디스플레이 방법을 차별화하고, 고객을 달리 소구하고, 게다가 커뮤니케이션 방법까지 모든 것을 다르게 했기 때문에 오늘의 타깃이 있지 않았을까?

New Beetle

Think small!

돌아온 딱정벌레

1) 어른 2명(부모)과 자녀 3명이 함께 탈 수 있고, 2) 아우토반에서 최고 시속 100km로 주행하며, 3) 연비는 14km/ l 이상이고, 4) 후방 엔진은 신뢰도 높은 모터를 채용한 공냉식이며, 5) 3명의 군인과 기관총을 실을 수 있고, 6) 차의 가격은 1천 마르크 이내여야 한다.

아이러니컬하게도 비틀(Beetle)은 독재자 아돌프 히틀러의 이 여섯 가지 주문에 따라 유명한 스포츠 카 디자이너 포르셰(Ferdinand Porsche) 박사에 의해 탄생하였다. 성능 좋고 값싼 차를 만들라는 나치정부의 지시에 따라 1935년에 첫선을 보인 비틀은 유럽의 좁은 땅, 좁은 도로 사정에 딱 맞는 국민차로, 나오자마자 사랑받았다.
비틀은 60여 년 동안 3천만 대라는 경이적인 생산량을 비롯하여 세계 최대 생산에 최장수 차 등의 각종 기록을 갖고 있기도 하다.
이런 비틀의 향수를 업고, 1997년 뉴비틀(New Beetle)이 탄생되었다. 1960년대의 비틀을 1990년대 스타일의 감각이 물씬 풍기도록 디자인했고, 앞좌석 듀얼 에어백과 사이드 에어백은 물론 4륜 디스크 브레이크를 장착해 미국 고속도로안전교통국이 실험한 소형차 부문 안전성 테스트에서 만점을 받았다.

이제 뉴비틀은 첨단 메커니즘이 살아 있는 또 하나의 명차로 각광받고 있다. 일반인은 뉴비틀을 보면 먼저 그의 아버지라고 할 수 있는 비틀이 생각나겠지만, 광고인은 1960년대 크리에이티브의 교과서로 칭송받은 그때의 광고를 떠올리게 마련이다.
1959년에 시작하여 20년 이상 일관된 컨셉트와 전략으로 캠페인을 전개한 비틀의 광고를 분석하여 정리한 《딱정벌레에게 배우는 광고발상법(박현주, 1998, 나남출판)》에서는 폭스바겐 비틀의 광고를 이렇게 소개한다.

"폭스바겐 광고는 순수하고 단순하며 언제나 유머감각이 있다. 이것은 위트와 아이러니 그리고 지성(intelligence)에 바탕을 둔, 최초의 거대하고 가시적이며 장기적인 캠페인이라고 해도 과언이 아닐 것이다.
폭스바겐 광고는 광고를 보는 사람을 유머로 유혹하여 절제된 표현으로 무력화시킨 후, 급기야는 정직함으로 경악케 하고 만다. 당시의 진부하고 뻔하며 과장된 디트로이트 광고에 비해 이 놀라울 만큼 단순한 폭스바겐 광고는 자동차광고의 컨셉트를 완전히 재정의하였다. 더 중요한 것은 그 광고들이 자동차광고뿐만 아니라 모든 종류의 제품광고에 생산적이며 장기 지속적인 영향을 끼쳤다는 점이다.
현재 진행되고 있는 뉴비틀의 광고들을 보면 비틀의 전통을 계승, 발전시키고 있음을 쉽게 알 수 있다. 비틀이 그 당시 광고계에 던졌던 충격과 기법의 다양성은 없다손 치더라도 뉴비틀은 유머와 심플함으로 다시 한번 그 당시의 광고를 기억나게 하고 있다."

폭스바겐 광고는 광고를 보는 사람을 유머로 유혹하여 절제된 표현으로 무력화시킨 후, 급기야는 정직함으로 경악케 하고 만다. 당시의 진부하고 뻔하며 과장된 디트로이트 광고에 비해 이 놀라울 만큼 단순한 폭스바겐 광고는 자동차광고의 컨셉트를 완전히 재정의하였다.

광고를 만들어야 할 한 명과 바꾸지 못하게 해야 할 아흔아홉 명

좋은 광고는 좋은 제품에서 만들어진다고 해도 과언이 아니다. 아니, 당연한 말일 것이다. 1960년대 광고사에 기념비적 업적을 남긴 비틀이 그랬다.
그렇다면 뉴비틀은 어떨까?
뉴비틀의 광고들은 과감한 여백과 뉴비틀만의 독특한 모습을 메인 비주얼로 주목을 끈다. 일절 다른 군더더기가 없다. 오로지 컬러풀한 뉴비틀의 사진과 한 줄의 카피가 전부다. 광고는 더하기보다 빼기의 미학이라는 것을 증명하는 것이다. 그러나 이처럼 힘을 주지 않고 광고의 의도를 강조하기까지 크리에이터의 노력과 집념은 또한 얼마나 강하게 작용했을까?

남이 해놓은 작품을 보면서 신문선 축구해설위원처럼 말하기는 쉬울지 모르겠지만 하나의 캠페인을 만들어 내기란 얼마나 어려운가? 카피 한 줄과 제품 사진이 전부인 캠페인을 과연 얼마나 오랫동안 집행할 수 있을까? 고치고 싶고, 첨가하고 싶고, 다르게 만들고 싶은 게 크리에이터의 속성일 텐데….

여기 유명한 일화 하나를 소개하겠다.

한 광고주가 테드 베이츠 광고대행사(Ted Bates Advertising Agency)의 사장인 로서 리브스(Rosser Reeves)에게 물었다.

"만약 동일한 캠페인을 수 년간 계속해야 한다면 이 일에 100명이나 되는 광고회사 사람들이 왜 필요한가?"

똑같은 헤드라인, 같은 비주얼, 같은 레이아웃, 무엇 하나 변하지 않는 캠페인을 보면 누구나 이런 질문을 던질 수 있을 것이다. 어찌 생각해 보면 맞는 지적일 수 있다. 그러나 무림의 고수로서, 리브스는 달랐다. 그는 뭔가 바꾸고 싶어 안달이 난 광고주에게 이렇게 한마디 던졌다.

"광고를 만들어야 할 한 명, 그리고 당신이 그것을 바꾸지 못하게 해야 할 아흔아홉 명이 필요합니다."

뉴비틀의 캠페인을 보면서 이런 일화가 떠오른 것은 크리에이터의 시각으로 보기에 뉴비틀의 광고는 너무나 단순해서 시리즈로 발전시키기가 매우 어렵다는 강박관념 때문일 것이다.

〈광고 1〉을 보면 별다른 장치가 없다. 심플하다. 제품이 한눈에 들어오고 제품의 컬러를 말해 주는 'Wintergreen' 만이 보일 뿐이다. 그리고 "Drivers wanted" 라는 슬로건이 로고 옆에 자리잡고 있다.

〈광고 1〉

〈광고 2〉

〈광고 3〉

〈광고 4〉

〈광고 5〉

〈광고 6〉

비틀 시절에 보여준 사진과 크게 다르지 않다. 그때와 지금이 다른 것은 제품의 기능을 설명한 카피 블록이 없고 제품의 컬러가 바뀐 것 뿐이다.

〈광고 2〉도 달라진 게 거의 없다. 제품 사진이 바뀌고 카피 한 줄이 달라졌을 뿐이다. 유행에 맞춰 일찍 도착했다는 카피가 전부다. 그런데도 뉴비틀은 달라 보인다.
비틀시대에 쌓아 놓은 '브랜드 에퀴티 (brand equity)' 가 얼마나 대단한지 알 수 있게 한다.

〈광고 3〉은 카피가 참으로 깜찍하다.
"Mr. Foot meet Mr. Pedal". 얼마나 운전하고 싶고 소유하고 싶으면 저런 카피가 나왔을까? 영화 제목을 패러디한 냄새가 나지만 아무튼 소비자의 구매 욕구를 교묘하게 파고들었다.

〈광고 4〉는 비틀의 신화를 상기시키려는 의도가 역력한 광고다. 비틀만이 지닌 독특한 곡선 모양을 소재로 삼았다. "그 유명한 곡선이 돌아왔다"라는 헤드라인을 보는 순간 작가(?)의 의도를 알 수 있으리라.

〈광고 5〉에서도 달라진 것은 카피와 제품의 컬러 뿐이다. "짜릿하고 깜찍한 것이 나타났다"라는 카피와 장난감 같은 뉴비틀만이 요염하게 자리잡고 있다.

〈광고 6〉은 상징적으로 표현했다. 한 단어의 카피가 겉으로 표현할 수 없는 많은 것을 단번에 말해준다. "Wired"라는 카피로 단지 겉만 번지르르한 게 아니라 속도 꽉 차 있음을, 첨단 시스템을 모두 갖춘 차라는 것을 한마디로 자신 있게 드러냈다.

〈광고 7〉

〈광고 8〉

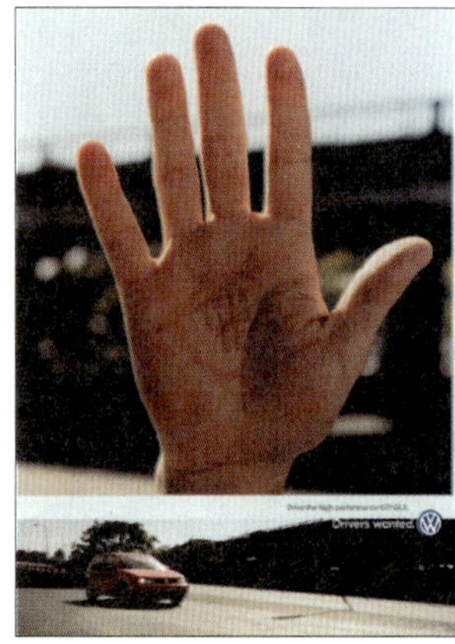

〈광고 9〉

〈광고 10〉

〈광고 11〉

〈광고 12〉

〈광고 13〉

〈광고 14〉

공감을 더하는 과장기법

뉴비틀의 광고들은 과감한 여백과 뉴비틀만의 독특한 모습을 메인 비주얼로 주목을 끈다. 일절 다른 군더더기가 없다. 오로지 컬러풀한 뉴비틀의 사진과 한 줄의 카피가 전부다.

과장기법은 우리나라에서도 그 시도가 활발하지 않은 편이다. 우리가 워낙 유교적인 교육을 받고 자라서인지, 아니면 우리의 정서에 잘 맞지 않기 때문인지는 몰라도 시도 자체가 드문 편이다.

그리고 흔히 과장광고를 허위광고와 구별하지 못하는 경우도 있는 것이 현실이다. 과장광고는 누가 봐도 한눈에 거짓이라는 것을 알 수 있어야 한다. 교묘하게 눈속임을 하는 것은 허위광고이지만, 한눈에 거짓이라는 사실을 알 수 있는 광고는 과장광고이다. 이러한 과장광고는 소비자들에게 쉽게 다가가는 장점이 있다. 마음을 열어주는 장치가 과장 속에 존재하기 때문이다.

〈광고 7〉을 보자. 얼마나 차를 몰고 다녔으면 한쪽 머리만 저렇게 바람에 날렸을까? 창을 열고 달리다보니 왼쪽 머리는 엉망이 되고 반대쪽만 가지런하다.

〈광고 8〉도 과장기법이 뒤떨어지지 않는다. 페달을 신나게 밟다 보니 오른쪽 신발에 페달 모양으로 구멍이 나 있다. 웃음이 절로 나지 않는가? 얼마나 운전하고 싶고, 얼마나 달렸으면 저런 황당한 상황이 연출되었을까?

〈광고 9〉는 한술 더 떴다. 얼마나 오랜 시간 운전하면 저렇게 손바닥에 스틱 자국이 남을까?

〈광고 10, 11〉도 제품은 다르지만 어프로치 방법은 동일하다. 폭스바겐 골프(Volks-wagen Golf)를 운전할 때 일어날 수 있는 부작용(?)을 이야기한다. 편안하게 장시간 운전하다 보니 시트 모양이 머리에 도장처럼 박혔다.

바로 위에 언급한 다섯 작품은 운전의 즐거움을 과장기법을 통해 소구한 것이다.

광고의 가장 큰 적은 광고 그 자체다

2001년에 칸 광고제에서 뽑은 소비자에게 끝까지 살아남은 광고의 7가지 특징 가운데 하나가 "광고를 죽여라(Kill advertising)" 였다.

도대체 무슨 말일까? 아마도 전형적인 광고의 틀을 깨라는 주문일 것이다. 광고가 힘이 있으려면, 광고가 차별화되려면, 광고가 소비자의 눈에 띄려면 기존의 방법으로는 불가능하다는 말이다. 칸 광고제의 어록(?)을 인용하면 다음과 같다.

"광고의 가장 큰 적은 광고 그 자체다. 이 시대 최고의 광고는 광고처럼 보여서는 안 된다. 그 동안 광고의 성격을 규정한 클래식 광고의 스타일을 이제 언급하지 말자. 전형화된 광고의 틀에서 벗어나지 못하는 건 마치 재즈가 문법대로 씌어진 진부한 음악으로 전락하는 것과 같다."

맞는 이야기다. 늘 똑같이 연주한다면 그 어찌 재즈라 할 수 있겠는가? 현장성, 즉흥성이 있어야 재즈다운 재즈이다.

광고계에 금언처럼 된 "원칙은 지키되 법칙은 깨라"라는 말이 있다. 법칙대로 만든다면 어찌 소비자를 유혹할 수 있을까? 듣기 좋은 소리도 한두 번이라고 하지 않는가? 광고이면서 광고처럼 보이지 않는 광고, 경쟁사나 소비자의 의표를 찌르는 광고 같지 않은 광고, 광고의 형식마저도 파괴한 광고, 그러면서도 광고의 목적을 가장 효과적으로 수행하는 광고, 이런 광고가 끝까지 살아남는 광고일 것이다. 이런 맥락에서 본다면 뉴비틀의 광고는 수준작이라고 말하지 않을 수 없다. '광고를 죽여라. 그래야 광고가 산다' 라는 역설을 몸으로 실천하는 것이 바로 폭스바겐의 광고인지도 모르겠다.

광고이면서 광고처럼 보이지 않는 광고 – 경쟁사나 소비자의 의표를 찌르는 광고 같지 않은 광고 – 광고의 형식마저도 파괴한 광고 – 그러면서도 광고의 목적을 가장 효과적으로 수행하는 광고 이런 광고가 끝까지 살아남는 광고일 것이다. 이런 맥락에서 본다면 뉴비틀의 광고들은 수준작이라고 말하지 않을 수 없다.

〈광고 12〉를 통해 광고가 죽어야 산다는 역설이 얼마나 기막히게 적용되었는지 확인해 보자. 우선 제품이 도대체 어디 있는지 보이지 않는다. 눈 씻고 찾아보니까 구석에, 그것도 모자라 반쯤 잘려 있다. 아마도 우리네 사정이라면 광고주 모독이요, 제품에 대한 모욕으로 당장 대행권이 끊길지도 모를 일이다.

〈광고 15〉

〈광고 16〉

〈광고 17〉

〈광고 18〉

그러나 일반 광고 같지 않기 때문에 오히려 눈길을 끈다. "저기 봐, 파란색 뉴비틀이 있어"라는 작은 글씨가 카피의 전부다. 아마도 사람들은 벌이 온통 붙어 있는 사람에 우선 시선이 끌릴 것이다. 그 다음에는 엉성하게 보일지 모르지만 뉴비틀을 보게 된다. 이런 뚝심이 곧 비틀의 전통을 계승하는 것 아닐까?

〈광고 13〉은 더욱 광고답지 않다. 아무리 보아도 제품이 보이지 않는다. 단지 노란 스쿨버스와 유리창으로 밖을 내다보는 소년만이 보일 뿐이다. 혹시 하고 유리창을 들여다보니 유리창에 투영된 뉴비틀이 보인다. 폭스바겐이라는 로고가 있는 한 소비자들은 분명 자사 제품을 찾아서라도 볼 것이라는 자신감! 이런 배짱이 광고의 형식을 벗어난 광고를 만드는 것 같다.

〈광고 14〉도 상황은 마찬가지다. 광고에서 먼저 눈에 들어오는 것은 절경이다. 뉴비틀이 절대 먼저 들어오지 않는다. 그렇지만 결국 소비자들은 뉴비틀을 찾아내 자기의 취향에 맞는 제품인지 확인하고 구매결정을 할 것이다. 카피는 더욱 보이지 않는다. "Hey, there' s a green one"은 왼쪽 하단에 보일까 말까 한 정도다.

〈광고 15〉는 더욱 과장적이다. 인공위성의 시각에서 노란 뉴비틀을 발견하고 한마디하는 상황이다. 조종사의 말투로 "Hey, there' s one of those new yellow ones"라고 되어 있는데, 얼마나 눈에 띄는 컬러면 인공위성 발사대에서 알아볼 수 있겠는가? 이 광고도 마찬가지로 인공위성이 가장 먼저 눈에 띄어 카피를 읽은 후엔 '도대체 노란 뉴비틀이 어디 있는 거야' 하면서 제품을 찾게 된다. 제품은 놀랍게도 다른 차와 섞여 있어 구별이 잘 되지 않을 것처럼 보이지만 워낙 컬러가 독특해 찾을 수 있다.

〈광고 16〉도 극적이다. 저렇게 아찔한 순간에도 뉴비틀이 눈에 들어온다니…. "Hey, there' s a black one"이라는 카피가 작지만 대단히 커보인다.

〈광고 17〉은 투우장을 방불케 한다. 화난 소들이 거리를 아수라장으로 만들고 있다. 서로가 피하려고 야단들이다. 그런데도 유유자적하게 "저기 봐, 노란색 뉴비틀이 있어"라고 외친다. 도로 입구에 사람들에게 가려진 뉴비틀이 성난 소와 묘한 대비를 이룬다.

뉴비틀의 광고들은 과감한 여백과 뉴비틀만의 독특한 모습을 메인 비주얼로 주목을 끌고 있다. 일절 다른 군더더기가 없다. 오로지 컬러풀한 뉴비틀의 사진과 한 줄의 카피가 전부다.

〈광고 18〉은 거리에서 퍼포먼스하는 여자를 무색하게 만든다. 나뭇잎으로 중요한 부위를 가리고 이브가 된 여자가 관객을 불러 모으는데, 여자는 소위 '유인책(誘引策)'에 불과하다. 여자가 거의 벗고 있으니 일단은 사람들의 시선이 가지 않을 수 없을 것이다. 그 다음에는 '도대체 이게 뭐야' 하는 반문과 함께 자연스럽게 제품을 찾을 것이다. 거기에 뉴비틀의 전략이 숨겨 있는 것이다.

캠페인광고를 진행하다 보면 여러 가지 걸림돌이 있게 마련이다. 뭔가 바꾸고 싶은 욕구에서부터 아이디어 자체가 장기적으로 끌고 갈 수 있는 비밀병기인가에 대한 회의까지….
우선은 장구한 세월에도 경쟁자를 압도할 수 있는 빅 아이디어가 필요하다. 알량한 아이디어를 가지고 버티는 것은 직무유기요, 크리에이터의 모럴 해저드라고 표현할 수밖에 없다. 시대를 초월하고 경쟁자를 압도할 수 있는 아이디어가 나왔다면, 이제는 그 캠페인을 '바꾸지 않는 99명' 이 되어야 할 것이다. 비슷하지만 다르게 발전시키는 것은 크리에이터의 몫이다.
확고한 컨셉트와 아이디어를 소비자의 감각과 가치관에 맞게 변화시키는 것이 변화를 좋아하는 우리 소비자의 시선을 붙들어 놓을 수 있는 방법이기 때문에….